珍藏本

纪念版

汉译世界学术名著丛书

资本主义、价值和剥削

——一种激进理论

〔英〕杰弗·霍奇森 著

于树生 陈东威 译

2017年·北京

Geoff Hodgson
CAPITALISM, VALUE AND EXPLOITATION
A Radical Theory
Martin Robertson & Company Ltd. ,1982
根据英国马丁·罗伯逊出版公司1982年版译出

汉译世界学术名著丛书
（120 年纪念版·珍藏本）
出 版 说 明

2017 年 2 月 11 日，商务印书馆迎来 120 岁的生日。120 年前，商务印书馆前贤怀揣文化救国的理想，抱持“昌明教育，开启民智”的使命，立足本土，放眼寰宇，以出版为津梁，沟通中西，为中国、为世界提供最富智慧的思想文化成果。无论世事白云苍狗，潮流左右激荡，甚至战火硝烟弥漫，始终践行学术报国之志，无改初心。

迻译世界各国学术名著，即其一端。早在 20 世纪初年便出版《原富》《天演论》等影响至今的代表性著作，1950 年代后更致力于外国哲学和社会科学经典的译介，及至 1980 年代，辑为“汉译世界学术名著丛书”，汇涓为流，蔚为大观。丛书自 1981 年开始出版，历时三十余年，迄今已推出七百种，是我国现代出版史上规模最大、最为重要的学术翻译工程。

丛书所选之书，立场观点不囿于一派，学科领域不限于一门，皆为文明开启以来，各时代、各国家、各民族的思想与文化精粹，代表着人类已经到达过的精神境界。丛书系统译介世界学术经典，引领时代思想，为本土原创学术的发展提供丰富的文化滋养，为推动中国现代学术和现代化进程做出了突出的贡献。

为纪念商务印书馆成立120周年，我们整体推出“汉译世界学术名著丛书”120年纪念版的珍藏本，寄望既利于文化积累，又便于研读查考，同时向长期支持丛书出版的译者、编者和读者致以敬意。

两甲子后的今天，商务印书馆又站在了一个新的历史时间节点上。我们不仅要铭记先辈的身影和足迹，更须让我们的步伐充满新的时代精神。这是商务人代代相传的事业，更是与国家和民族的命运始终紧密相连的事业。我们责无旁贷，必须做好我们这代人的传承与创造，让我们的努力和成果不仅凝聚成民族文化的记忆，还能成为后来人可以接续的事业。唯此，才能不负前贤，无愧来者。

商务印书馆编辑部

2017年10月

序　言

杰弗·霍奇森是英国纽加塞尔一泰因工艺学院的经济学首席讲师。他的《资本主义、价值和剥削》一书是西方激进经济学派和所谓“新马克思主义”在基础经济理论方面的一部代表作。

在这本书里。作者明确声称他的意图就是试图“借鉴”马克思的经济学说，吸收凯恩斯、卡莱茨基和斯拉法等人的理论，建立一种所谓新的价值理论。在此基础上，他提出了不依赖于劳动价值论的有关资本主义生产和剥削问题的新概念，即所谓“新马克思主义”的理论。

从结构上看，该书分为四编，共二十章。第一编阐述与价值理论有关的基础概念，并对新古典学派进行批判分析，同时论述了“新马克思主义”的“生产成本加利润”的处理方法；第二编对马克思的劳动价值论进行所谓的批判。作者以这两编的内容，试图既与新古典学派又与正统马克思主义理论划清界限。第三编主要讲货币及其职能，第四编则概括地分析了资本主义生产过程。全书集中围绕几个基本理论范畴进行论述，如价值论、货币、生产过程、剥削与利润等，限于对资本主义生产方式做一般性的分析。

这本书涉及当代西方各种经济流派较广，对我们全面了解西方经济理论思潮，捍卫和发展马克思主义有参考价值，因而组译出版，以飨读者。

目　　录

第三编　货币

第四编　资本主义生产

前　言

本书旨在提供一种对资本主义经济制度的分析。可是,这种分析仅仅在抽象的论述水平上进行。对各种资本主义制度或其历史发展没有进行什么讨论。说得更确切一些,这本书是关于分析现实资本主义制度所必需的分析工具。但是,并不认为这种抽象的分析就足以使人了解资本主义时代,或者能够为政治的或者经济的政策提供什么办法。这些办法只能从研究真正的历史和真正的政治组织中得来。

本书的分析是从经济思想的某种传统流传下来的,并假定对这种传统相当熟悉。这种传统是马克思主义的政治经济学。人们假定读者熟悉的那些著作是:马克思的《资本论》,特别是第1卷;庞巴维克与希尔费丁在《卡尔·马克思及其理论体系的结束》(斯威齐编辑)一书中的重要辩论;多布的《政治经济学和资本主义》;以及斯威齐的《资本主义发展的理论》。

再则,此项工作受到有关凯恩斯传统作品的影响。附带地,这与近三十年来很有说服力的所谓“凯恩斯学派”传统相反。当然,优秀的著作是凯恩斯的《就业、利息和货币通论》。现代对凯恩斯的重新评价,出现在莱荣霍夫德的《论凯恩斯学派经济学和凯恩斯经济学》一书中。两位极其重要的经济学家在凯恩斯和马克思的著作之间处于不同的地位。他们是琼·罗宾逊和卡莱茨基。罗宾逊的《经济学论文选》和卡莱茨基的作品(参阅 Feiwel,1975 年)包括了对马克思和凯恩斯两人的讨论,值得一提。假如没有这两位理论家创造性的努力,激进的政治经济学就会薄弱得多。

斯拉法的《用商品生产商品》一书彻底改革了过去 20 年中的经济理论。它对本书有重要影响。然而,斯拉法的单薄的作品很难处置,读者最好先读一下斯蒂德曼的《斯拉法以后的马克思》。该书中不仅有关于斯拉法的相对价格论对马克思的影响的讨论,而且也有关于斯拉法的学说要点的说明。

过去 10 年中,解释或者叙述马克思思想的书刊激增。而本书并不是这样的一种解说性的著作。然而,对大量著作中遗留下来的属于批评和说明性质的一些重要的和有影响的著作加以注意,也有益处。其中有科莱蒂的《从卢梭到列宁》、利皮的《价值和马克思著作中的自然主义》,以及霍华德和金的《马克思的政治经济学》。这三种是最发人深思和中肯的读物。

随着最近几年中马克思学说的盛行,马克思主义方面一些较不出名的著作也重印了。在经济理论方面最值得注意的是鲁宾的《关于马克思的价值学说的论文》;这是一项重要的和内容丰富的研究,其中对马克思的阐述至今还富有说服力。

然而,本书与正统的马克思主义传统还有一些距离,特别是在它否定劳动价值论这一点上。这种否定引起了一些在别处还没有充分讨论过的问题,而据本书作者所知,在科恩(1979 年)、埃勒曼(1978 年、1980 年)、莱文(1977 年)以及利皮(1979 年)的著作中则除外。

讲一下本书中某些思想的起源，也许有点兴趣。1973～1974年，在曼彻斯特大学教授伊恩·斯蒂德曼的指导下，作者从事于对联合生产问题的研究。这引起了学生和导师都想要在一种对价值的定义下发掘一个资本主义经济中“负剩余价值”的可能性。从这一点来说，想要挽救劳动价值论的努力，几乎是无望的，至少在传统的阐述方法中是这样。

1973年12月及此后人们努力应付放弃劳动价值论的情况，作者心中记忆犹新。这种理论，在逻辑的和科学的立场上必须放弃；然而这样的放弃，表示怀疑所谓工人阶级在资本主义制度下受到某种剥削的概念以及整个的关于现代社会的阶级观点。再则，对资本积累论的马克思主义的标准看法，必须修改甚至放弃。作者不得不深入研究像“剥削”这种概念的真正意义，这些概念曾经由劳动价值论做过不能使人满意的和重复累赘的说明。关于这方面的著述很少，令人惊异。正统的新古典学派分析的出发点是：假设在自由市场的条件下，资本主义是世界上可能的最好制度，因此假如竞争的市场统治一切，剥削就不会存在。正统的马克思主义，仍然坚持劳动价值论，不觉得需要对剥削性的社会关系进行独立的调查研究。甚至老于世故的著作，例如伊特威尔（1975年）的一篇论文，以及后来莫里希马和卡特福尔斯（1978年）的一本书，在题目中都有“剥削”一词，也只是假定剥削包含某种剩余产品的存在。这种粗鲁的和有些傲慢的对“剥削”一词的解释没有什么说服力。同样的手段也曾对劳动价值论用过；那些作者假定了一种必须证明的东西，而他们只是陈述了一种必须解释的现象的影响。只有对劳动过程的具体研究，像《资本论》第1卷以及布雷弗曼的

《劳动和垄断资本》中叙说的那样，才能真正说明此中的关系和作用。

1975 年 2 月，作者曾在伦敦大学的伯克贝克学院提出一篇论文，第一次试图重新系统地阐述资本主义的所谓剥削概念。后来这篇论文曾有两种修订本发表在《社会主义政治经济学家会议公报》上，并用丹麦文刊载在《北欧政治经济学评论报》上。再后又有一种修订本于 1980 年登在《科学与社会》上。这本书里关于剥削的阐述是那些概念的进一步发展和修改。

与一种剥削论的发展同时并进的，还有对货币学说和价值学说的关系的详细阐述。关于这方面的一些概念，曾于 1976 年 10 月间在哥本哈根大学和奥胡斯大学提出的一篇论文中提到。这篇论文的修订本将刊登在《澳大利亚经济学论文集》上，本书的第 15 章以这篇论文里的资料为根据。此外，第八章部分地利用将要在别处发表的一篇论文中的资料。承有关编辑概允利用这些已经发表过的资料，谨此致谢。

本书中有许多概念曾由作者同别人在谈话中讨论过，并往往受到建设性的批评；也有一些人曾对草稿的某些部分提过有益的意见。在上述这些方面花费过时间和精力的，有塞缪尔·鲍尔斯、克里斯琴·格罗思、杰弗·哈考特、巴里·海因兹、简·克里杰尔、大卫·莱文、爱德华·内尔、西奥·尼科尔斯、大卫·珀迪、罗伯特·西蒙兹·塞诺斯·斯库拉斯和伊恩·斯蒂德曼。还有许多其他人，这里无法一一提名；此外还有一些不愿被提名的评判者。对这些人给我的帮助，在此致以真挚的谢意。然而，毋庸明说，其中许多人对于书中采取的态度和方法，抱有不同的意见；书中如有谬误之处，与他们无关。一切由作者自负。

最后，我必须感谢本宁顿学院，它使我能摆脱英国国内的政治活动的引诱，并对我提供了时间和适宜的环境，以便完成此书。尤其应该感谢的是文尼，她的耐心在不知不觉中帮助了一个脾气暴躁的作者。

杰弗·霍奇森

1981 年 1 月，写于本宁顿学院，佛蒙特州，美国。

第　一　编

基　　础

第一章　导论

危机恰好存在于这样一个阶段，即老的正在死亡而新的尚未能诞生；在这段空白时期会出现形形色色的病态现象。

安东尼奥·格拉姆希：《狱中札记》

经济理论的发展与现代经济制度的状态之间的关系，要比人们通常所承认的更为密切。之所以建立起古典经济理论这一庞大壮观的体系，并不单纯出于了解真理的愿望；其目的也是为了给资本主义竞争和不加限制的自由贸易提供理论上的辩解。那时这门学科不叫“经济学”，而是被称为“政治经济学”。后一个词来自希腊文中的 polis（社会机构）、oikos（居民家庭）和 nomos（条令或法律）；究其字面的词意是“有关社会管理的规则”，用现在的话来讲就是“经济政策的理论基础”。古典经济学家们不只是关心抽象的理论，这是不可能的。他们的研究工作受到工业资本主义的增长和贸易扩展的推动，旨在持续这一经济进程；而他们的理论成果之所以被其同时代人接受，也恰恰在于他们通过严格分析和明确提出措施建议而对那个时代的核心政策性问题有所建树。

有鉴于此，马克思常把自己的研究称为“政治经济学批判”就不是偶然的了。在《资本论》和其他著作中，马克思不但分析了古典经济学家们的错误，而且表示反对他们的理论工作的整个方向。他对古典经济学的批判不是简单的技术性的。马克思反对在假定资本主义方式的生产是事物的自然秩序这一基础上所做出的分析结论，因此也反对那些仅仅在资本主义生产方式范围内进行简单调整而不承认这种生产方式具有历史的和经济的局限性的政策措施。通过证明资本主义的内在的局限性，马克思针对自己那个时代的正统经济政策进行了批判。在马克思的经济理论中有一种内在的一致性：他从作为基础的价值论出发，逐个发展出关于生产、积累、危机的理论。尽管有时并未加以详尽阐述，但他的整个理论显示出一种鲜明的政策立场；对马克思来说，经济理论和经济政策措施是紧密联系的。

新古典学派

随着新古典学派的出现，在理论上产生了新的分野。19 世纪 70 年代，杰文斯、门格尔、瓦尔拉斯及其他一些经济学家反对劳动价值论和与之联系着的激进的政治结论。马克思与李嘉图学派的社会主义者如霍格斯金，都曾使用劳动价值论来说明资本主义制度里工人阶级所遭受的剥削。1870 年后，新古典学派所做的努力，是要把政治经济学改造成像物理学和化学那样的一门科学。19 世纪末实证主义哲学的泛滥，为经济思潮中这股新古典主义的逆流提供了现成的方法论。既然纯科学应免除价值判断，那么至少在学科的基础理论中就不应再有标准偏见的容身之地。新古典学派的理论泰斗马歇尔甚至成功地为这一学科起了一个新的名字:"政治经济学"被改为"经济学"。人们无疑了解这一新词在辞源学意义上的缺陷,但是对其倡议者来说,这样做的目的无非是要强调与令人不舒服的政治界一刀两断。

事实上,正如我们在下一章里将要表明的那样,新古典学派并没有割断与意识形态的连带关系。在他们对其价值判断保持沉默的同时,这些价值标准却在背后起着更为恶劣的作用。与古典经济理论一样,资本主义市场仍被看作是自然而然的,甚至是永恒不变的。"自由放任"这一粗俗的教义,被当作不言而喻的真理。在政治实践方面,新古典学派实质上是主张在经济活动中免除政治和政府的干预。如果说斯密和李嘉图还曾力图使用理论工具来证明市场机制的所谓优越性,那么新古典学派则干脆要人们无条件接受这种优越性。他们在政治上保持沉默,但是在一片沉默之中却潜伏着对现状的煞费苦心的辩护。

凯　恩　斯

资本主义历史上最大的经济危机时期的病痛呻吟,打破了理论上的沉寂。马歇尔从前的一位弟子凯恩斯,对正统的经济理论在政治上和实践中的无能为力感到不耐烦了。20 世纪二三十年代,在所有的资本主义国家里,失业所造成的悲惨景况越演越烈。到 30 年代初,世界贸易也崩溃了。而新古典学派经济学家们在这两个十年中却还在继续鼓吹自己的教条,撑持着最好的对策就是放任自流这一老套。依据市场自我调节的理论,他们确信市场自身的活动会使经济恢复充分就业的状态。凯恩斯对此表示怀疑。

他成功地挖了新古典学派市场理论的墙角，提倡加强政府的干预来调节经济总需求。第二次世界大战后很多国家的政府都采纳了这一政策，并且多半由于实施这一政策的结果，使资本主义世界暂时免除了发生大萧条的风险。

但是新古典学派的理论并没有消失。相反，既是由于凯恩斯的成功，又是由于他的失败，新古典学派又获得了新的活力。一方面，凯恩斯主义的政策措施，对于在资本主义经济的大框架之内形成接近于充分就业和取得经济增长这样一段时期是有贡献的。尽管加强了政府干预，但仍保留了私人占有制，市场仍是经济活动的主导机制。这种体制的成功，使得对市场经济和资本主义经营方式的信心又增强了。另一方面，凯恩斯的失败在于，虽然在其著作中已经证明市场机制事实上是有缺陷的，但是凯恩斯并没有将这一点同与新古典学派的观点不同的价值和生产理论联系起来考虑。在凯恩斯那里有关于货币的理论，但是缺少独创的价值理论和生产理论。换句话说，凯恩斯在理论上留下了一段空隙。

甚至在1946年凯恩斯逝世之前，先前的保守理论就已经去填补这个空当了。凯恩斯在为高级形式的资本主义制定政策措施方面取得的成功，表明他的宏观经济分析很难被纳入新古典主义的正统学说中。但是凯恩斯并没有创造出一种不同的一般理论，尤其是一种能够取代正统微观经济学的理论，从而表明所谓的“凯恩斯革命”是不彻底的。由此而产生了一种荒唐的局面：在战后出版的经济学教科书中的微观经济学部分，直接或者间接地反映了在资本主义经济中存在着达到充分就业水平的自动趋势；与之相反，同一书的宏观经济学部分讲述的却是凯恩斯及其追随者的理论，表明在缺少适当的政府开支时会造成失业!

近年来经济学者们越来越感受到这一脱节现象所造成的压力。然而为进一步扩充凯恩斯的学说所做的努力并未能解决这个矛盾。与此同时,另一种做法是试图将宏观经济学建立在正统的新古典学派理论的基础上,而不是将后者取消。在这种情况下,新古典学派思潮已经重新抬头。这种前凯恩斯正统流派的复活,代表着经济理论研究中的一股逆流。

新　右　派

货币主义是新近冒出来的。货币主义者所公开宣扬的是,在货币的供给与通货膨胀率之间存在着一定关系这种似有其道理的论调;但是在这种说法的后面隐藏着许多其他的东西。在研究通货膨胀的过程中,他们总是不厌其烦地反复强调必须限制政府(而不是限制私人银行和别的货币创造者)的权力,特别是要限制政府的"印刷"钞票的嗜好。极端仇视政府干预经济,这在货币主义的主要代言人米尔顿·弗里德曼那里表现得尤为突出。他们有关通货膨胀原因的看起来头头是道的学究式理论,实际上不过是掩护其全面反对公共开支、公有制以及"福利国家"的立场的面具。如按这种理论行事的话,第一步就是要向后退,即倒退到凯恩斯之前的时代去;他们坚信资本主义的市场活动是包治经济百病的灵丹妙药。伴随着对凯恩斯的权威进行的挑战,在西方的政治舞台上出现了一股新的右派势力。

这种对资本主义市场的重新支持与关于这个市场的新古典学

派理论之间的关系，并不是那样简单的。单从新古典学派的供求分析出发，还很难说能够直接做出诸如市场优越性这类价值判断。但是，看来新古典学派的整个分析只集中在资本主义体制的某些方面而忽略了其他方面；其原因不在于这种分析的前提过于简单化，而是前提本身就存在着偏差。把市场看作一个自我调节的本体这种观念，植根于新古典学派的经济机械论和经济宿命论。按照新古典学派的世界观，运行着的经济就像是一部机器：它的行为都是预先规定好的；尽管其中每个人可以做出这样或那样的选择，但是这些选择都是通过效用函数严格按数学规律确定的。这种机械论的世界观认为政府根本无力改变市场经济长期的实际发展；如果政府横加干预，结果只会使经济活动偏离其自身的最佳进程。

经济理论的危机

在两次世界大战之间新古典学派经济理论碰到的第一次危机，主要是由于其经济政策在恢复充分就业和促进经济增长方面的惨败而引起的。现在，我们又面临着第二次危机。20 世纪 70 年代资本主义世界越积越多的经济问题，使凯恩斯的药方失灵了，凯恩斯被推崇的时代正在急速地宣告结束。发达国家里英国的经济状况最糟，因而该时代的终结也最为明显。要注意到，对发达国家面临的十分令人头痛的经济困境，凯恩斯的“需求管理”从来就不是一种治本的办法。正如人们现在已经广泛意识到的，凯恩斯的理论已经濒于死亡。

同样，越来越清楚，新右派的理论并不能起到合适的替代作用。20 世纪 70 年代末，不管是以时兴的纯粹派还是以激进的反凯恩斯面目出现的新古典学派，都在令人尊敬的象牙之塔里陷于穷途末路。不论在以撒切尔夫人为首的保守党领导下的英国还是在美国，事情也十分清楚：货币主义的政策加上对资本主义市场竞争可起回天之力的盲目信仰，对解脱困境毫无作用；这一点同样在英国表现得最为明显。与 20 世纪 20 年代和 20 世纪 30 年代新古典学派的情况一样，这些理论一旦面临实际的考验便都一败涂地。

在世界各地，通货膨胀如脱缰之马，亿万人饱尝失业之苦。必须承认，找到解决这些问题的办法是不容易的。但是不管有多大的困难，经济学家们也绝不应逃避自己的责任。经济理论固然不可能成为医治经济和社会疾苦的万灵药方，但毕竟还是发挥着作用。凯恩斯曾写道："讲求实际的人自认为其不受任何学理的影响，可是他们经常是某个已故的经济学家的俘虏。在空中听取意见的当权的狂人，他们的狂乱想法是从若干年前学术界拙劣的作家的作品中提取出来的。"（凯恩斯：《就业、利息和货币通论》，1936 年）这一段话经常被经济学家们甚至那些从事最抽象理论研究的经济学家们所引用，目的是表明他们做的工作是有用。无论如何，凯恩斯的这个说法是有一定道理的。然而，凯恩斯低估了既得利益的作用这一点却未免显得过于草率。举例来说，他提出的那套政策建议之所以被采纳，其根由恐怕并非因为当权者们为其《通论》中的论证和结论所折服；它们之所以被采用主要是由于现存制度的既得利益者认为采用他的政策最有可能使资本生存下去，从而保住占有财产的上等人的既得利益。从这个角度来看，西方近来出于商业利益而抛弃凯恩斯，且用货币紧缩来向新右派求爱调

情的做法，并不符合他们最好的长期和短期利益。许多掌权者是从空中听取意见，拙劣作者获得奖赏，并得以在电视的黄金播放时间出头露面来向公众施加影响。

经济理论，尤其是这些理论对指导行动的作用一般都被夸大了；但是几乎所有的经济理论的进展，的确都会对人类社会产生影响。在经济理论研究中缺少标新立异的精神有利又有弊，通常是弊多利少。在凯恩斯的著作中缺少我们可称之为微观经济学的基础，或可替代新古典学说的价值和生产理论。这种情况限制了被夸大吹嘘为"凯恩斯革命"的影响，使其敌手的反扑轻而易举，并帮助维持了关于奇妙的资本主义市场的神话。现在经济理论的危机就在于面对经济现实中种种折磨人的尖锐问题，老的理论过时了，而新的理论却尚未诞生。

理论上新的探索

新的理论和方法都不是凭空产生的。事实上，通常出现的所谓新东西，一般都是掺杂着各种现有的东西的混合体。正是在这个意义上，就不应过分强调所谓的"新颖"和"首创性"。寻求新的理论方法，必须从对过去各种理论的重新估价出发。正因如此，在20世纪70年代经济思想史再度成为热门的研究课题并不是偶然的。人们不但对20世纪的而且对19世纪的经济学家们都给予极大的关注。需要指出的是，本书并不打算写成一部经济思想史；它之所以部分地涉猎这一领域，目的全在于从老的理论中寻找建立新理论的起点。作者本人既不为这里对过去的经济学者包括马克思所做的广泛评论感到歉意，也不打算理睬显然会加给本书头上的折中主义罪名。

我认为，要找到取代新古典主义的理论基础的起点，必须主要依靠马克思的学说，同时部分地汲取诸如凯恩斯、卡莱茨基和斯拉法等人的理论成果。突出马克思的原因是显然的：首先，只有在马克思的著作中能够找到一种论述全面的不同于新古典学派经济学的价值理论。虽然这一理论有很多缺陷，必须依据斯拉法和其他人的著作对其重新估价，但是它作为一个明确阐述的和全面论证过的理论出发点，是没有别的东西可与之匹敌的。其次，只有马克思发展了一种在一定程度上反映了资本主义实际经济活动的生产理论，它与价值理论和关于经济危机的理论有着重要的联系。只有认真研究《资本论》，尤其是它的第一卷，才有可能去填补造成现代经济理论危机的巨大空白。

这样深入地追溯马克思的理论工作的风险，在于一些马克思主义的追随者可能会整个地曲解这种做法的原意。当 20 世纪 60 年代马克思主义重新流行的时候，某些左派染上了原教旨主义的毛病。其表现之一，是认定马克思本人不可能犯错误。在具体做法上，他们把一切扩展或发展马克思主义的研究工作，都看成是对马克思原著的解释或验证。因此，他们很容易把某种建立新东西的努力当作背离马克思的倾向而加以反对。但是在本书中，除了几处清楚标明的段落，作者并不打算从事这类解释工作。文中当涉及马克思本人的观点时，就在引号中摘录原文。

这本书的目的

本书的分析对象是资本主义生产方式。这是一种基础性的分析。它既不是对整个资本主义制度的全面剖析，也不涉及单个的资本主义社会体系及其历史发展。书的内容将集中在几个基本的理论范畴，即价值论、货币、生产过程、剥削以及利润。此外，还会在某种程度上谈到资本积累过程与资本主义社会发生危机的可能性，但不充分展开。这里也不打算对经济增长、信贷系统、地租等内容进行讨论。总之就包含的内容来说，本书与《资本论》第 1 卷有许多相似之处。

同《资本论》最明显的区别，是作者将否定劳动价值论。不管是马克思主义理论的支持者还是反对者，都认为《资本论》中的命题要依仗这个理论，这是言过其实了。马克思的功绩在于他对资本主义进行开拓性分析，即使没有劳动价值论，这些功绩仍旧是伟大的。

本书也将讨论其他重要理论家的思想，这里包括凯恩斯和某些现代的新凯恩斯主义者。读者可能已经料到，斯拉法的精湛著作也会得到反应。全书的目的，是想通过汇集和改建的努力，初步组装起一种新的理论结构。

这种似乎折中主义色彩十足的处理方式，可能会遭到某些马克思主义者，至少是那些教条主义癖习不改的人的抨击。然而，从马克思本人的学术活动中可以看到，他从先前的以及与其同时代的重要理论家那里汲取了大量的理论成果。特别是他重视古典经济学家的强有力的分析，不仅从斯密和李嘉图那里，而且也从约翰·斯图亚特·穆勒及其他人那里借用了许多理论概念。所有这些，都对他的经济著作产生了影响。举例来说，马克思的价值论可从斯密和李嘉图的著述中找到，而他的关于资本主义未来发展的很多想法则来自穆勒。

本书的目的之一，是根据本人的研究和借助于他人的成果形成一种有着丰富内涵的价值理论。该理论将冲破所有的机械论的和自然主义的价值观以及单纯依据技术数据的价值概念。这种不同的价值理论不但包含着社会关系和技术性资料，而且承认存在不确定性，并且反映了货币的运动。该目标颇有些野心勃勃，但是再次需要强调，这里的分析研究还仅仅是初步的和试验性的。

自马克卢普(1967 年)和其他一些人的专著发表以来，人们逐渐承认新古典学派的企业理论只不过是一种有关市场的学说，根本谈不上是一种生产理论。为填补这一空白，新右派搞了一种生产函数，它以机械的方式简单的在投入与产出之间确定一定的关系，而不涉及生产过程和生产关系。同样，新古典学派的劳动经济学不过是一种劳动力市场理论，并不涉及劳动本身的特点。本书将在这些方面做些弥补工作。总之，作者将讨论资本主义的生产关系以及诸如影响总产出水平的种种措施。除此之外，摆在同等重要地位的还有对劳动所独具的特点的研究。

对后一问题的研究分析，将导致形成不依赖于劳动价值论的有关剥削的新概念。这也正是本书阐述的内容称之为“激进理论”的原因，因为该理论不承认劳动与资本之间的本质上的对称和谐调一致。本书道义上的结论是很明确的：即资本主义是一种剥削制度；只有通过在社会关系方面进行根本变革而实现一种新型的经济制度，才有可能消除剥削。

然而，本书绝不仅是对资本主义的道德上的声讨(尽管在激进学派的文献中常过分地贬低道义上的力量)。即使在本书的这种抽象的分析中，也同样可以证明资本主义的发展存在着内部的障碍和极限。仅仅高喊资本主义不可避免要崩溃是不够的，更现实的做法是去揭示资本主义积累过程中的矛盾和局限性。当然，如果不对实际的历史和具体的资本主义制度进行研究，就不可能对资本主义进化过程做出全面的分析。尽管这个工作已远超出了本书的范围，但是根据这里所确立的理论体系，还是能够做出基本结论的。

本书的范围和立脚点

总的来讲，本书的内容在表现形式上并不复杂。作者尽力避免进行复杂的数学处理，并使所涉及的概念尽量简单明了。本书的独特之处，首先在于它试图把先前的各种理论成果综合在一起，并在少数地方直接引用了原文。在综合的过程中不得不穿插一些纯粹的说明，以使原本无关的各种理论要素能够有机地组合在一起而不致引起混淆或误解。书中既要保证对理论的引用的准确性，又要在表述中保持逻辑的一致性和明确性。

毫不奇怪，会有人批评在书中缺少作者自己的东西。尽管这种批评本身并不十分正确，我倒并不十分在意。作者更关心的事是，是否有人会指责这里论述的内容是错误的。遗憾的是很容易料到会有这种评价。这种指责，多半会来自下面几个方面：即马克思主义者中的教条主义者；仍旧否认货币会对相对价格的形成和总产出水平起积极作用的所谓“凯恩斯主义者”；劳动价值论的死心塌地的拥护者；以及新古典主义正统经济学说的信徒。但是作者所期待的却是来自其他方面的找出了本书真正的缺点的批评。

很多人不幸染上了这样一种思维习惯，即不去仔细严格地对某一著作的内容加以判别，而是总想把它归于这个或那个事先划分好的类别，很快地贴上一个标签，然后就心安理得地将其否定掉。这种情况促使我不得不做些努力从一开始就预先防止这种企图。事实上，有那么一种“标签”是有可能提醒读者注意到某种特定的研究方法而有助于理解，遗憾的只是这种情况太少了。试图为本书寻找这样一种有用的标签所遇到的困难，部分是由前面所讲到的经济理论的危机所造成的。新的东西，只有被承认为新时才算是产生了，才能被打上新的印章，而本书还未达到这一步。应当承认一些老的标签还是有用的，本书就可以说是在很大程度上遵循了马克思的传统。尽管将本书完全归于这个范畴是困难的，但它毕竟是得益于马克思以及后来的许多马克思主义者的大部分著作。有关马克思主义经济分析的价值及其重要意义的讨论是下一章的内容。这里我想说明的是，我对在“马克思主义”这一名称的背后，是否存在一个一致的、内部和谐的统一学说，是否存在一套统一的实际经济政策越来越表示怀疑。在这种情况下，就想到了“新马克思主义”这个词，这恐怕是目前能够为本书选择的最好的“标签”了。现在事情越来越清楚：要解决经济理论面临的危机，就必须超越凯恩斯、新古典学派，或许还有马克思。

本书的结构

这本书分四编。讲一下这种排列的内在逻辑是有好处的。第一编论述与价值理论有关的基础概念，并对新古典学派进行批判性讨论。同时，阐述“新马克思主义”的“生产成本加利润”的处理方法。第二编对劳动价值论进行必要的批判。该两编的目的，是与新古典学派及正统的马克思主义划清界限。第三编讲货币。最后，在第四编中粗线条地对资本主义生产进行了分析。但是在第四编中，某些部分的论述与其他部分比较起来，更带有基础性，因此本应在第一编中占有一席之地。第一编与第四编之间，的确有交叉的地方。然而，如果将其归笼而采取一种更符合逻辑的结构，就有可能引起一部分读者的误解；因为这样做的话，势必要在排除劳动价值论之前就论述所有的基本概念，因此，就有可能使读者根据劳动价值论来理解这些基础的部分，而一部分读者甚至会含糊地认为这些基础要依靠那个理论。在这种情况下，只有破坏了旧的才能树立新的，尽管这会使书的结构不那么完善。劳动价值论长期盘踞着人们的头脑，以致极难改变这种思维习惯。这令人不禁要引用斯蒂德曼所写的一段话作为警句：“对资本主义社会进行唯物主义的剖析与坚持马克思的价值数量分析是背道而驰的；继续坚持后者对于展开前者是一个主要的障碍。看来对这一点怎么强调也不过分。”(Steedman，1977，p. 207)

第二章　马克思主义经济分析的价值

为什么就不能通过建设性的批评去掉马克思体系中的不一致和矛盾之处，并且清楚地来表明尽管它带有这样那样的瑕疵，却毕竟是创造性的极富洞察力的分析体系呢？

琼·罗宾逊

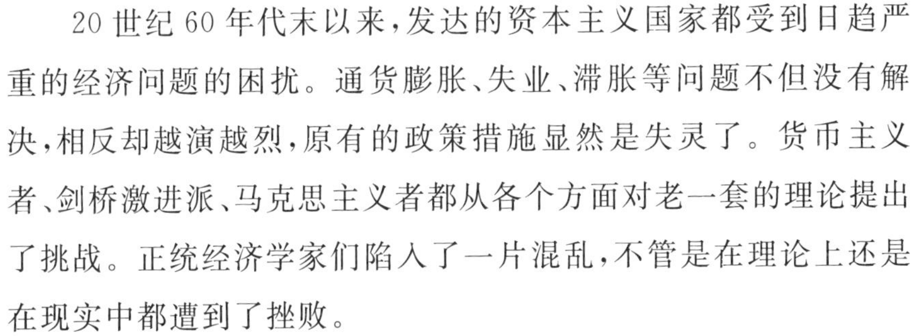

20世纪60年代末以来，发达的资本主义国家都受到日趋严重的经济问题的困扰。通货膨胀、失业、滞胀等问题不但没有解决，相反却越演越烈，原有的政策措施显然是失灵了。货币主义者、剑桥激进派、马克思主义者都从各个方面对老一套的理论提出了挑战。正统经济学家们陷入了一片混乱，不管是在理论上还是在现实中都遭到了挫败。

在这种背景下马克思主义经济学的影响扩大了。该领域中的出版物的数量急剧增加，世界各地的高等学府中都可以发现有马克思主义经济学家在执教。他们的思想再一次对西欧众多的社会民主党和社会主义政党产生了影响，并且影响到有关我们的经济病痛的原因的关键性辩论。这在很大程度上是一种新的形势，只有在第一次世界大战前后几年里有过这种先例。

尽管新古典正统派在经济学专业领域中占据统治地位，它却缺少马克思主义所具有的那种直接性、实质性和现实性。主流经济学倾向于在“理论”方面蜕变为一种空洞的代数式的形式主义，而在“应用”方面蜕变为一种无生气的天真的经验主义。构造这样一种理论几乎成了一项单纯的逻辑游戏。按照它明确的方法论，对其理论的检验只是看它的“预见”是否应验，很少或者根本不考虑其假设的现实意义。当阅读正统的教本时，我们几乎引导到要相信在现实世界上占压倒优势地位的是完全竞争，个人的口味和偏好不会受到操纵和大量广告宣传的影响，巨大的寡头垄断企业并不存在，等等。长期以来，这样一种不现实的理论，根据它作为进行预测和制定政策的工具的效用，却得到了肯定。但是，现在这些说法是越来越不能成立了，正统经济学已经失败了。然而，正当危机的风暴在外部世界肆行无忌的时候，正统经济理论的拥护者们却还在用一个并不存在的世界的“模型”玩着机巧的（甚至可以说是有趣的）但是无用的游戏。

马克思主义经济学的回潮

与现代新古典主义形成对照的是，诸如亚当·斯密、李嘉图、凯恩斯这些有影响的人物的经济学说，都对其前提假设和作为一种整体的理论的现实性给予重视。马克思及其他一些总的来说是遵循马克思主义传统的学者如卡莱茨基也是如此。而且，尽管马克思的经济学被频繁地指责说未能经受其自身预见的检验，它在这方面所取得的成功恐怕要比新古典主义大得多。让我们思考几个例子。首先，马克思预言资本会聚积在越来越少的寡头垄断企业手里。事实上,今天仅仅数百家巨大的企业就主宰着整个资本主义世界。其次,马克思预言随着资本主义企业的所有权和控制权的逐渐分离,会导致出现一个与股票所有者的主体相区别的由公司经理组成的新的社会阶层。现在这是一个大家都承认的事实。第三,马克思预言小农经济和其他落后的生产形式的解体,会导致资本主义生产关系在农业中占统治地位,并使人口从农村流向城市。在发达的资本主义国家,该过程实际上已经完成了。第四,马克思预言会产生一个统一的世界范围的资本主义体系和世界范围的工人阶级。今天除了中国和苏联阵营之外,资本渗透到了全世界,产生了一个经济上统一的世界生产体系,其中绝大多数人靠出卖劳动力为生。第五,马克思看到了资本主义对抗的持续和加剧以及世界经济的混乱。在很大程度上,这些因素仍然伴随着我们。

很多重要的非马克思主义的经济学家都承认马克思主义经济学理论上的回潮。例如,诺贝尔奖获得者 L. R. 克莱因,认为马克思主义经济学"可能是宏观经济学的起点"。E. 多马,现代经济增长理论的创始人之一,以大体一致的想法写道:"我认为,在所有这些经济学派当中,马克思主义者已最接近发展出一个经济增长的真实理论。"琼·罗宾逊,在改善马克思主义经济学方面做了大量工作的一位主要的理论家,认为马克思"比任何别的经济学家都更深刻地揭示出资本主义制度是如何实际运行的……从来还没有一个人提出的有关这个制度的看法,能够像马克思所给予我们的观念那样有力、那样给人以启发。"

尽管在预测方面相当成功,马克思主义经济学的主要力量还不在于此。其力量在于提供了一个强有力的理论体系，揭示了资本主义生产方式的实际进程及其内部相互关系。与此相反，新古典主义经济学的基础脱离了历史的观念，诸如“全部社会”或孤立的个人，从而失去了同所要研究的特定经济制度之间的联系。在《资本论》中，马克思试图对应于资本主义制度的实际来建立理论范畴，而不是进行没有社会现实基础的唯心的抽象。而且，马克思是从历史的角度来看问题，分析了资本主义制度的产生及其内在发展过程和这些发展会怎样导致资本主义制度的崩溃。尽管存在某些缺点，马克思的理论结构和方法论的确有着巨大的力量和生命力。

马克思原教旨主义

然而最令人感到遗憾的是，马克思主义经济学至今未能纠正其触目的严重理论弱点。在许多马克思主义的团体中，连对马克思提出批评都是很不受欢迎的，更不用说有谁敢明目张胆地提出对马克思的理论进行修正了。一方面，非马克思主义正统经济学派对马克思主义经济学缺少心平气和的考虑；另一方面，所有善意的评判和改进马克思主义经济学的企图，都被马克思主义者宣布为异端；这两个方面倒是形成了某种对称的局面。

在某些旨在证明《资本论》是完美无缺的马克思主义的出版物中，不难发现一系列相当可笑的论述方法。一种手法是摘录马克思的有关主流经济理论从李嘉图就开始蜕化的论述，然后据此就“证明”马克思主义经济学不能吸收现代经济学的任何内容来加以更新；另外一种手法，是宣称马克思的理论体系形成了一套严密的规范，要成立则全都成立，否则就全都不成立，从而不能承受任何理论上的修补；还有一种办法，就是说既然《资本论》的逻辑是“辩证的”，那么它就不可能被首尾一贯的形式逻辑推断所驳倒；等等。说起来可能使人吃惊，但是上述所有这些说法都可以在受人尊敬的理论刊物上找到。除非马克思主义能够突破这些捍卫马克思本人著作的准宗教式的方法，否则它将始终是一群盲目信徒的禁地，永远也不会深入到群众的政治意识中去。

到目前来看，马克思主义的理论运动缺乏一种科学的、探索的、能够自我批评的精神。在很大程度上可以说，马克思主义的经济理论无论是在沿着原有的方向继续发展方面，还是在与马克思逝世以后的经济现实保持一致甚而吸收某些经济理论所发展了的研究成果方面，都是软弱无力的。列宁的经济著作则是一个重要的例外。列宁利用了非马克思主义者霍布森在其著名著作《帝国主义》中对帝国主义进行的分析。列宁也通过自己的著作《俄国资本主义的发展》丰富了马克思主义经济理论。其他的马克思主义者就都不那么愿意吸取、容纳非马克思主义者的分析研究成果。但是马克思本人，在进行了批判和修改之后，在其著作中大量地利用了魁奈、斯密、李嘉图、穆勒及其他学者们的分析素材。以后的马克思主义者在经济学理论的研究中很少表现出继承马克思和列宁的那种建设性的学术研究方法的倾向。

结果是，当代马克思主义几乎没有注意到现代非马克思主义经济学的遗产以及战后资本主义从结构上变化了的现实。在理论上，大多数较为重大、较为实质性的非马克思主义经济学的进展，

都是在1930年后发生的。凯恩斯、斯拉法等人给经济学带来了革命性的变化。但是,除了一两个可观察到的例外,并没有人去试图将这些重要的进展结合到马克思主义中去;既没有人进行严肃认真的批判,也没有人去正视这样的进展所带来的后果。在马克思主义中有一种对污染的深深恐惧。然而将自身置于自愿的孤立状态,只能使自己呼吸不到外部影响的有益空气。

马克思主义的孤立

马克思主义经济学的孤立以及相应产生的教条主义,是有历史原因的。首先,新兴的新古典主义经济理论于19世纪70年代取得胜利,并且作为正统教义而扎根于学术机构;而主要是由于政治上的原因,马克思主义被排除在外了。其次,一个更重要的原因,是由于法西斯主义和斯大林主义对马克思主义理论的压制,而恰恰是在德国和俄国马克思主义最为强大。这种局面所造成的地理上的后果,是把马克思主义驱赶到了英国和美国,而在那里总也不能在群众的意识中扎下根。结果,马克思主义就更加无力对20世纪30年代及以后的非马克思主义经济理论的进展进行评价,也就无法在可能的情况下进行批判性的综合了。第三个原因是,第二次世界大战之后资本主义成功地保持了长时期的前所未有的繁荣。在这种情况下,马克思主义的关于资本主义的局限性和内部矛盾的论断,似乎纯粹是想入非非。然而总的来讲,马克思主义的孤立状态,是由于第一次世界大战之后的一段时期内社会主义运动的失败所遗留下来的环境造成的。

这种孤立状态的后果是，促使马克思主义运动抱成一团来捍卫原旨教义，并无视那些显得与之有矛盾的事实。任何违抗都会被迅速识破和孤立，也没有任何进行调和和修正的余地。回避现实，“经验主义”成了怕人的严重罪名。找出理论上欠妥或者上下文中逻辑上不一致之处，都会被简单地斥之为“非马克思主义”的做法。马克思主义之所以流传下来，实际上全靠对马列经典著作的重复背诵。

变化着的理论格局

由于世界资本主义制度中发生的危机和相对经济不景气，有极明显的迹象表明马克思主义经济理论会再次复兴。当然，这一变化的内在推动力在于资本主义制度内部动荡的扩展和激化。然而从纯理论角度看，也存在着两种重要的会进一步扩展的动向。第一个动向主要发生在法国和意大利，是对马克思哲学思想发展的追溯。举例来说，奥苏塞声称马克思的整个思想并不是完全始终如一的，在马克思的理论发展过程中存在着“认识论的突破”。且不管这种说法的真实性如何，它确实激起了一股未曾料到的重新检验马克思主义理论的热潮，并且在马克思主义内部引起了一场重要的辩论。除此之外，奥苏塞与其同事一起，对《资本论》和马克思主义经济学进行了有分量的哲学分析（Althusser 和 Balibar，1970）。科莱蒂从不同的角度，强调了马克思的价值论与他的拜物教理论之间的联系。这些也都刺激了对马克思主义经济学的审核和发展（Colletti，1972，1973）。

第二种动向的产生，是出版斯拉法关于价值论的经典著作所引起的(Sraffa，1960)。虽然该著作的第一个作用是肃清新古典主义经济理论的混乱，它同时也对马克思的价值论进行了严格的检验。本书中作者将论证这样一个看法，即斯拉法所作的分析，一方面清楚地揭示了马克思的《资本论》中的严重缺陷，同时另一方面又为重建马克思主义经济学提供了某些必要的素材。我们重复某些在别处提到过的斯拉法对马克思的批判(Steedman，1977)，但是我们的注意力是放在理论上的重建这一紧迫任务上，而仅靠形式主义，这一任务是不能完成的。

“新李嘉图主义”

多数教条式的马克思主义经济学家都极力抵制斯拉法的著作，将其视为异端邪说，却又很少严肃认真地搞清他的思想。对他的宣判采用的是简单的替换手法，罪名是他的思想与李嘉图一脉相承。根据之一，斯拉法是十卷集李嘉图著作的定稿编辑。根据之二，马克思在自己著作中的一处注释中，曾猛烈地抨击了李嘉图的经济学；而既然斯拉法被判定与李嘉图有思想上的联系，那么重引马克思的话也就给他定了性。这样一来，斯拉法就被可笑地贴上了“新李嘉图主义”的标签。

我们并不是断言斯拉法及其追随者不应受到理论上的批判，后面我们要谈到这点。的确，由于存在着缺陷，斯拉法的著作非本意地促成了接近马克思主义的或在马克思主义内部的不完善的理论倾向的滋长。但是，由于不完善和强调的重点有误而犯的过失，与原教旨主义所造成的灾难的性质是完全不同的。

这里重要的是要注意到，称斯拉法的理论为“新李嘉图主义”是不合适的。斯拉法与李嘉图有相似之处，但是这种相似只到斯特拉温斯基与巴赫之间相似的那种程度。斯特拉温斯基惟妙惟肖地模仿巴赫和其他的古典作曲家，但是他的作品却保持着独特的现代风格。斯特拉温斯基与巴赫的共同之处，就在于他们都对音乐中的积极浪漫主义运动保持相等的距离。与斯特拉温斯基一样，斯拉法用古典的结构作为自己著作的特色，在这里是指他的著作带有古典经济学的结构特点，特别是从结构上也集中在李嘉图的《政治经济学及赋税原理》所集中思考的问题上，即找出绝对劳动的标准并研究工资和利润之间的分配关系。

然而，尽管斯拉法是沿着相近的方向在探寻，但是整个来看他并没有落入李嘉图形式分析的老套。斯拉法表明，“绝对劳动”的标准，不可能是李嘉图不厌其烦地讲的那样是劳动，而必须是他所提出的“标准商品”。所谓标准商品，是经济系统中基本商品的特定组合。其次，斯拉法证明在决定价格和利润时根本用不着考虑“包含的劳动量”，从而推翻了这一概念；而李嘉图和马克思正是企图在此概念的基础上建立一套价格和利润的正式理论。在李嘉图的《政治经济学及赋税原理》中起着中心作用的“劳动价值论”，由于斯拉法在经济理论中进行的革命而不再能站住脚。

斯拉法的确也把注意的焦点放在经济分配问题上，反映出类似于李嘉图强调的重点。但是李嘉图的论述所依据的是马克思在《资本论》中也重复引用的几个关键性的命题，而斯拉法对这些命题进行了驳斥。例如，李嘉图断言价格将与包含的劳动量成正比，偏差一般在“6%—7%”范围之内，而马克思似乎也同意价格偏离所包含的劳动价值是很小的(Marx，1962，pp. 147，184)。斯拉法的分析结果表明，这些论断是没有理论基础的。再比如，李嘉图认为假如其他方面的条件相同，则由于技术条件的变化而使某种商品中所包含的劳动量减少的话，总会导致该商品的价格下降。这一命题后来被马克思称之为“价值规律”(Marx，1962，pp. 174，176)。斯拉法的分析也可用来驳斥这个“规律”。

然而，在一个重要问题上，斯拉法和李嘉图都正确地持共同的看法，但却遭到马克思异乎寻常的反对。这里我们把这个论断归结如下：在静态经济平衡条件下，一般利润率取决于直接或间接产生实际工资的行业的生产条件，而与其他行业的条件无关。很容易找到支持斯拉法这个看法的论据和例子(Hodgson，1974，b，pp. 366—368，389—390)。

因此，如果持郑重态度的话，那么很清楚“新李嘉图主义者”的帽子是戴不到斯拉法的头上的。在许多方面斯拉法的学术思想与李嘉图是对立的。

不正常的沉默

然而，李嘉图与斯拉法在一些共同方面都保持一种“不正常的沉默”。例如，斯拉法忽略了生产过程，而李嘉图对这一点也是匆匆地一带而过。在两人的著作里，都从一开始就不加讨论地把利润和竞争的驱动力作为显然的前提。李嘉图对金融货币的分析是含糊的，而斯拉法则干脆回避了这个问题。所有这些都是严重的疏忽。

就斯拉法而言与李嘉图不同的是，有充足理由对他这样做采取宽宏的态度。斯拉法的著作明确地附有一个副标题："经济学理论批判序言"。有了这样一个谦和的标题，实质上所有的忽略都是可以原谅的。而另一方面，李嘉图却打算写一部完整的有关"政治经济学及赋税原理"的教科书。

而且，承认在斯拉法的著作中存在着这样的疏忽，并不意味着有损他所建造的理论大厦的形式上的完整。这是一部逻辑严整的理论著作；它为所有有关价值、分配、积累以及剥削的适当理论提供了必不可少的框架。抛弃斯拉法著作的代价，不亚于抛弃逻辑一致性所要付出的代价。

洛桑最近的一篇重要论文曾对上面所说的最后一点给予不适当的强调，从而造成了更多的混乱（Rowthorn，1974）。洛桑接受了斯拉法学派的基本成果（同上，p. 73），但却错误地采纳了对该学派的"新李嘉图主义"的错误称呼。洛桑的立场并不存在形式上的不一致；其问题只在于没有抓住和阐明一个重要之点，即必须明确地毫不含糊地承认斯拉法在形式上是正确的，其逻辑上的结论是必须正视的。因此，洛桑的文章内容并不是对斯拉法的攻击，但是它的确包含一种对斯拉法的形式主义解释的特殊角度的批判。

在稍后的著作中，洛桑使自己的立场更为明确。在谈到他那较早的文章时，他讲自己的意图并不是说斯拉法及其追随者"全错了，而是说他们非常受囿于其处理问题的方法，单单强调收入的分配使他们忽略了生产的社会方面"（Rowthorn，1980，p. 8）。这里，如果去掉了"全错了"中的"全"字，这句话就会显得更正确一些，但是不管怎样来评价斯拉法,要更贴切一些。就是斯拉法本人,恐怕也会承认在对问题的处理上是存在局限性,许多斯拉法学派的著作都忽略了生产的社会方面。与此同时,洛桑认为斯拉法体系所产生的毁灭性的影响是不应忽视的。

无论如何,洛桑的著作还是提到了斯拉法的一些重要的遗漏之处。这里特别要强调两个问题。第一,需要对生产领域以及其中的劳动过程进行动态的研究;第二,马克思遗留给我们的"生产方式"这一概念的根本作用。本书后面将涉及第一个问题,此处便于讨论第二个问题。有关经济制度或对应于现实世界的一组结构的"生产方式"的概念,是马克思对经济理论最根本的、最有启蒙作用的贡献之一。在对当代社会进行分析研究的时候,这个概念对如何安排和进行研究起着重要的作用。曾有别的作者特别是科莱蒂对此深入阐述过(Colletti,1972,1973),但是我们还是打算在这里简要地总结一下。

资本主义生产方式

马克思主义经济理论是依据一个实际的对象即资本主义生产方式建立起来的。其目的既不是检验"社会一般",也不是社会生活的普遍规律,而是资本主义制度的特殊规律和特点。

这种分析的现实意义,其基础在于资本主义生产方式在当代世界上居统治地位这一事实,而资本主义发展的规律又是世界范围内经济、社会和政治变化的主要决定因素。当然,资本主义生产方式从来没有,将来也绝不会以一种纯而又纯的形态存在;它通常都是与其他从属的生产方式结合在一起,并存在于具有不相同的社会惯例和意识形态遗产的不同文化的国家之中。在资本主义世界每一个主要国家中,都存在不同的社会结构,但是每一种社会结构中都是资本主义生产方式占统治地位。

因此,在最抽象的水平上,马克思主义经济学的任务就是分析纯粹资本主义生产方式的结构和动态过程。因为这种纯粹的形态并不存在,所以在参照经验现实时就只有找到这样一种环境,在那里占优势的资本主义经济形式的经济力量能产生足够的经验材料。由于这个原因,马克思在写《资本论》时选择了19世纪中叶的英国作为经验素材,在那个时候英国的资本主义形态发展得最充分,其他国家的资本主义都不如它那样强大。

一旦完成了对资本主义生产方式的分析,就有可能去分析特定的资本主义社会结构。在该分析研究的第二个阶段包括用社会的和历史的联系去解释某个特殊的资本主义社会的产生和发展。然后,通过运用关于资本主义生产方式的抽象概念和这个具体社会的有关特点,就能够阐明该社会的不断发展变化的社会经济结构。

作为一本专著,本书将限于基础性的最抽象水平上的分析;它所关心的是解剖纯粹的资本主义生产方式。然而由于这种分析必须为今后第二阶段的分析任务承担义务,因此两个发展阶段之间的可行的分析上的联系也是本书的重要内容。作为这一点的反映,本书将试图给出一个概念框架,通过它可以进行实际的测度和用经验事实进行检验。而且作者将不断做出努力使理论适用于第二阶段的分析,从而为进一步的派生理论提供合适的基础。

由于我们是对一国范围内的纯粹形态的资本主义体系进行基本分析，因而资本主义的一个重要方面即其国际方面及与之相联系的国际贸易和帝国主义现象就不得不暂时被排除在外。尽管国际贸易和帝国主义现象在资本主义的整个历史上起着十分重要的作用，但很显然，有关国际贸易和资本积累的理论超出了本书的范围。不幸的是，马克思没有写出自己曾打算写的关于国际资本主义的著作，以后的马克思主义者也没有对该课题做出适宜的分析。

资本主义：一个定义

要在对当代世界的研究分析中确立资本主义生产方式这一概念的中心地位，必须对资本主义有一个马克思主义的定义。马克思本人并没有直接写下这样一个定义。在马克思主义文献中最好的定义是由曼德尔等人做出的，就是资本主义是“普遍化的商品生产”。然而，对资本主义的这个定义需要加以解释并作一定程度的保留。

首先，一件商品是指带到市场上出售的一件货物或一项服务。当出售时，它或者换来另一件商品或者换来货币。当然，最经常发生的是后一种情况。“普遍化”这个词，在定义中是指这样一个事实，即在资本主义条件下，劳动力，也就是工作的能力，变成了商品。人们在“自由地”与其雇主签订契约之后，为工资或薪金而工作。在封建制度或奴隶制度下情况就不一样：农奴或奴隶都不领取工资，因而严格地说他们的劳动力都不是商品。

对于在市场上被雇佣的劳动力所有者来说，肯定是被剥夺了其他生活来源。换句话讲，他们不拥有或者说无法直接使用生产资料。从劳动力被作为一种商品而雇佣这样一个论断出发，可以得出这样的结论，即工人不具有生产资料的所有权或控制权，生产资料被资本家阶级私人占有。“普遍化的商品生产”可用以指一个划分为阶级的社会，在这个社会中工人和生产资料相分离。

然而，劳动力和货币二者都是特殊的商品。劳动力具有几种独特的性质，这些将在本书第十六章中讨论。劳动力的最重要的性质之一，就是其本身并不是在资本主义条件下生产出来的。后面要对这一点的意义详加阐述。

货币如果以金币的形态存在，那么其特点受到货币本身一般性质的限制。然而如果货币以现代的形态存在，本身并不是贵金属，那么几乎毫无例外都是由国家生产出来的。这种生产也不是严格按资本主义条件进行的。生产货币的动机不是利润，同时与商品劳动力不一样，它首先被生产它的机构所占有，然后才被转移到市场上去。

当接受资本主义是普遍化的商品生产这一定义时，重要的是要强调货币和劳动力都是特殊商品，它们在这一制度中起着独特的和中心的作用。所有这些分析，严格地说都是由马克思完成的。

马克思主义对现代社会的分析的另一有力之处，是它统一应用了而不是硬性分割了社会科学。上面已经详加阐述了的有关资本主义的定义，就已包括了该制度的一些按照正统的含义不属于纯粹“经济学”的方面。例如，我们提到了属于“社会学”范畴的阶级以及划分为阶级的社会。其次，一种商品之所以存在，就在于它被占有，因而就意味着存在某种产权制度以及支持这些的法律和国家设施。而这样考虑问题就进入了政治学和法学的领域。后面我们也将看到，在一些问题上也会跨过所谓心理学的境界。马克思主义的分析并不单单局限于“经济学”的范围，这一点甚至只从对资本主义的定义本身就看得很清楚。

不管是一般的“生产方式”的概念，还是特殊的“普遍化的商品生产”的概念，着重点都是放在该制度内的生产上。这里有两个相互区别又相互联系着的含义。首先，这将引导我们去认识该制度本身得以持续和再生产的机制，换句话说，注意力的焦点是放在社会关系的再生产方面。其次，提出的问题是该制度是如何生产人类生存、舒适和享乐所需要的物品和服务的。因此，注意力转向了这个制度的生产领域以及生产和分配、消费之间的联系。这种把重点放在生产方面的马克思主义的分析方法，与把重点放在交换领域的新古典主义正统派的分析方法形成了鲜明对照。

结　论

马克思主义受到教条的压抑，非常缺乏时代感。而且直到最近为止，有关它的论证都是使人筋疲力尽的神学式的说教，它的很多拥护者都是狭隘的原教旨主义者。马克思主义尚未准备学习和吸收政治经济学的新的研究成果。一些十分狭隘的教条式的马克思主义者往往对这些新的发现明目张胆地进行歪曲，例如冠之以“新李嘉图主义”之类的标签，然后就扔进废纸堆。

然而另一方面，如果对马克思的思想进行仔细的推敲，就会发现它包含着一套深刻有力的概念体系，该体系为当前对西方发达的经济进行分析提供了最有效的方法。尽管对“马克思主义”有形形色色的互相矛盾的解释，但是在马克思本人那里我们找到了应予高度评价的处理问题的方法。我们的分析必须从这点出发，尽管最后所形成的分析方法最好还是用另外一种名字。

第三章　意识形态与正统经济学

"那些被认为循规蹈矩
侍奉代代君王的臣民，
却悄悄议论着
所有权关系……"

鲍勃·迪伦:《伊甸园大门》

本章主要涉及正统经济学，特别是讨论主流派从后门带来的意识形态。尽管现代正统经济学标榜是科学的和不带意识形态色彩的，但其所赖以存在的科学法则的基础是虚伪的，是错误的。反过来，正是这些法则从背后引进了保守的亲资本主义的意识形态。

在正统经济学内部占优势的当然是新古典学派。1870 年后，正是该学派横扫了资产阶级的知识界，并大声宣称自己是"科学的"、"客观的"，从而是不属于任何政治派别的。大多数新古典主义的经济学家特别急于使自己的"科学"脱离已沾染前古典学派的社会主义的激进意识形态，尤其是马克思主义的影响。这些新古典主义的经济学者认为，在经济学研究中必须实施在物理学中所发现的同样的科学论证标准。他们认为这首先意味着经济学应该离开历史的特殊性去探寻具有普遍性的原理和范畴。他们试图找到一种系统的分析方法，这种方法可用于所有的经济制度，所有形式的人类社会，所有的历史进程。因此，他们从历史本身抽象出来，切断了与政治和对特定社会制度的研究之间的联系。这样，为了成为一门科学，经济学就必须是超历史的、超社会的和超政治的。

即便是今天，只要我们打开任何一部正统经济学教科书，诸如萨缪尔森（1975 年）和利普西（1975 年）等人的著作，立刻就可以看出正统经济学是打算适用于各种形式的经济制度的。它所依据的，是它所宣称的各种经济制度共同具有的那些特点，同时忽略或贬低特定的经济制度的特点。特定的经济制度所独据的特殊现象，如劳动力市场、奴隶制、封建关系统统被抛到脑后。充斥整个理论体系的是，诸如“选择”、“稀缺”、“目标与手段”、“生产可能性”、“生产要素”、“效用”等抽象的而据说可普遍适用的概念。在新古典主义经济分析中这些概念构成了论证和定理的基本内容，而与那些对应于特定经济制度的概念无关。

这样一些空泛的超历史的概念，极而言之对身困荒岛的鲁滨逊·克鲁索也是适用的。他也具有“无限的欲望”、“有限的手段”、“生产可能性边界”和“效用函数”。新古典主义的经济分析与这位沉船余生的开荒者息息相通。依据同样的经济范畴和定理，也可以毫无困难地对古代埃及、石器时代的部落以及现代的资本主义提供理论和形式上的分析。

新古典学派的形式主义

第二次世界大战之后，新古典主义经济学愈加变得高度形式化了，把复杂的数学推导奉若神明。所谓科学的客观性这一自我标榜，由于广泛应用了数学而似乎得到了印证。当然，这并不意味着从纯数学的角度来看，这种形式化的处理在数学上是无效的因而也是没有内容和意义的。

从另一方面看，如果我们宣称这种形式化的数学模型确实对应于客观世界的真实进程，那么，实际上我们依仗的是不同的有效性标准。例如，毫无疑问可以构造“每个人”都试图使其所谓“效用”量最大的严密的数学模型；然而，如果我们争辩说，在现实世界上每个人确实都在企图最大化其个人的效用，那么，这种模型所援引的就不仅仅是纯粹的数学与逻辑的有效性标准了。这里，我们引用附加的假设，即个人是一个自身封闭的实体，其满足程度可用同质的“效用”单位来衡量。但是，这是一个相当成问题的假设。再进一步，考察一下所谓的“福利经济学”。如果在这里我们像新古典主义经济学家所做的那样，断定社会中所有个人都达到了某种平衡，满足于某种人为的“最优”标准，并且这种平衡的局面在实际上就是最优的，那么这一整套做法本身的作用就不能不叫人怀疑。新古典主义经济学家们沉溺于自己的数学游戏，闭眼不看现实世界和在他们自己的经济学中潜伏着的意识形态上的假定。

资产阶级意识形态的渗透

考虑一下通行的新古典学派的模型:作为具有欲望的独立个体,每个个人都追求其个人的满足;所有这些个人的总和,就是作为一个整体的社会的本质内容。人们常会忘记,对人类社会的这种看法是极为特殊的,并且是相当晚才发展起来的。这样一种观点突出地反映在19世纪的资产阶级意识形态和功利主义哲学中。新古典主义经济学一方面唱着科学的客观性的高调,另一方面却牢牢地把这种看法作为前提抓住不放,并赋予它几乎是永恒的有效性;这些经济学家们回避对该假设的前提进行明确的论证,只是说换一种假设会使数学处理复杂得多。科学被祭献给数学的圣坛,而在圣坛的阴影中资产阶级意识形态的教士们暗做手脚,猖獗一时。

在福利经济学中经常采纳"帕雷托最优化"作为衡量标准,是资产阶级意识形态渗透的又一例证。19世纪70年代新古典主义经济学产生之后,长期的理论研究表明,在一个较为平均的社会中个人效用的总和可能会更容易达到极大,原因在于如果富人把一部分收入转给穷人,就有可能使效用的总和增加。这时富人所损失的,将远不及穷人所得到的。新古典主义经济学者害怕对社会主义纲领做出危险的让步,宣称整个效用的极大化说到底并不是福利经济学家们关心的对象,而要采用的是另一种最优化的标准。这一标准最初是由帕累托制定的,帕累托本人是一位被公认持有保守主义观点的意大利学者。该标准不会危及富者现有的收入,因而具有某种补救的特点。如按此标准行事，只有当富人（或者穷人）在变动过程中都不受到损失，收入的再分配才是可行的。这样，福利经济学就变成一种极端保守的理论，它为贫富不均的现状挂上了“最优化”的标签。

当然在实际上帕累托最优化标准之所以被采用还有另外一个原因，就是在人与人之间进行效用的比较即便不是不可能，至少也是非常困难的。这一点会进一步引导我们去仔细审核个人主义的效用概念本身所包含的意识形态内容。下一章里我们将提出一个替换的概念，它不仅与个人，而且与人类的满足和欲望所具有的基本社会特点有关。

甚至从正统经济学所用的术语中，也能追索出它的意识形态倾向。试考虑“资本”这一概念。按照正统经济学家的定义，资本是指具有潜在生产能力的资产存量。然而资本有性质不同而又容易混淆的两个方面的含义。首先，是有形的、与社会和历史无关的方面：“资本”是指生产资料，指物品。在所有形式的包括最原始的人类社会里，都具备有形的生产手段。第二个方面的含义，特指在资本主义社会中“资本”所具备的社会形式和社会功能：在这种社会中它是被私人占有的，其所有权集中在由一小部分人所组成的那个社会阶级手里。资本不单单是物，它也是资本主义社会的社会关系的一个组成部分。资本涉及各劳动阶级的群众被剥夺的对生产资料的所有权和控制权，也涉及工人与资本所有者之间的特殊社会关系。

正统经济学用新古典主义的总平衡分析绕开了上面所讲的问题。这里它假定每个人都“最初拥有”一定量的物品或资本：资本的所有权集中在少数人手里这种情况，被作为“特殊状态”而忽略掉了。马克思主义者曾不断地指出该出发点是脱离历史的，正统经济学没能对资本主义社会中财富的实际分配状况做出解释。哈恩的回答在新古典主义者对这一指控的反应中很具有代表性。他写道：

> “令人费解的是为什么值得为由外部因素决定的既定现状如此大惊小怪。正像我已提到的那样，没有任何具有实际意义的理论会把原始的尼安德特人作为研究的起点。无论我们从哪一时期出发，我们最好把那一时期可利用的资源及这些资源的分配当作由历史给定的条件。”(Hahn，1980，p. 127)

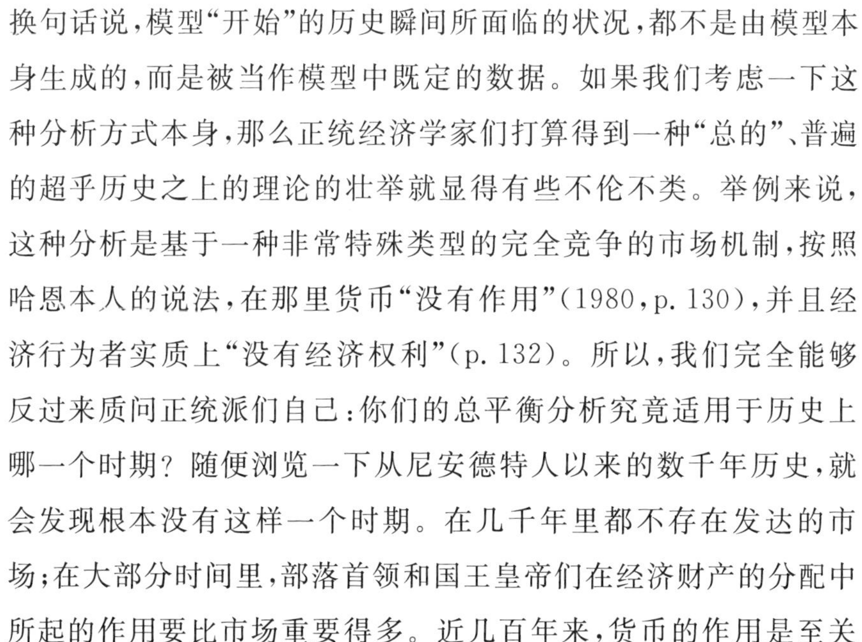

换句话说，模型“开始”的历史瞬间所面临的状况，都不是由模型本身生成的，而是被当作模型中既定的数据。如果我们考虑一下这种分析方式本身，那么正统经济学家们打算得到一种“总的”、普遍的超乎历史之上的理论的壮举就显得有些不伦不类。举例来说，这种分析是基于一种非常特殊类型的完全竞争的市场机制，按照哈恩本人的说法，在那里货币“没有作用”(1980，p. 130)，并且经济行为者实质上“没有经济权利”(p. 132)。所以，我们完全能够反过来质问正统派们自己：你们的总平衡分析究竟适用于历史上哪一个时期？随便浏览一下从尼安德特人以来的数千年历史，就会发现根本没有这样一个时期。在几千年里都不存在发达的市场；在大部分时间里，部落首领和国王皇帝们在经济财产的分配中所起的作用要比市场重要得多。近几百年来，货币的作用是至关重要的，这一点自不待言。总平衡分析抛弃了历史，也就等于抛弃了现实。

事实很明显，把注意力集中在资本主义社会并承认它所涉及的特殊的社会关系，会使研究工作更加富有成果。这样做，就会认识到“劳动力供应”的含义在于这样一个事实，即人们被剥夺了对生产资料的所有权，因而不得不为活命而工作。而认识到这一点，也就等于承认生产资料的所有权被集中在少数人手中。既然不能面对这些确凿的事实，正统的经济分析也就无法达到自己给自己定下的目标；它既认识不到在财产分配背后的经济力量，也无法领悟这种分配对价格、工资和利润本身的功能作用。普赖瑟在其著作中曾作过如下分析：

> “生产要素的相对稀缺性的确是个问题……但这种稀缺不是一种自然现象而是一种社会现象，它取决于财产的分配。这种社会状况的稳定程度又决定了在此基础上的收入分配关系的稳定程度。”(Preiser,1952)

如果忽略了在资本主义制度中财产的分配以及它对收入分配的作用，那么资本的生产能力就会被看作是一种技术性的或物质的属性而与社会生产关系无关。按照新古典主义者的观点来看生产过程，诸如“资本”和“劳力”这样一些输入经过神秘的转换就产生了某种输出。整个生产被当作一种自然的或超社会的过程，而生产中的社会关系则从视野中消失了。

同时，既然使资本脱离了自己的社会环境，那么这种所谓的

“资本”就变成了与历史和时间无关的某种东西；它似乎存在于全部历史时代。资本聚积在少数人手中似乎是自然的和从来如此的，是人类生活中的一个既定事实。

经过如此这般的一番论述，再跨一小步就可得出保守的政治观念和对现状的辩护。尽管从新古典主义理论中的经过仔细推敲的“正面”论述中不能合乎逻辑地或自动地得出这样的意识形态结论，但可以看出，为什么说多数新古典主义经济学家在政治观点上持保守态度不是偶然的。其实，如果去掉普遍性的伪装，并在一开始就明确意识形态前提岂不是更好！

新古典主义无视这样的告诫，还是使用了通过资本主义意识形态的透镜去看待全部历史的研究方法。这样处理问题的结果，反过来又使这些学者们得出结论，即现存的资本主义制度是理应如此的，是不朽的，是最佳的社会制度，等等。“这个世界是一切可能有的世界中最好的”这样一种态度，变得越来越有恃无恐；新古典主义经济学伪善地宣称自己是“不带价值观念偏见”的，可是到头来却暴露出自己不过是为现存社会秩序进行半遮半掩辩护的一种理论而已。

既然离开了真正的历史和真正的生产关系，新古典主义经济学就找不到一个坚实的目标作其自身的公理和分析论证的立脚点。它的研究结果，在多数情况下不过是对资本主义现状的略加伪装的辩护。

经济科学必须有一个具体的对象

我们已看到新古典主义经济学是怎样借口经济学应是一门普遍性强的历史科学而偷运资产阶级意识形态货色的。它的分析是基于诸如“一般社会”和“人类本性”这样一些抽象的概念。尽管新古典主义经济学讲的一些事情，例如在“无限的欲望”和“稀缺的手段”之间总是存在对抗，对于西方消费社会的全体居民来讲是显而易见的，但是当我们分析另一具体的经济制度时，却会出现一种完全不同的图景。事实上，正如萨林斯(1972年)曾经指出的那样，在原始的部落经济中，并不存在欲望不断产生并会无限扩展的社会过程。在那里欲望保持稳定并是相对有限的。而且，满足这类欲望的手段是容易取得的，也就是说并不稀缺。与此相对照，无限的欲望与稀缺的手段之间的紧张状态，在很大程度上是资本主义社会的特点。在该社会中，欲望通过整个生产和分配的过程不断产生和扩展。新古典主义经济学的前提并不是普遍有效的：如果硬要假定如此，就会给一种十分不同的生产方式强加上一种异己的不相干的意识形态。

这个例子表明，不仅新古典主义经济学的关键性公设带有意识形态的特点，而且也有必要抛弃它那普遍有效性的虚伪标榜。经济科学的基本前提必须与具体的生产方式有关。任何建立在脱离历史的和未被证实的普遍性抽象基础上的分析，其一个主要的缺陷就是本身无法解释这样一些范畴的社会基础和渊源。这样的经济学，不是植根于现实世界的土壤之中，而是依附在无法证实的虚幻的抽象上面。这些东西反过来又成为某种理论的组成部分，并且还依靠它竟然还要对现实世界做出重大的判断，其结果是可想而知的。事实上，这种理论完全没有现实意义：它只不过是根据思想中的基础假设所作的逻辑推理罢了；即使事后也要求用经验方法去加以检验，也改变不了它的根本性质。

按照这样一种发展理论的方法，就只能始终徘徊于观念和意识形态的圈子之内，而无法深入到具体对象的水平上去。正如科莱蒂指出的那样：

> "由于对象本身的观念性质，理论与其对象之间的关系，就缩并为观念对观念的关系，就变成了某种思想内部的独白。这样，分析的对象就从我们手中放走了……正是由于我们不再面对一个社会，一个真实的对象，而是仅仅思索有关社会的观念和所谓一般的社会总体，因而我们不可能对事实、对社会进程进行任何研究。"(Colletti，1972，p. 3)

与此相反，马克思在《资本论》的头几页上就清楚地表明，他只打算对一个特殊的社会进行分析研究，那就是资本主义社会。换句话说，《资本论》并不是离开社会关系和历史的阶段去研究抽象的"经济"，而是研究资本主义经济及其固有的社会关系。

唯物主义方法

正统经济学用预先确定的观念来解释社会现实；它也并不从

实际的社会关系和社会力量出发来解释这些观念，包括其自身的概念。另一方面，马克思主义经济学则是把资本主义生产方式的实际进程和现实关系作为自己的出发点。当然，这样做的前提，是在我们头脑之外的客观世界中的确存在着资本主义这样一个客体。但是资本主义是由人创建的，并且在商业惯例和法律中得到公认。在人类社会里肯定存在着使物质生活条件再生产出来的某种社会系统，而它必然表现为特殊的社会关系。因此这样一个前提不是人为的。马克思主义经济学之所以被称为是科学的，其基础就在于自己的中心范畴是在资本主义生产方式中发现的实际社会关系的抽象表现。只要这些关系还存在，这些理论范畴就会起作用。

上面的观点既不想忽视理性的作用，也不打算把自己束缚于某种虚构的“纯粹物质的”社会现实，而是要避免把精神从物质中孤立出来。必须认识到，根据唯物论，经济体系不光是生产“物”，而且是生产和再生产所有类型的“观念”。有的观念有科学根据，有的观念没有。马克思主义把生产看作是自然力、人的自觉性和社会关系三者的组合，而且这三者密不可分。另一方面，正统经济学却只是单一地集中在生产的自然-物质方面，而把精神的和社会关系的要素一股脑推给了社会学部门。

正如布莱克本(1972 年)指出的那样，在社会科学里这种破坏性的“劳动分工”所起的作用，是“妨碍看清社会结构的根本性决定因素”(1972，p. 10)。经济学变成了形式化的游戏，社会学的抽象则根本不着边际。这种情况是不能容忍的。

对具体的社会经济体系的分析研究，要求统一的社会科学体系。物的生产离不开一定的社会关系,因为为了进行生产和实行产品分配,人们就要相互发生关系。因此分析物的生产离不开分析社会关系。马克思第一个发现了这一原理,并随后为历史的、唯物的和统一的社会科学奠定了基础。

第四章　商品和商品的效用

哦，上帝我主，因为确实是这样，我作了权衡；可是权衡的是什么，我不知道。

圣·奥古斯丁：《忏悔》

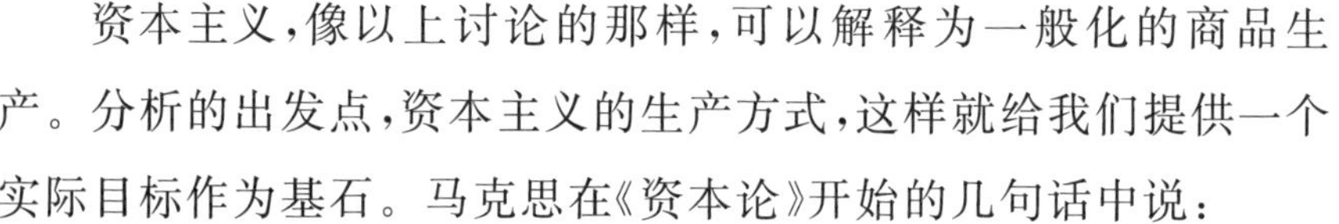

资本主义，像以上讨论的那样，可以解释为一般化的商品生产。分析的出发点，资本主义的生产方式，这样就给我们提供一个实际目标作为基石。马克思在《资本论》开始的几句话中说：

资本主义生产方式占统治地位的社会的财富，表现为庞大的商品堆积；单个的商品表现为这种财富的元素形式。因此，我们的研究就从分析商品开始。

这种出发点的重要性在于它能够产生一些关键的范畴。特别是，马克思采取了使用价值和交换价值两者之间古典主义的区别，作为商品的两个方面来看。

新古典主义经济学的出发点不同，不是以商品作为一种特殊的社会形式，而是从货物和劳务设想，与历史无关。个人从这种货物和劳务的消费中取得**效用**。这一点是商品的基本方面。再则，当然，边际效用的概念已建立，并与价格发生关系。我们反对这种新古典主义的方法，目的在于帮助重新建立一些较早的、古典主义的和马克思主义分析的范畴，尽管新古典主义思想已经过去了一个世纪以上。我们对商品的交换价值的讨论，见以下两章；这里集中讨论使用价值。

商品的社会方面和自然方面

我们可以首先从工艺的和自然主义的观点来考察一个生产商品的社会。我们会注意到，在生产过程中某些特殊的物质和物体与其他的物质和物体被合在一起生产出一种最后的产品，在许多情况下利用人力的帮助。这是考察人类与自然-物质环境相互作用(以及改变环境)的一种物质的和技术的方法。这是一种对人类的生态学的研究。

这样的观点会描绘物质的动态和变形、物质的创造和裂变、生产过程中能量的流动、机械的联动、化学的反应以及从事于生产活动的人的工作方法。可是这种生态学的、工艺学的和自然主义的观点，不足以了解投入和产出的商品的性质。商品本身仍会是一种难以理解的东西；因为这不是一种纯粹自然主义的现象。

我们甚至可以把自然观点从生产过程扩展开来，放大范围可以包括市场上的非法经营。我们可以看到，人们似乎被驱使生产货物，以便换取所谓货币那种古怪的信物；可是商品仍会是个谜。那种以物易物的简单交换，不足以说明商品交换的特征。毕竟是，蜜蜂和花进行一项交易，当蜜蜂进入花心采集花蜜时，它留下花粉作为代价。但是这样的一种交换行为显然不是商品的交换。

商品的明显特征是什么？第一，商品具有一件东西的物质形式，或者一项改变物体的形式或气质的活动。在前一种情况下，那商品是一种货物；在后一种情况下，那商品是劳务。在无论什么情况下，它具有客观的物质的官感方面的形式，可以被两个或者更多的人辨认出来。没有这种官感方面的形式，这项交易就不可能被双方承认和接受。

如果我们更深入探讨，就会发现其他的特征。那商品显然不是一种纯粹物质的实体。总而言之，商品的定义是一种被生产出来准备在市场上出卖的东西。因此，在这里我们已经引进了一种特殊的交换，并且，在商品本身的定义的范围内，建立了市场。现在我们要对这两个概念详细阐述。

商品交换的特征

“交换”一词在这里不能用正统的社会学中“交换论”那种广泛的和空洞的意义来解释(例如参阅，Homans，1961；Blau，1974)。根据该理论的主要部分，在多种形式的社会中，大量的社会活动是交换行为。部落成员对首领的贡品是“换取”安全保障和部落制度的结合力。现代家庭主妇的工作用来“换取”工资劳动者的财富、劳动工资和生活设备的一份。一个奴隶的工作可以用来换取不被奴隶监督人鞭打的利益。陌生人的微笑可以“换取”一个求婚者使自己受人喜爱的谈话。

这些行为不是商品交换的行为。“交换”一词，从它被用在本书中的意义来说，不仅涉及物品和劳务的交换，而且也涉及合法财产权的交换，在一种关于私有财产关系的社会制度的范围以内。部落的贡品不是由部落首领或者其成员私人所有：它是一种集体财产的东西。丈夫还没有达到拥有家庭主妇的劳务的地步，大多数家庭劳务在家庭范围内也不属于私人所有。奴隶对自己的人身或者劳动力没有任何一种所有权；因此，在严格的意义上，这些是不能交换的。假如微笑、惹人喜爱的谈话以及其他开玩笑的话，也成为财产权的对象，求婚者就完全不成其为求婚者：他会成为娼妓的顾客。商品的交换需要一套法定的制度，具有下列特征：

(1)私有财产的合法的个人所有权或者法人所有权以及，在广泛的范围内，所有人享受按自己的意愿出售或者处理财产的权利；

(2)有一套关于私人或者法人之间订立契约的法律；

(3)根据一套普通的法律，契约的有关各方同等地负有责任，即“法律面前，人人平等”；

(4)有法定的标准，可以核定有关契约是否经双方自愿同意，自愿同意是法律上有效的契约的一项必要的特征。

当然，今天在很多国家中都有这样一种法律制度；可是这是一种比较新的创造。在英国直到 17 世纪才稳定地建立这种法律制度，虽然其许多方面可以追溯到罗马时代。甚至在现代资本主义社会中也有社会结构的一些重要部分不受这种法律的影响。租税制度是一个显著的例子；租税的征收不是一种有不对称的法律关系的交换，就是，租税必须缴纳，即使公民不同意。

苏联也值得按照这种观点来仔细研究。如果不想规定这种特殊的社会结构的类型，那就只需注意，在苏联，商品交换不是占支

配地位而是表面的现象。货物不断地从一个部门转移到另一部门，例如，钢按照国家计划从炼钢工业转移到拖拉机工业。可是这些货物不归私人所有；也不通过彼此同意而转移的；它们的调动是由中央计划机构指定的。所以，在苏联绝大部分的生产不是商品生产。

但是，许多人辩说，劳动力在苏联是一种商品。让我们简略地检查这个问题。劳动对那些有资格和有能力的人是强迫性的，因此在国家-雇主之间没有完全自愿的协议。再说，雇佣机关（就是国家）和工人的法定地位与身份之间明显的不相称。例如，雇主雇用和开除劳工的权利比工人可以罢工争取提高工资的权利较有效力。似乎劳动力在苏联是一种"准商品"：私人的和国家化的形式的一种古怪的混合物，而不是真正的商品。

商品和人类社会

为商品交换提供制度依据的合法关系制度中内在的东西，是人类的所有者和非人类的所有物之间不言而喻的分界线。法律上承认的人类成员，就他们拥有商品而言，我们已经看到在这种法律制度下是"平等的"。因此，对商品的分析不能是纯粹自然主义的：必须从人类社会的观点来看商品。我们不能像单独对自然科学那样来研究商品，也不能用那种谬误的超人类的客观主义来研究。关于现代社会的社会科学本身，必须以这种人文主义的前提为基础。

然而，这个前提既不是武断的，也不是主观的；而是以两项重要的客观事实为根据。第一，存在一种我们曾称为“平等的”占有力量那种类型的法律制度。第二，存在一种可以看作是相同的人种，即一种人类，尽管每个人的身体面貌显然不同，可是具有一套人人共有的天然特征。这些特征包括各种共有的生物需要，衣、食、住，以及各种共同具有的潜在的或者现实的能力。后一种情况，当然已经存在了极长的一段时期；可是仅仅在近代，人类生物共性才用法律的语言反映出来。我们将看到，一种共有的经济同一性在现实中还有待创造；可是我们绝不应该低估人类今后对自己的看法的改变，那时候资产阶级革命的似乎平等的政治制度和法律制度被加强于世界。人类，已经不是自然的对象，而成为社会生活的主体。

生产的力量和关系

我们已经注意到，商品是一种为了交换而生产出来的货物或者劳务，以及这种交换包含一种特殊的社会关系的制度。因此，在该项分析的这样早的阶段，我们就已经在商品的幌子下遇到经济现实的两种不同要素的结合。第一种是可以用来生产这种商品的一套生产技术。当然，这些技术不能不受自然-物质世界的规律的影响。人类能够研究探讨这种规律，却不能更改它。技术也不能不受人类社会世界的影响：它受人类能力以及生产过程本身的组织制度发展情况的限制。这种受社会条件限制的技术的概念，表现人类的创造性活动与大自然的相互作用，被称为“生产力”。第二，像我们已经看到的那样，商品相应于一种固定的社会关系制度，特别是表现在法律制度方面，可是也必须包括生产所根据的社会组织的方法。这些被总括地称为“生产关系”。

劳动的分工

各种工作之间的劳动分工是商品生产所必需的社会基础。没有劳动分工，就不会需要任何方式的交换。然而，像亚当·斯密很久以前指出的那样，资本主义制度下的劳动分工促进了生产力方面的重要发展，即增加了社会生产力。因此劳动分工是生产力与生产关系之间有力的相互作用的榜样。

必须强调，劳动分工是商品生产的一项必要的但是还不够的条件。正统派经济学家，由于认为劳动分工受到商品市场范围的限制，使得商品生产似乎是永远存在。因此，它在商品生产的范围以外不能存在。这一谬误出现在亚当·斯密的著作里，并且今天仍然在重复。这一点受到马克思明确的驳斥：

> 这种分工是商品生产存在的条件，虽然不能反过来说商品生产是社会分工存在的条件。在古代印度公社中就有社会分工，但产品并不成为商品。或者拿一个较近的例子来说，每个工厂内都有系统的分工，但是这种分工不是通过工人交换他们个人的产品来实现的(Marx，1976，p. 132)。

正统派经济学有意无意地遮掩这种和商品形式的历史上特殊社会关系的另一种方法，是在各种情况下都认为经济**货物和商品**

是等同的。经济货物在各种形式的人类社会中都有；相反地，商品生产牵涉到一种特定类型的社会制度。

使用价值

商品具有两个方面。第一是它的使用价值，第二是它的交换价值。一种商品的使用价值关系到它的自然特性，以及它满足人类的社会需要和生物需要的能力。因此，不是商品的货物也有使用价值。马克思在《资本论》中就商品的这一方面作如下说明：

> 商品首先是一个外界的对象，一个靠自己的属性来满足人的某种需要的物。这种需要的性质如何，例如是由胃产生还是由幻想产生，是与问题无关的（Marx，p. 125）。

注意，物的使用价值不是完全存在于人类消费者或者所有者的心中：它在物的本身上有一种外部的表现。这段话说得很清楚，在马克思看来，使用价值不是一个纯粹主观的概念：

> 物的有用性使物成为使用价值。但这种有用性不是悬在空中的。它决定于商品体的属性，离开了商品体就不存在（Marx，p. 126）。

然而，使用价值不是一种非社会范畴。它不是单纯地从个别的生物需要衍生的。使用价值是一种能够满足特殊的人类欲望的东西，并受社会的限制，因为这些欲望来自社会：由于社会压力和环境。在现代资本主义社会中，绝大多数的欲望是由社会造成，而不是从一个与世隔绝的个人身上生长出来的。

但是，尽管使用价值是受社会环境限制的，通常并不带有一种明显的特殊社会制度的标记。许多东西曾在不同形式的社会中有过大致相似的使用价值。面包、水、酒、空气、皮革、小刀和马都是实例。还有，我们已经提到，一切对人类有用的物都具有使用价值，可是并不是一切有用的物都是商品。空气有使用价值，但到目前为止还不是商品。

要确定某一项使用价值，必须查考那种物的物质特性，以及它的所有者或者消费者的生理和心理状况。这种估值对每个人可能不同，或者可能对人类所有的成员都一样。很可能某种物对某个人有一种重要用途，而对另一个人没有什么用（由于特殊的癖好）。但是这仍然并不意味着使用价值属于主观的范畴：这种癖好大体上是由于遗传的、环境的或者阶级的差异，这些差异可以解释大多数的偏向。

在斯密、李嘉图和马克思的著作中，使用价值的概念是社会的和客观的，而不是个别的和主观的。在他们看来，使用价值是物的客观的社会价值，而不是从该物的消费中取得的主观满足。在他们看来，使用价值不是对货物本身完全非固有的，它主要是货物的一种内在的特性。这种使用价值的概念，由于他们有时候用“使用中的价值”一词表示相同的意义而得到证明；并且，像“满足的价值”这样的词在他们的作品中是没有的。他们说到**物**的**使用价值**，而不说所取得的满足。

如果我们也采用这种社会的和客观的使用价值概念，我们就必须应付某些特殊货物的性质方面个别变化的问题。例如，一支卷烟的使用价值对吸烟者和对不吸烟者是不同的。这个问题很容易应付。正如在斯密、李嘉图和马克思所使用的使用价值的定义中那样，使用价值基本上关系到整个社会，而仅仅次要地关系到其中的个别人。因此，卷烟的使用价值是一支卷烟对社会作为一个整体的用途或者价值。要表示这一点，就必须一方面说明卷烟的讨厌的和有害于健康的特征，另一方面要说明它镇静神经和保持某些社会习惯方面的作用。

这并不意味着，考察一种特殊的使用价值的人，必须对他所分析的物的用途做出道德上的判断。对使用价值的分析，必须对有关物品的自然性质以及它能够满足的生物的和受社会影响的需要，做出完全合乎科学的研究。

世界上存在着一个可以看作是相同的人种，由相互依存并具有共同特性的个人构成，这就意味着，尽管各个人之间有种种不同，还是有一种客观的欲望和需要的基础。再说，在现代资本主义社会里，欲望有很大一部分起源于社会条件和社会教养。这种欲望由社会决定的理论，已经有许多著作家（Galbraith，1962；Marcuse，1968）以及马克思本人（1973，pp. 408—410）加以探讨。这些成分提供了客观的和具体的基础，可以为社会作为一个整体对使用价值进行科学的研究。

使用价值和效用

自新古典派经济学兴起以来，它把重点放在主观的边际效用的概念上，人们就错误地把这个概念与斯密、李嘉图和马克思的著作中所用的使用价值的概念，混为一谈。结果许多当代的马克思主义者隐瞒了这两个概念的区别，因而对新古典经济学的主观个人主义做出了没有理由的让步。然而，在经济思想史上，当1871年杰文斯像在自己以前的古典派经济学家那样，放弃把物的价值与一种“内在的本质”联系起来的主张时，做出了很明显的突破，并且把他的效用概念完全放在消费者的主观满足的基础上。至少在这个问题上，古典派和非古典派的经济学有明显的不连续性。

主观的效用是一个人或者一家人从消费一项物品或者服务中获得满足的程度。人们假定这是可以用数量表示的，在序数的或者基数的意义上都可以（在不能肯定的情况下就必须在基数的意义上用数量表示）。按照新古典经济学的原理，每个消费者的行为好像他或者她有一套安排好的对各种不同消费品的组合的选择权（例如参阅，Ferguson，1972，pp. 17—33）。根据这种爱好函数，可能指定一个数目给各种可以做到的消费品的组合；这个数目就会是从那一笔货物的消费中取得的效用或者满足的程度。

大体上，这似乎是一种含糊的习题。在那些仅仅考虑两种或者最多三种货物的世界的经济理论课本上，这种做法似乎有理。但是，在现实世界中需要考虑的商品多得多，这一论点就显得没有说服力了。再则，这种现实世界的决定所包含的比较不是在货物本身之间，而是在各种一堆堆的货物之间的选择。人们必须做出选择，吃一份烧得很好的牛排、一杯酒，再加乘公共汽车、加热水淋浴和按摩，一边吃着蒸锅羊肉加上小杯甜酒加上散步半英里，加上在温水中泡浴十分钟。许多个别的人一定会选择这一套或者那一套的享受；他们甚至经常地转移场所，并具有其他的新古典派作风。然而，如果认为这会有明显的“偏爱”，那就是不同的问题了。个别的消费是一种复杂的、由社会决定的作用，这种作用不能用一套明确的和特意计划的爱好来包括。

由于试图把一切消费者行为都归纳到一个尽可能大的单一的“满足指数”的作用，新古典派经济学家不考虑货物质量的根本复杂性。再则，基本效用或者顺序效用的概念不表示使用价值的质的范畴。效用的概念与斯密、李嘉图和马克思著作中的使用价值的概念是不一致的。也不能把使用价值总结为一种“偏爱作用”。这些论点很容易证实。例如，即使有一种偏爱的顺序存在，使我们能把一定数量的效用归因于不同的物品，那么假如两件不同的物品对某个人有同样的效用，它们仍然没有同样的使用价值。一个面包可以被认为具有与一包纸烟同样的效用；可是前者的使用价值是那可以吃的实体和有营养的内容，这些东西能满足人的饥饿和生物性的需要，而后者的使用价值在于它能够满足对药物尼古丁的渴望，或者在于它可以在大家一起抽烟的社交仪式中有用，等等。

总而言之，效用不包括货物的内在特征和质的方面；它仅仅是一种主观满足的标志。使用价值只是货物在特定的社会环境中有用的特质，此外没有其他的东西。马克思强调了使用价值的质的性质,而不是量的性质;他写道:"作为使用价值,商品首先有质的差别"(Marx,1976,p. 128)。从使用价值到相似的效用的任何步骤,包括了采用那些问题的关于"合理性"的假定以及摆脱物的客观的、有形的和实质的特征。

以上我们的论证中不言而喻地意味着,使用价值的概念不能归结为一个单一的数量。但是,必须承认斯密、李嘉图和马克思有时候也曾以一种纯粹量的意义(而不是质的意义)来谈使用价值。我们认为这是一种变态:一种原始的科学一元论,与早期物理学家在概念上把一切物质简化为单一的液体,不是不同。检查一下斯密、李嘉图和马克思的著作,就可以看出从质的和根据客观的使用价值的观念胜过任何纯粹从量的概念。甚至他们在使用"效用"这个词的时候,大部分也是从质的和客观的意义来说。

为了把区别说清楚,我们将用"效用"一词指从量的和新古典主义的概念,而用"使用价值"指以客观为基础的从质的概念(我们在上面讨论的)。使用价值是以客观为基础的,因为它的根据是用科学方法分析货物的自然特性以及这些货物满足人类生理的、心理的和受社会条件决定的需要的能力。另一方面,效用主要是无形的。它只能由人从观察消费者在市场上的行为中估计。我们不能通过分析商品或者甚至观察消费的行为本身而发现一个微粒的效用。"效用"似乎是强加在现实身上的一种想象,而不是一个与现实本身平行的概念。诚如琼·罗宾逊(1974 年)所说:

> 效用是一种形而上的概念;效用是商品身上的一种特性,它使得个人要买这些商品,并且,有人要买商品这一事实,说

明它们具有效用(p. 48)。

由于上述这些理由,我们认为效用这一概念是不科学的。把一种关于价格或者消费者行为的学说建立在这样一种毫无根据的基础上,是没有理由的。虽然使用价值的概念比较复杂,并且在许多情况下是难以分析的,它却具有比较坚实的合乎科学的基础。效用是抽象的、无形的和自私的。一件商品的使用价值,是它在特定的社会环境中那一套有用的特质。这种特质,可以用科学方法和客观态度加以调查研究;当然,不能同与这种商品有密切关系的社会情况完全分开。与效用的研究不同,我们不再面对着理想的事物,仅仅面对空想的东西;我们从事于理论的和实验的调查研究过程,其目的在于社会的和物质的现实。列宁对那另一种"形而上学的"研究方法的批评是恰当的:

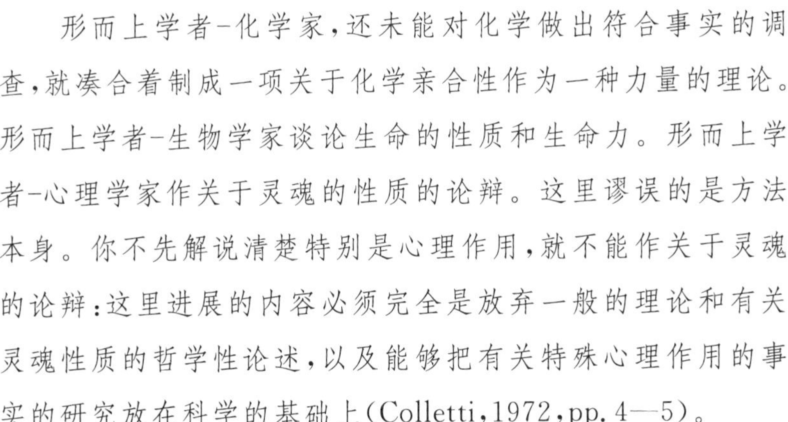

> 形而上学者-化学家,还未能对化学做出符合事实的调查,就凑合着制成一项关于化学亲合性作为一种力量的理论。形而上学者-生物学家谈论生命的性质和生命力。形而上学者-心理学家作关于灵魂的性质的论辩。这里谬误的是方法本身。你不先解说清楚特别是心理作用,就不能作关于灵魂的论辩:这里进展的内容必须完全是放弃一般的理论和有关灵魂性质的哲学性论述,以及能够把有关特殊心理作用的事实的研究放在科学的基础上(Colletti,1972,pp. 4—5)。

以效用这样不可捉摸的概念为基础的一种理论,根本不能真正说明社会现实。实际上,像霍利斯和内尔(1975 年)指出的那样，就该词的真实意义来说，它也不能做出预言。效用论不是预言性的；它仅仅是从一些武断的原理引申出来的形式上的一套命题；它采取这种形式："如果我们假设A、B和C，就会发生X、Y和Z。"那不是一种预言，并且不可能是，它仅仅是一种形式上的逻辑推论。效用理论真正能说的，像许多批评家已经指出的那样，是"一个人做一个人所做的事"。

第五章　交换与生产

一切进步的基础是每个有机体方面普遍地有一股天生的欲望，想要过那种支出超过收入的生活。

塞缪尔·巴特勒：《笔记》

在第五至十一章里我们将做出使问题简单化的假设，从分析中剔除货币。加入货币时必须修改这种分析，将在第十二章及此后各章中提出。这里我们考虑一种简单的物物交换（或称易货）经济，其中各种商品互相交换。

交换价值

我们曾讨论商品的使用价值。我们已经看到，使用价值既是从质的又是捉摸不定的。它既不是可以用单一的数量来衡量，也不是从事物的表面立刻可以看清楚。相反地，商品的明显的公开面貌具有一种单一的和可以引起误解的简单的从量的方法。这个词的拉丁语根源反映这一点：com＝具有，modus＝方法。商品的公开面貌，用单一的数量表示的，是它的交换价值。马克思（1976年）这样说："交换价值首先表现为一种使用价值同另一种使用价值相交换的量的关系或比例”(第126页)。换句话说,交换价值是作为商品市场上各种使用价值互相交换的一套比例出现。例如,十只面包可以交换一件衬衫,这衬衫又可能交换到两把刀。所以,在这里一件衬衫的交换价值可以被表示为或者十只面包或者两把小刀。当然,我们可能用某一个经济组织所有的其他商品表示一种特殊商品的交换价值。

我们已经注意到,商品交换的一项必要条件是生产中的劳动分工。第二,必须有一套私有财产的关系,包括个人的或者法人的财产权利。在这样的情况下,商品的所有权是绝对的,即所有人享有合法权利,可以照自己的意愿处理其财产。他可以自由地同别人进行买卖。

新古典学派对交换的解释

为什么一个在商品交换制度的范围内法律上自由的个人,要丢掉一种商品来取得另一种呢?新古典学派的答复是,该交换中所涉及的两个财产所有人各自这样做,是为了增加自己个别的效用。人们已经指出这是一种谬误的解释。我们只能根据观察到的交换行为把效用归因于物品。

还可以通过把交换和生产这两方面结合起来,从而对这种方法作进一步的批评。新古典理论照例把世界分为两种敌对的地区。在一方面有“生产要素”,就是劳动、资本和土地;在另一方面有可供消费的货物。货物在一个部门里被生产出来,然后交换,再在另一个部门里被消费掉。这是“单向的道路,它从‘生产要素’通往消费品”(Sraffa,1960,p.93)。这最后目标,最大限度地增加消费领域内的效用,被认为是全部过程的鼓舞精神。所以,当货物和劳务,通过交换,从生产走向消费,即从“厂店”走向“家庭”时,消费者是“至高无上的”,最终的因果以相反的方向流动。

资本主义经济的这种区分,在新古典派思想的初期阶段比较重要,那时候他们的分析还没有广泛地数学形式化,使得工厂和家庭中各自的“生产函数”有了等同的或者很相似的数学特性。消费是支配一切的王国:个人的王国。生产,工厂的王国,是消费的仆人。这样的划分模糊了资本主义生产方式的一项主要的统一因素:那是普遍化的商品生产这一事实。若干单位的资本、土地和劳动力都是“商品”。再说,一种商品的生产同时是其他货物的消费。反过来说,家庭中货物的消费同时是劳动力的生产和再生产。

生 产 与 消 费

后一种看法包含经济制度中一种循环性的成分。没有单向的道路,而是“用商品生产商品”。这种对循环性的看法,在魁奈、斯密、李嘉图和马克思的著作中是突出的。再则,古典派的循环性观念在凯恩斯派的“所得的循环流动”概念中得到响应(虽然凯恩斯本人在《通论》中对这后一种论点说得不清楚)。当然说得更明确一些,生产作为一种循环过程的概念,在里昂惕夫的投入-产出表和斯拉法的著作中可以看到。

然而,尽管在合为一体的生产与消费过程中有一些循环性,可是把两者等同起来却是错误的。马克思认为,把生产和消费等同起来，是一种黑格尔式的错误。在该错误概念中有一种把社会看作上帝似的观点，从表面来看而不适当考虑内部的关系。马克思写道：

> 因此，在一个黑格尔学派的人看来，最简单的事就是把生产和消费说成是等同的。……再则，把社会看成一个单一的主题，是把它看错了；从理论上说，对一个单一的主题，生产和消费似乎是一个单一主题的若干环节。这里要强调的重要问题仅仅是：不管生产和消费被看作一个人或者许多人个别的活动，它们似乎是一个过程的许多环节，在这个过程中生产是真正的出发点，因此也是最突出的环节；消费作为非常紧急的事，作为需要，本身是一种内在的生产活动环节。可是后者是走向现实的出发点，因此也是它最占优势的环节，是全部过程又自然地发展的时候。个人生产一件东西，通过消费，又回到他自身，可是是作为一个能生产的和自我再生产的个人回来的。消费因此显得是一种生产的环节（Marx，1973，pp. 93—94，着重点系作者所加）。

因此，消费和生产是一个整体，每一方包含另一方的一个方面；可是生产在这个整体内部是“占支配地位的”。

近年来，新古典派经济学家，由于放弃了以前的单行道，在他们的研究方法上已经变得越来越“黑格尔派”。在凯恩克罗斯（1958 年）、贝克尔（1965 年）、赫希里弗尔（1970 年）和其他人的著作中，家庭被作为一种工厂，也能生产劳动的“服务”。此外，工厂和家庭同样要设法尽量增加效用。所以，总而言之，工厂和家庭被说成是同样的。首先，应该注意，这种方法和传统的“消费者至高无上”的教条是不相容的。在这样的一种分析中，工厂和家庭是同样的“至高无上”。再说，与马克思和斯拉法的著作不同，最大限度地增加效用仍然是生产过程的目标或者终点；然而，只是这一次效用概念的范围很广，以致它失去了以前的意义。凯恩克罗斯和其他人的研究方法，由于把工厂作为个人，破坏了工厂的性质；并且，由于把效用概念应用于工厂，从而歪曲了这个概念。

上面的讨论是重要的，以后在这本书里我们还要再来谈这个题目。在现阶段只需注意，对于经济过程，我们一定要认为它既不是完全“循环的”，也不是单纯地作为一种“单向的通道”。再则，像马克思指出的那样，生产应该被看作最重要的契机。这显然与传统的和现代新古典派的研究方法相反，后者认为消费（在家庭或许在工厂中也是如此）和结果以效用的最大限度化为目标。在两种新古典派的思想中，交换的动力在于效用的最大限度化。

交换和生产

在这里我们有可能开始概述另一种研究方法，使用一些传统的和基本的理论工具。在图 5.1 中我们用熟悉的预算线开始。假设点 I 代表 A 和 B 两种商品的最初基金。原则上，这些商品之一可能是劳动力，可是那一项特殊商品提出一些在以后一个阶段讨论的特殊问题。这是一个只有两种商品存在的世界；再则，像我们早先说过的那样，真正的货币不存在——这是一个物物交换的经济组织。在以后的一个阶段中我们将说明真正的货币和传统的预算线是不能共存的。一次交换发生，我们的商品所有人在 J 点结束。为了增加自己所有的商品 A，已经失去一些商品 B。像初级课本中解释的那样，两种商品 A 和 B 交换的比率（即它们的相对价格，或者一种商品的相对价格或交换价值），由预算线本身的倾斜率表示。交换率按特定的值计算。

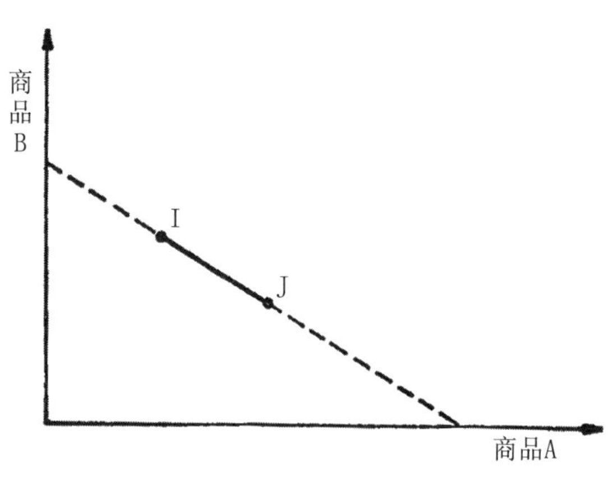

图 5.1　预算线

按照新古典派的理论，商品所有人在 J 点结束，因为他从消费在该处所有的东西中取得的效用被增多到最大限度，并大于在 I 点取得的效用；可是这种观点把消费作为这一过程的终点看待。它排除交换根本不是为了消费的可能性。它把生产和交换完全分开。因此，必须使生产出场。

那两种商品 A 和 B 可以用来生产不同数量的 A 和 B。例如，马和谷物可以用许多不同的方法（包括喂马、繁殖马和种植谷物）生产出更多的马、更多的谷物或者两者。至少一种商品必须生产得较多，否则就没有促进生产的动力；可是对一种商品的基金可能减少。

因此，生产是部分地由商品-空间上从一点到另一点的移动来表示。在我们的图解中这是由从 J 到 K 的移动表现的（图 5.2）。很清楚，K 点不能单纯地由交换程序达到；必须包括商品的生产。在移动到 K 以后还有另一次交换行为，使基金达到 L。从 L 到 M 的移动，代表商行所有人对这两种商品的消费（不是交换或者生产的行为）。此后，MN 表示交换、无生产等。无尽无休的循环的净效果是不断地以“北”和“东”之间的方向逐渐偏离起点。生产的效果能把消费者推到一种较大的预算线，代表一种预算不少于以前完成的数目。假如这一点不实现，就不会有对生产的动力，并因此也没有对前次交换的动力。

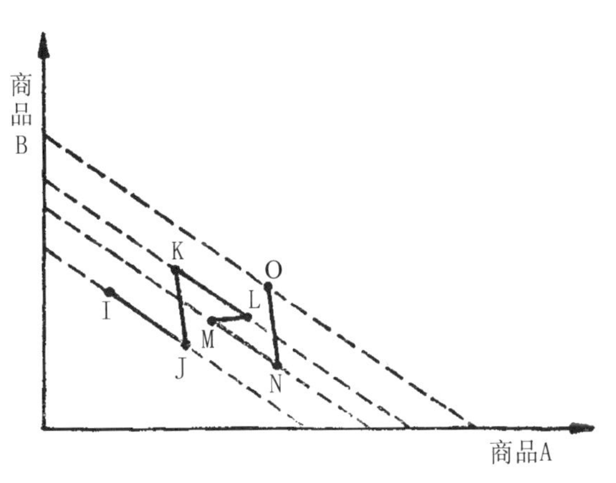

图 5.2　交换和生产以后

当生产、消费和交换的联合过程被看作一个整体时，消费是次要的契机。北与东之间前进的动向只是由于生产动力的有效支配超过与消费有关的力量而发生。生产既是该过程的目的又是它的手段。

生产的概念对于了解交换是必要的。新古典派的方法——从消费和交换这两个领域出发，并集中在这两方面——不能说明生产的支配地位。在图5.2中，交换仅仅说明是沿着预算线移动，而不是预算线本身的转移。莱文做出一种类似的、却是较为详细的有关消费的论点。在新古典系统中，我们谈的不是生产，而是消费。

> 作为一种直接把未决定的个人与他所需要的东西联合起来的个人行为来看，在这里个人和物品都假设是特定的。对新古典派的价值的批评者来说，最重要的是理解消费作为一种个人行为以及消费作为一种社会过程的现象或者要素。……不言而喻，消费只有当它在一种正在进行的再生产过程内部把自己放在与生产对立的地位时，才成为一种可以看得清楚的经济功能(Levine，1977，p. 178)。

上面的分析——它把生产、消费和交换结合起来，在一次正在进行的再生产过程的范围内观察它们——使我们能辨清该过程中的三种要素。这是与现代新古典派的观点相反的。然而，这同一分析却同时反对那“单行道”，并且把每一件商品(至少潜在地)看作可供生产**或者**消费的一项东西。

占有代理人的再生产

消费的环节代表什么呢，如果它不是像新古典派会说的那样为该过程的终点。图 5.2 中的轨线代表商品所有人的财富通过联合的生产和消费过程而进行的改造。我们把这种商品所有人叫做占有代理人。消费的行为不是单纯地为了消费者的满足；它也一定对占有代理人的再生产是必需的。没有消费，那商品所有人会消亡；其财富创造过程就会终止。这种过程必须不仅确保财富的存量不减少，也必须能确保占有代理人的再生产。图 5.2 中，这是为暂时退向原点辩护的主要理由。

在绝大部分古典派的分析中，占有代理人被列入商品本身这一类。常常缠绕货物的运输和改造的，是一种鬼一般的幽灵。交换仅仅被看作货物的交换：人们不很注意那必要的、伴随而来的财产权的交换。莱文指出李嘉图著作中的谬误：

> 在李嘉图看来，所有人的特殊性实际上不起作用，李嘉图完全不能明确地认识个别的商品所有人所指定的交换关系。李嘉图未能领会，商品对其所有人的关系含有不言而喻的对商品的社会特性的限制，这是古典派政治经济学的典型性，并且，在较小的程度上马克思也是这样。

商品与占有代理人之间的区别的意义，以及对一个商品生产经济的这两方面的既分开又有关的分析，在下文（我们的分析的几个地方)可以看到。然而,我们可以立刻说到对这种区别的一项重要的应用:对商品所有权,生产、消费和交换的分析应用到工人阶级的一个成员身上。

劳动力的生产与交换

我们继续考虑一个有两种商品的世界。一种商品是劳动力,另一种我们将称为谷物。我们的占有代理人现在是一个工人,一个无产阶级的成员,他至少在最初是一无所有,只占有自己的劳动力。图 5.3 说明这种情况。最初的天赋(由 I 点代表)放在一个轴上,由于该工人只占有劳动力这一项。他把自己的劳动力出租一段时间(例如一天),取得一定数量的谷物。这使他达到 J。他然后消费了谷物的一部分或者全部,养活自己和家属。这种消费行为有"双重作用":它再生产那占有代理人(以及后代)并恢复其工作能力,即恢复他或她的天赋劳动力。这是劳动力作为一种商品的特殊性质。它与占有代理人是融合在一起的。结果,劳动力的"不生产"意味着占有代理人的不继续存在。人们假设,资本主义充满了"自由选择";可是,就劳动力来说,"选

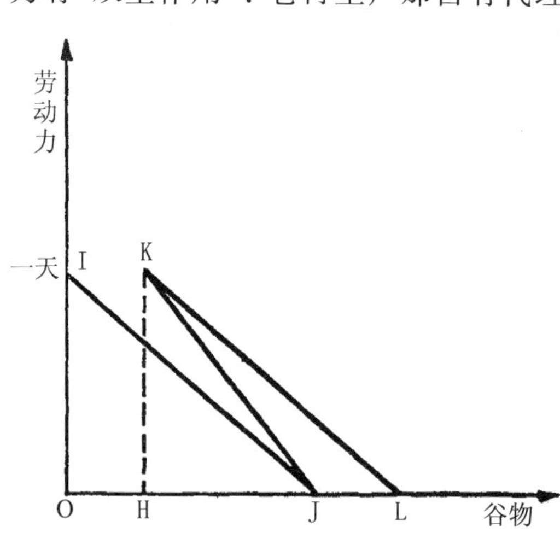

图 5.3　劳动力的生产与交换

择"是在占有代理人继续生存与不继续生存之间进行。如果生命是应该保存的，这根本不是选择。

在图 5.3 中我们曾假设工人能够从工资中节省少量的谷物。因此，在消费以后基金距离垂直轴一小段，等于 OH。从 K 点，劳动力又被卖了一次，工人被带到 L 点。然后这种过程可以继续下去。

如果注意到图 5.3 为劳动力的生产假设一种线性技术，也许是有益的。谷物数量 HJ 生产 1 天的劳动力。工资率是斜率 OJ/OI，生活工资是 HJ/HK。工资率和那用谷物计算的"生活"工资简单的是 OH。

显然，效用分析不能应用到劳动力的生产和交换。在生与死之间的交替换位中，不可能有连续不断地把效用增加到最大限度的过程。一个死人没有满足：他的或者她的效用不能增加到最大限度。[参阅布拉特(1979 年)，那里有一段关于这一点的正式讨论。]支配这个过程的不是效用，而是生产(至少，如果全部工资都被消费掉)。要使工人达到较大的预算线，有必要节省货品并再生产劳动力。关于作为一种在这方面满足欲望和需要的手段，消费行为是不重要的。关于劳动力本身的生产，只有从取得较高的预算的观点来看，才是重要的。因此，两项要素处于支配地位：主要的和普遍的是劳动力的生产；次要的，是作为工资而收入的某些物品的"不消费"。

总之，效用分析不能应用到家庭或者个人，后者的继续生存决定于其劳动力的销售。有些人会辩解，把资本主义商行看作一种尽量增多效用的单位，是错误的。很难把个人偏爱的原则引进资本主义买卖的复杂社会制度。人们可以断定,公司或者家庭都不能把效用的最大程度化作为指导自己行为的一种适当的理论。似乎有一点渺茫的机会可以作有意义的应用的唯一地方是资本家的家庭,他不靠出售自己的劳动力作为收入的来源。或许在那里有对新古典主义理论的客观教训。

我们关于生产和交换的联合讨论,已经引导我们辨别两种类型的商品所有人。一方面有工人,他生产自己的劳动力,并依靠出卖劳动力维持生活。另一方面有资本家,他不一定非把自己的劳动力送到市场上求售,而是安排与生产要素联合在一起,以便生产劳动力以外的一种其他商品。在大多数情况下,我们将假设资本家必须购买劳动力以便生产,并从而排除全部自动化装置。第二,我们将一般的不考虑那种在自己的厂里用有益的方法工作的资本家,他们和劳动队伍并肩作战。

在区别工人和资本家方面,我们甚至在这分析的很早阶段就引进了社会阶级的概念。然而,到此为止,还没有充分阐明这种区别,在本书的以后一个阶段我们将再来研究这个问题。

第六章 交换价值和成本

在上一章里我们注意到，一切商品所有人的目标是避免其预算中有实际的减少。说得更明确一些，资本家的目标是累进地增加自己的预算，工人的目标至少是避免减少预算。根据这一点推论，我们将假设工人们不储蓄。他们不增加自己的财富；他们仅仅再生产他们自己作为占有代理人。他们不在任何意义上获得利润。占有代理人的再生产不能被认为是一种有利润的活动，不管其工资水平怎样。利润，正确地解释，是在市场上从商品销售中取得的收入的一部分。在纯粹资本主义制度下，占有代理人不能被卖出。假如他们可以被卖出的话，他们就不是占有代理人，而成为奴隶。这是重要的一点，在本书的以后一个阶段中将详细说明。

与工人的家庭形成对照，对于资本主义的商行，预算最大限度化的原则以人们熟悉的形式来表现，即为利润而生产的原则。说得更确切一些，如果我们不考虑关于资本主义商行的目标的其他意见，也就是利润最大限度化的原则。生产要素的成本，在大多数情况下显然必须比较少——少于所生产的商品可以在市场上取得的价格。这不是心理学的规律：这是资本主义继续生存的条件。

相互关联的生产成本

资本家X生产商品A。他需要商品B作为原料投入，用某种共同的货币来衡量，A的交换价值一定大于B的交换价值，如果要取得利润的话。商品B是由资本家Y生产的，他用商品C作为投入。所以B的交换价值一定大于C的交换价值。因此，如果我们考虑一种单独生产出来的商品，是用其他商品生产的，一系列的成本费用就会被引申出来。上面这个例子中的这些成本，像下列这样互有关系：

A的交换价值

大于B的交换价值

大于C等……的交换价值……

有时候引申出长长的一连串无限的不等量；有时候我们将提到像B和C这样的商品，作为所包含的商品A的投入量；有时候简单地作为**成本**。

我们现在面临一个问题。我们已经从考虑面对个别资本家的形势即从微观经济关系（在那里，成本和交换价值可以被认为是特定的）转移到一种更全面的观点，在那里，一个资本家的成本是另一个资本家的收入，并且交换价值不能被认为是特定的。结果，我们没有特定的根据可以用来比较那些由不相同的商品代表的成本。

斯密、李嘉图和马克思引导我们得出该问题的答案。他们着手找出那直接或间接地用于生产一种特定商品的劳动总数，即全部劳动成本，商品生产中所用的过去劳动和现时劳动以及一切必要的投入。不需要有关交换价值的知识，就能计算出这种“具体化劳动”的数量。现在这种特定的商品可以在市场上换取劳动力。可以买进的劳动力的数量，将决定于工资率。斯密、李嘉图和马克思认为，工资率决定于按照特定的生物、社会和文化条件来再生产劳动力所必需的各项东西的成本。我们暂时不讨论工资中有多大一部分可以被认为在这个意义上是“必需的”，因为在这里已经有过很多的争论。只需指出，要做到再生产劳动力，工资必须大于或者等于这种劳动力的再生产费用。现在应该清楚了，要使在特定商品的生产中直接或间接涉及的每一个资本家都获得利润，这项商品的劳动成本（具体化在商品中的劳动）就必须少于该商品在市场上可以交换到的劳动数量。后者通常被称为“可以控制的劳动”，相当于有关商品的交换价值除以工资率。

成本折合为以时间计算的劳动

前面关于成本的分析给我们引导出一种分析方法，其内容是把一种商品的交换价值分解为一系列劳动成分，加上一部分利润。这种分析在李嘉图和马克思的著作中被提到，而在斯拉夫的著名作品（1960 年）中最明显。

让我们举一个简单的例子。一个谷物生产者一年中可以收获谷物 10 吨，如果他在春季播种 1 吨。这一年他还需要 5 个人的劳动和 1 吨肥料。工资率是每年每人 1 吨谷物。为了这个举例，我们将假设，劳动是均匀的，以及一切工资对劳动力的生产是“必需的”。现在考虑肥料工业，并假设肥料由动物的粪构成，用独立的劳动收集起来。收集1吨肥料，需要用一人一年的劳动。肥料工业中工人的工资与谷物工业中的相同。

生产10吨谷物的成本是5“人年”的劳动，加上去年生产谷物种子和肥料必须用的劳动，加上前年生产所必需的谷物种子和肥料投入量等，一直追溯到过去。考虑那1吨谷物种子的生产。需要5“人年”的劳动来生产10吨谷物种子，所以1吨谷物种子需要1/2“人年”的劳动，假定收获量是恒等的。与那1吨谷物种子一起使用的肥料，需要1“人年”的劳动。可是还有，在那以前的一年，需要1/10“人年”的劳动来生产出生产谷物种子所需要的肥料，加上1/20“人年”的劳动用于生产谷物种子本身。

再则，在那以前的一年，需要用较多的劳动生产所需要的谷物种子和肥料。因此，把成本折合为劳动的过程，是一系列不断的分裂，在时间上向以往追溯。在每个短暂的阶段，一定数量的劳动力，按适当的“时期”被提取出来。这种分析可以用图解说明(见图6.1)。

因此，作为结果，本年需要5“人年”的全部劳动，去年需要1.5“人年”的，前年需要0.15“人年”的，等等。这无限的系列总数可以被显示为$6\frac{2}{3}$。因此10吨谷物的交换价值是$6\frac{2}{3}$“人年”的劳动。用这特定的工资率计算，10吨谷物的交换价值是10“人年”的劳动力。所以谷物工业中的劳动成本少于被生产的谷物所“控制”的10“人年”的劳动力。换句话说，用劳动计算的成本少于用劳动力计算的收入。因此，谷物的生产是可以实行的。

我们强调，这种折算的过程不需要参考一套交换价值，但价格必须是这样：

（1）1 吨谷物、加 1 吨肥料、加 5“人年”的劳动力的成本少于从售出 10 吨谷物中得到的收入；

（2）1“人年”的劳动力的成本，少于从售出 1 吨肥料中得到的收入。

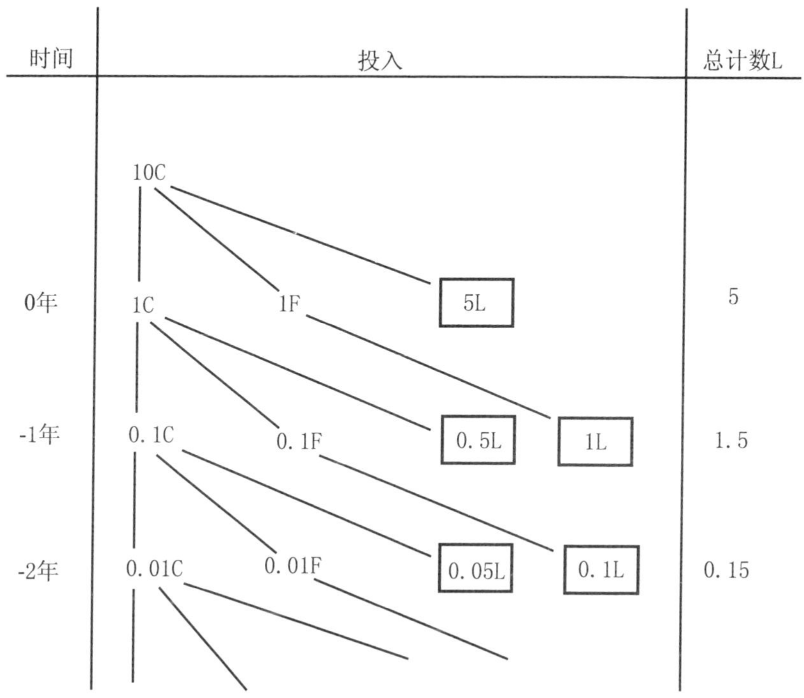

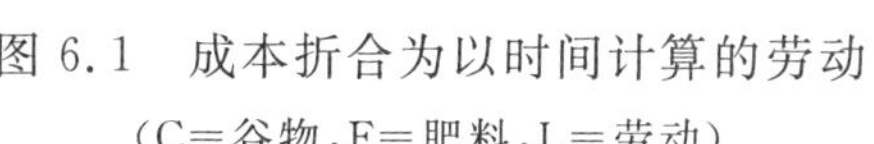
图 6.1　成本折合为以时间计算的劳动
（C＝谷物，F＝肥料，L＝劳动）

前者是谷物工业中可能获得利润的条件，后者是肥料工业中的条件。这两项条件决定该系统中各种商品的可行的交换价值的

范围。

成本折合为谷物

一般地说，斯密、李嘉图和马克思特别爱好把成本折合为谷物。或许这样做的主要理由是，按当时的工艺技术，劳动在折算方法落后的多数地方仍然是成本的最重要的成分。我们将在第十一章中讨论这个问题的背景。

尽管劳动在以往这些经济学家的著作中已经取得显著地位，但仍然有必要强调成本可以折合为劳动以外的其他商品。在以前的“折合”中，劳动在每个阶段都被提出来，并且，劳动力生产的条件并非必须考虑。如果我们现在选择谷物，这可以在每一个以往阶段被提出，因此不需要考虑那种特殊谷物的生产条件。然而，我们现在必须考虑劳动力生产的条件。

生产 10 吨谷物，需要 1 吨作为种子谷物。因此在本年，谷物的成本是 1 吨。再则，在本年，需要用 5“人年”的劳动和 1 吨肥料。这 5“人年”的劳动力是在去年用 5 吨谷物生产出来的。因此，去年中的谷物成本是 5 吨。那 1 吨肥料是在这同一年中用 1“人年”的劳动生产出来的，所以，在这以前的一年中需要 1 吨谷物来生产那个数量的劳动力。因此，扼要来说，10 吨谷物的成本是本年的 1 吨谷物、去年的 5 吨以及前年的 1 吨。10 吨谷物中总的谷物成本是 7 吨。换句话说，10 吨谷物中具体化的谷物是 7 吨。注意，在这种情况下，不像以时间计算的劳动折合，以时间计算的谷物项目系列是有限的。成本谷物少于所生产的谷物这一事实，

说明所有的工业可以得到利润，并且谷物的生产是可行的。折合为以时间计算的谷物的过程，在图 6.2 中示出。现在，为了说明全貌，显示成本可以折合为我们的“三种商品”社会中的第三种商品，就是肥料。

成本折合为以时间计算的肥料

假使是这样，肥料的数量在每个阶段被提清，我们就仅仅必须考虑谷物生产的条件和劳动力。在本年用 1 吨种子谷物、1 吨肥料和 5“人年”的劳动力生产出 10 吨谷物。这样，总的说来在本年，需要 1 吨肥料。在去年，需要用 1/10 吨种子谷物、1/10 吨肥料和 1/2“人年”劳动来生产本年的种子谷物；还需要 5 吨谷物来生产本年需要的劳动力；这样，这个过程在时间上落后；每逢一项成本被折合为谷物时，谷物回过来被折合为谷物、肥料和劳动力。肥料在每个阶段被提出，直到所有的成本逐渐被折合为肥料；可是不像折合

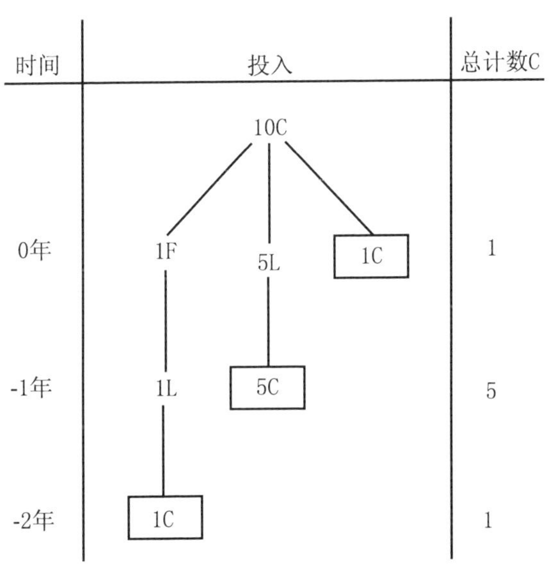

图 6.2　成本折合为以时间计算的谷物
（C＝谷物；F＝肥料；L＝劳动）

为以时间计算的谷物那样，这种过程是无限的，而不是有限的。这种过程在图 6.3 中有说明。

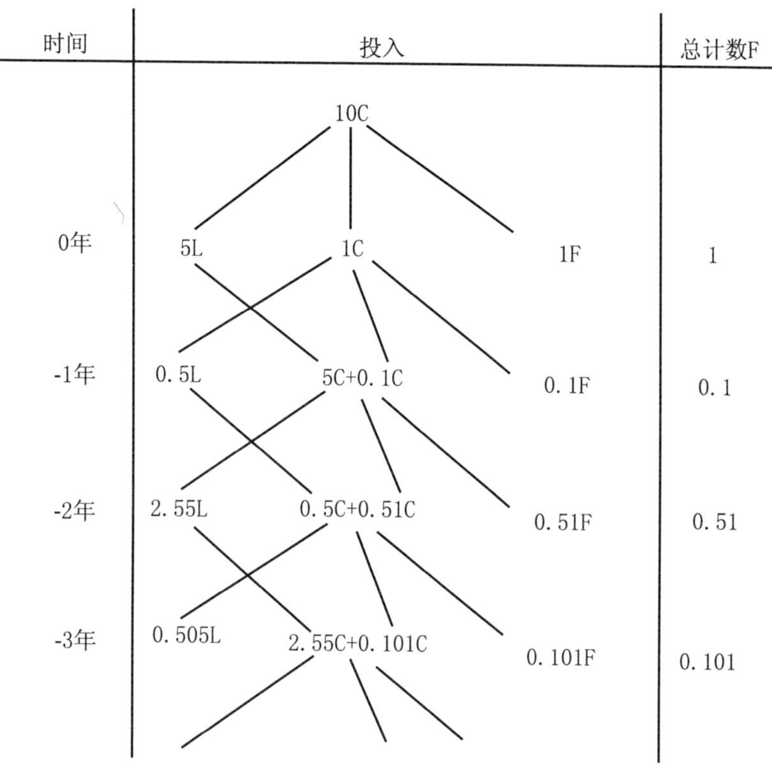

图 6.3　成本折合为以时间计算的肥料
（C＝谷物；F＝肥料；L＝劳动）

因此，总而言之，为了生产 10 吨谷物，本年需要 1 吨肥料，去年需要 0.1 吨，前年需要 0.51 吨，以此类推。这种无限的、以时间计算的肥料项目系列，可以被证明为 2.5 吨。然而，不像谷物和劳动的情况那样，我们如果不知道交换价值，就不知道多少肥料会交换到那生产出来的 10 吨谷物。

劳动和劳动力

尽管我们已经说明，把成本折合为劳动或谷物或肥料，是同样可能的，但这并不意味着劳动力与其他商品之间有完美的对称。劳动力的某些独有的特征已经说过。在这个阶段，再提出一点关于劳动和劳动力的意见，是适宜的。注意，劳动力，就是工作的能力，是在家庭里产生并在市场被雇佣的，而不是劳动本身。然而，被用来生产各种商品的却是劳动，而不是劳动力。当劳动力被雇佣时，资本家绝不能肯定该工人将实际上按平均的或者“正常的”强度工作。与发芽的谷物或者活化的肥料不同，劳动者能抗拒。劳动力将产生的劳动量规定得不完全明确，并且是十分靠不住。双倍地靠不住，因为这涉及人的有意识的意志。

由于劳动与劳动力之间的这种根本区别，这两种范畴在折合过程中都会出现；可是我们却没有如谷物和谷物力之类的东西。另一种结果是，尽管事实上生产一种特殊商品的劳动成本少于可以用它购买的劳动力，那资本家却不能确保这买来的劳动力生产出的实际劳动会与劳动成本一样多，特别是如果利润的余地少的话。研究劳动时这种内在的不确定和易变，已经由一些其他的非马克思主义著作家讲到，特别是莱本斯坦(1976 年)。该问题将在后面一个阶段中加以发挥。

从成本到交换价值

虽然我们在本书中不打算作一种全面的关于一般平衡的分析，我们将用所陈述的假定来显示交换价值怎样可以从量地决定。我们将继续依靠斯拉法处理这些问题的方法，可是这并不意味着斯拉法能够提供交换价值分析中的全部答案。

考虑折合为以时间计算的谷物数量。谷物工业中那个资本家，同其他的东西一起买进 1 吨种子谷物。他的成本额一定少于自己的收入额；如果他要获得利润的话，就可能把利润分成若干份分摊到各个成本要素，并按比例分摊到各个这种成本要素上。这样，如果他投入的全部资本的利润率是由分数 r_c 代表，那 1 吨种子谷物上分摊的利润将是 r_c。1 吨种子谷物的成本加上分摊的利润是 $1+r_c$。现时使用劳动力（以谷物计算），加上分摊的利润，是 $5(1+r_c)$。然而，肥料的成本是未知，要找出这个数字，我们必须检查肥料工业。这里全部投入资本的利润率是 r_f；但这项资本成本仅仅由劳动力构成，它可以用 1 吨谷物按特定的工资率购得。因此，肥料工业中全部成本加利润是 $1+r_f$，并且，根据定义，这显然一定是等于 1 吨已生产的肥料的交换价值。这是那谷物资本家将面临的肥料成本。加上那分摊的利润，将是 $(1+r_f)(1+r_c)$。根据定义，全部成本加上谷物业中全部分摊的利润一定等于那生产出来的 10 吨谷物的交换价值。这样我们推断出下列方程式：

$$10=(1+r_c)+5(1+r_c)+(1+r_f)(1+r_c) \quad (6.1)$$

注意从成本折合为以时间计算的谷物中推论出来的项目 1、

5、1 的系列。我们可以把该方程式弄得在数学上比较好看，而牺牲一些经济的意义，只需说那生产劳动力的“产业”中的“利润率”是 r_l。这样我们可以引申出比较漂亮但不那么合理的方程式：

$$10=(1+r_c)+5(1+r_l)(1+r_c)+(1+r_l)(1+r_f)(1+r_c) \tag{6.2}$$

当然这两个方程式是相等的，如果 r_l 是零，并且我们实际上已经假设情况是这样。无论如何，认为利润是在劳动力“产业”中获得的，这不合理，原因上面已说过。但是那说明把成本折合为以时间计算的谷物的图解，应能引起读者注意。

同样的我们可以考虑把劳动折合为以时间计算的劳动量，并推论下面的方程式：

$$10=5(1+r_c)+0.5(1+r_c)^2+(1+r_f)(1+r_c)+0.05(1+r_c)^3+0.1(1+r_f)(1+r_c)^2 \tag{6.3}$$

（注意，该方程式中的系数是从方程 6.1 的项目中推算出来的）。一方面在经济上合理，这个方程式已经是最漂亮的形式，因为在把劳动折合为以时间计算的劳动量的过程中，对劳动力“产业”中的生产条件不予考虑。

折合为以时间计算的肥料数量的代数的分析，较为复杂。读者可能想要核实那推算出来的系列中第一项目（以“漂亮的”形式出现）如下：

$$S_f=(1+r_c)+0.1(1+r_c)^2+0.01(1+r_c)^3+0.5(1+r_c)(1+r_l)(1+r_c)+0.051(1+r_c)^4+0.05(1+r_c)(1+r_l)(1+r_c)(1+r_c)\cdots \tag{6.4}$$

既然 r_l 是零，减少到：

$$S_f = (1 + r_c) + 0.6(1 + r_c)^2 + 0.06(1 + r_c)^3 \qquad (6.5)$$

这个系列一定等于交换价值（以肥料计算）；可是由于我们不知道这个交换价值，方程式不能完成。然而，关于谷物和劳动的方程式可以完成，只是因为我们知道工资率，即劳动力的交换价值（以谷物计算），反过来也是这样。

检查方程式6.1，就可以看清 r_c 和 r_f 之间有严格的关系。如果谷物和肥料工业都要取得利润，r_c 就必须在零与约0.4285之间，r_f 必须在零与"3"之间。如果这两项利润率之一是规定的，那另一项就确定了；有1度的自由。

利润和交换价值的从量的决定

我们要进行更深入的这种分析，就必须引用某些假定，严格地说，这些假定，用"演绎的"分析方法来说，是不成熟的。我们假设经济处于平衡状态，各项资本主义产业中（当然除了劳动力"产业"）的利润率都相同。因此，用马克思的话说，我们假设一种"一般的利润率"。马克思把这一范畴延搁到《资本论》的第3卷中才讨论，并批评李嘉图过早在其《原理》的第1章中就提出（Marx，1969，pp.167—168、174）。

在前面的分析中，我们确曾假设每个单位劳动力的工资率相同。这种假设用劳动的同一性以及劳动市场上的竞争程度来辩解，是相当容易的。然而，要假设一种相等的利润率，就必须先讨论资本流动性、利率、完全竞争和垄断。这反过来又牵涉到对货币的讨论。因此，引进一般利润率的概念，就不能不破坏严格的分析顺序,加入一些还没有证实的概念。

然而,尽管有上面的保留意见,继续讲下去还是有益的。我们假设,r_c 等于 r_f,并且,当然像以前一样,r_l 是零。假定 r 是一般的利润率,方程式(6.1)就缩减为:

$$10=(1+r)+5(1+r)+(1+r)^2$$

唯一的可以做到的解答是 $r=0.3593$(大约)。注意这个解答与方程式(6.1 及 6.3)是一致的,都有关以时间计算的谷物和劳动的折合,如果用来代替 r_c 和 r_f。方程式(6.5)会给我们提供一个关于 10 吨谷物以肥料计算的交换价值的大致数量,只要我们追溯到相当多的项目。然而,既然我们现在知道利润率,考虑肥料业本身而得出这个交换价值,就比较容易。假设 p_f 是以谷物计算的肥料价格,则

$$1(1+r)=p_f$$

这个方程式的左边是 1“人年”劳动力的成本,加利润;方程式的右边是销售 1 吨肥料的收入。显然 $p_f=1.3593$(近似数)。这个经济中所有的交换价值和利润率,现在都确定了。

通过对成本的考虑来研究斯拉法的理论体系,曾经是方便的。这种分析路线会在下一章里变得明显。然而,用斯拉法的方法,提出比较通常和直接的对交换价值的从量的决定方法,是有益的。我们要用数字的例子。这种经济体系可以用下列方案来表示:

投入				产出	
谷物	肥料	劳动		谷物	肥料
1	1	5	⟶	10	0
0	0	1	⟶	0	1

这里第一排代表谷物业,第二排代表肥料业。假设所有的交换价

值都用谷物计算；p_f 是肥料的交换价值，w 是工资率（劳动力的交换价值），以及 r 是一般的利润率。

我们现有的会计面貌如下：

成本（包括工资）＋利润＝收入。

从这里引申出下列方程式：

$$(1+p_f+5w)(1+r)=10$$

$$w(1+r)=p_f$$

消去 p_f，我们得到：

$$w=\frac{9-r}{(1+r)(6+r)}$$

这提供斯拉法式的工资-利润边界，如图 6.4 中所示。这个边界可以采用各式不同的形状，但一般的它具有负斜度。或者，消去 w，我们得到：

$$p_f=\frac{9-r}{6+r}$$

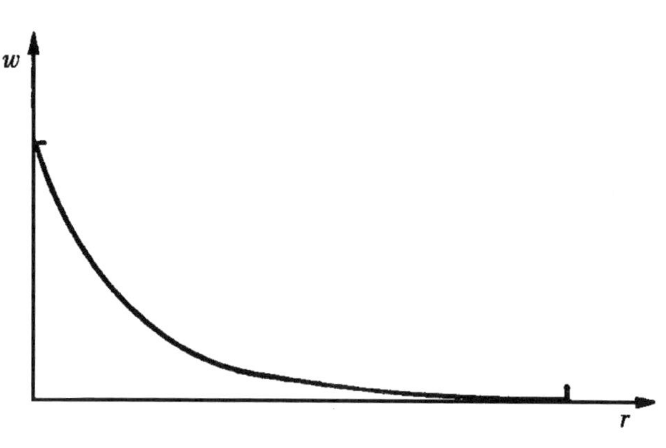

图 6.4　工资-利润边界

如果工资是已知数（在我们的举例中它被假设为 1），然后，r

和 p_f 就可以被确定。否则，如果我们认为工资是可变的，工资和肥料的交换价值就可以被认为是一般利润率的函数。为了结束这个体系，并使它有定值，工资或者一般的利润率必须由一个外加的方程式提供。我们将不讨论工资或者利润率是否应该被认为是这个阶段的主要的和独立的变数。这会使我们提出另一个"方程式"，确定一个突出的变数，并结束这个系统。然而，在这个阶段我们不打算讨论那些可能决定工资或利润多少的力量。

尽管事实上我们还没有提出一个完全确定的关于交换价值的从量决定的一般分析，斯拉法体系已经带着我们走了很远。我们发展了一种概念性的研究方法和一种比较简短的代数分析，那种概念性的研究方法认为交换价值由一系列成本加上每个阶段的利润的一小部分决定的。

斯拉法的关于交换价值的理论在这里被理解为一种"生产成本加利润"学说；但是，由于斯拉法不说明那利润的多少，这项学说是不完全的，尽管它文字优美并合乎逻辑。所以，新古典经济学家一心要把效用功能以及通常的新经济学的一套东西移植到斯拉法体系上来。结果，该体系会被人看作仅仅是那比较广泛的新古典主义的平衡分析的一个方面。然而，这后者，除了不合理地使用某些范畴（例如效用）以外，还具有明显的缺陷，因为它所能达到的结论也不过是所谓"每样东西决定于一切其他的东西"。生产和生产成本在决定交换价值方面占首要地位，这在新古典派的规范中受到抵制的。

关于供给与需求

在本书论述的这个阶段，货币还没有引进的时候，我们能够提出强有力的理由反对新古典派的观点，即所谓交换价值决定于供给与需求的相互作用。这个结论，到我们最后引进货币的时候，也不会受到削弱；可是为它辩护的理由，在某些方面将不得不加以修改。

需求是什么？它表现为要在市场上购买一种商品的意愿。在一个物物交换的经济组织中，这种意愿必须由想要卖掉另一种商品来换取所想望的商品的欲望来表示。完全没有其他的方法可以表示需求。这种需求不应该被误解为单纯的欲望或者需要；它是表现出来的想要占有某种东西的愿望。用市场语言表示一种愿望的唯一方法，是把一种商品拿到市场上来，明确地打算要用这种商品交换自己所想望的那种特殊商品。因此，简单地说，可以表示市场上一项需求的唯一方法，是供给另一种商品以求交换。

供给是表现为想要在市场上销售一种商品的意愿。这种意愿的表现一定是对另一种商品的需求。市场上可以表现一种供给的唯一方法是通过对另一种商品的需求。

因此，在物物交换的经济中没有方法区别供给和需求。供给就是需求，需求就是供给。显而易见（参阅 Dobb，1940，p. 41），第一个用清清楚楚的方式陈述这个问题的人是詹姆斯·穆勒；而他和其他的古典经济学家，例如萨伊，不合理地把它应用到一种非易货经济，在那里货币起主要作用。这种错误之所以发生，是因为那些古典经济学家不同于马克思，不充分理解货币的性质；可是在物物交换的经济里詹姆斯·穆勒的论证还是正确的：

> 一种被供给的商品，同时总是一种作为需求的工具的商品。作为需求工具的商品，同时总是一种增加到供给总额上的商品。每一件商品同时总是需求问题和供给问题。在执行一次交换的两个人之中，一个人不是仅仅带着供给前来，另一个人也不是仅仅带着需求前来；他们每人都带着需求和供给两者。他带来的供给是自己需求的工具；并且他的需求和供给当然恰恰相等(Mill，1821，p. 190)。

这就给一个物物交换经济中新古典派的物价理论带来一个问题。假如供给是需求，而需求是供给，那就难讲供求的相互作用；那就完全等于说或者需求单独或者供给单独地决定交换价值。在这种情况下，需求和供给，作为分开的和不同的范畴，就没有意义了。

在后面我们将看到，虽然货币使供给和需求有了明确的意义，可是仍然挽救不了新古典派的研究方法。实际上新古典派的平衡分析特别排斥货币本身。

似乎可能的是，如果承认在物物交换的情况下供给与需求是等同的，那就有理由可以单独地用或者供给或者需求来解释价格。威克斯蒂德以试图用后一种方法而著名。他曾说明，如果交换和生产被结合起来，新古典派那种以效用分析为根据的对需求的解释就不恰当并有误；然而，认为我们丢开需求而集中于供给，也是错的。“生产成本和利润”的研究方法，不是要避开需求。它通过劳动力的供给等说明供给和需求的生产两者。供给与需求的统一，体现在这个理论中。

稀少性和再生产的可能性

我们打算使我们分析的交换价值仅仅适用于非稀少的、可以再生产的货物：例如不包括老师傅和稀罕的酒。但是稀少性和再生产的可能性的定义是有疑问的。

有两种不同的稀少性。第一种可能是由于生产过程中或者商品流通中有了阻碍，或者由于一种商品的需求突然激增，而生产方面却不能增加供给以迅速赶上。然而，这种稀少情况可以通过时间以及市场机制的作用而得到改善。这种稀少性会导致高的交换价值，促使生产增加，消除这种稀少性。

第二种稀少性，在特定的生产力发展水平，不能通过生产市场机制而减低。罕有的或者独特的人类天才的作品，例如老画家的油画，就属于这一类。其他的例子是不能由人类驯养或者繁殖的稀罕的动物和植物；来源很少的宝石；特殊的气候或者发酵条件下所生产的稀罕的酒；还有，或许是最重要的例子——土地。

这两种不同的稀少性符合可能再生产的和不能再生产的货物的区别。可能再生产的货物是指那种货物，它们在一定时期以后，用当时特定的生产力量，在特定的生产模式的范围内并通过运用它的组成机构，能够被再生产（复制）出来。因此，一句话，一种货物是能再生产的，如果它的表象模样能够由一个特定的经济在特定的发展阶段再生产(复制)出来。

现在,老师傅是不能再生产的,至少由于一个重要原因。天才的属性在我们的社会里不能被生产出来,因为社会环境和遗传秉赋的必要的结合,还未被人们充分理解。人类社会也许会达到可能产生像伦布兰特、贝多芬或者毕加索那样艺术家的阶段。那时候像这样的天才的作品就会成为可以再生产的;但到目前为止,这还没有出现。然而,相反地,即使一个有才能的油画家、刻印艺术家或者照相家的作品,可以认为在现代资本主义社会里能被再生产的,因为这种技艺的专业化训练和创造确实存在。

我们已经提到过,由特殊的气候条件而酿成的酒是不能再生产的。假如人类能随意控制天气,那就不是这种情况了。因此,再说一遍,能够再生产和不能再生产的分界线,决定于人类在一种特定的生产方式的范围内,能够控制自然界的力量的程度。社会人能够把自己的意志强加于自然的程度,就是货物能够被再生产的程度。

有些著作家认为所有的酒全是不能被再生产的,这是错误的。现今人们能够控制生产酒的化学程序,因此,在一般气候条件和可以控制的发酵情况下生产的酒,是可以被再生产的。当然,这并不意味着酿熟的酒立刻就可以被再生产。再生产性的概念包括允许经过一段时间。

除了对拦海拓地这种有限制的例外,土地在一个像英国这样发达的资本主义国家是不能被再生产的。在已经使用的土地以外,再没有什么土地可用。然而,在较早的时期和某些其他的国家,人们可以认为土地能够被再生产,因为当时还有大片大片的处女地。地球上只有有限的土地存在这一事实，是没有关系的（物质不能被创造出来，因此，在极限点，当所有的资源都用尽时，**所有的**货物都不能被再生产）。然而，再生产性这个不适用于极限。它适用于在特定的生产关系和生产力量的范围以内的生产可能性。

想一想就能看清楚，现代社会的财富大部分由能够再生产的货物构成。因此，在我们抽象分析资本主义生产方式时，有理由仅仅注意那些能够再生产的货物。这并不意味着有些不能再生产的货物，特别是土地，在资本主义社会中不起重要作用。但是，像马克思强调的那样，这种分析的正确出发点是从土地这种的不能被再生产的东西说起。然而，这并不是否定一种未来的对不能再生产的东西的分析，也不是说，例如，在对现代世界的具体分析中不需要包括有限的物质资源这一事实。

劳动力是能被再生产的吗?

关于劳动力是否被认为不能再生产的东西这个问题，也许不是像表面上看来那样简单，即使我们不把天才人物的劳动包括在讨论的范围之内。一种特别类型的新鲜的劳动力，可以由个人的衣、食、住和培训产生出来：可是劳动力是以时间计算的，每个人仅仅具有有限的可利用的时间。因此，假定劳动者必须休息到在特定的社会条件下人们认为必要的程度，资本主义生产方式能再生产劳动力的程度，部分地决定于可以利用的时间。例如在充分就业的情况下，这时候大部分工人工作超时，在当时特定的社会条件下也许不可能动用较多的时间。生产较多劳动力的唯一方法，就必须在于人类的增殖。然而，在资本主义制度下，人类的生殖既不是在资本主义条件下、也不是为了资本主义的动机而进行的。劳动力不是（也不能）通过为了利润的繁殖而被再生产，除非有奴隶制。换句话说，资本主义模式的作用是不会自动地增殖更多的劳动力，如果恰巧不足。劳动力的短缺，只能通过这种生产模式的作用（例如市场）来补充，使用现有的个人的潜在劳动力，用较高的工资吸引他们多做工作等。在资本主义的历史上，往往通过残暴地破坏前资本主义和半资本主义生产方式来取得额外的劳动力，例如，驱逐农民离开土地，在英国是作为圈地运动的结果。然而，当资本主义成为主要的和普遍的实际情况时，这种额外的潜在的劳动力储备就不存在。因此，最后，在劳动力充分就业的条件下，凡是在资本主义生产模式普遍化的地方的社会构成中，劳动力是不能被再生产的。

然而，这种情况是很少见的。即使在20世纪50年代充分就业的情况下，英国资本主义也能从其他失业率较高的国家取得额外的劳动力，或者使妇女走出家庭加入资本主义就业队伍。还有，必须注意劳动力是多种多样的，完全不可能使所有各种不同的劳动力都充分就业。如果只有一种劳动有某种程度的失业，那就有可能于必要时通过再培训而再生产其他类型的劳动力。因此，就本书中的分析，有理由可认为天才以外的其他人的劳动力是能被再生产的。

这个关于决定劳动力的地位的问题，又是起源于在资本主义那种特殊条件下再生产的劳动力的地位。在奴隶制生产模式下，同类的问题不存在。这里，劳动力是在奴隶制生产模式本身的关系下由有目的的培育造成的。显然,在那种情况下,即在有关前一种生产模式的情况下,劳动力是能被再生产的。

第 二 编

劳 动 论

第七章 劳动和交换价值

一种不愿意忘记它的创造者的科学是没有希望的。

A. N. 怀特黑德

到目前为止，劳动价值论一直在控制着马克思主义经济学。在第七到九章里我们试图否定那种所谓交换价值以及我们所解释的价值是劳动独自创造或决定的看法。这种迂回的说法显然是必要的，虽然我们的分析的其余部分是以马克思的著作为基础。读者一定会注意到，本书中没有劳动价值论，而这种短缺必须加以说明和辩护。此外，在我们看来，反对劳动论是一项必要的条件，有助于恢复马克思主义的完全科学的地位。

具体化的劳动和交换价值

首先我们必须强调那著名的理论结果，即所谓没有必要的理由可以认为具体化在商品中的劳动数量与商品的交换价值成比例。这一点可以用前一章里的举例来说明。1 单位谷物和肥料中具体化的社会必需劳动时间分别是 2/3 和 1。读者可以核实这些结果，各个工业里投入量中包含的劳动，加上所使用的活劳动，等于输出量中包含的劳动。我们注意到，根据前一章中的计算，1 单位谷物将交换大约 1.3593 单位肥料。这显然与它们的具体化劳动的值不同，后者是 1∶1.5。这个举例不是仅仅一种偶然现象；一般地说，具体化的劳动不是与交换价值成比例的。

此外，必须强调，交换价值之偏离具体化劳动，不是仅仅由于交换价值在市场上的波动。当市场上没有额外的需求和供给时，这种偏离存在于平衡中。因此交换价值之偏离具体化劳动的数量是结构性的和长期的，至少在资本主义生产模式中是这样。它不是单纯地由于市场上偶然波动的结果。

在《资本论》中，马克思不说自己在假设（作为一种阐述的手段）交换价值同具体化劳动的数量成比例，只是为了在第 1、2 卷以后放弃这个假设。然而，这是马克思主义学者们对这个问题通常的理解。我本人就不相信这种解释，因为在《资本论》中没有充分的确切证据；可是，我们必须强调，目前这本书与对马克思的解释问题没有关系。

但是，在本章中我们已经不得不考察劳动价值论是否恰当。因此，有必要怀疑所谓交换价值与具体化劳动的数量成比例的任何假设是否合理。再则，我们将对《资本论》第 1 卷中说明的另一个概念，即所谓劳动是交换价值的“实质”、来源或者唯一的创造者这种看法，予以批判。

劳动作为交换价值的唯一实质

在《资本论》的第 1 章中，马克思开始寻找一种存在于交换价值背后的共同实质。他写道：

> 第一，同一种商品的各种有效的交换价值表示一个等同的东西。第二，交换价值只能是可以与它相区别的某种内容的表现方式……这种共同东西不可能是商品的几何的、物理的、化学的或者其他天然属性。商品的物体属性只是就它们使商品有用，从而使商品成为使用价值来说，才加以考虑。另一方面，商品交换关系的明显特点，正在于抽去商品的使用价值(Marx，1976，p. 127)。

几句以后，达到了重要的结论：

> 如果把商品的使用价值撇开，商品体就只剩下一个属性，即劳动产品这个属性(第 128 页)。

反对这一重要步骤的呼声，在非马克思主义文献中广泛出现。例如，新古典派经济学家一致不同意，并争辩说劳动不是唯一的共同实质。他们说一切商品都具有效用，一定程度的稀少是大自然的产物，等等。这一点在许多年以前就由新古典派经济学家庞巴维克提出(参阅 Sweezy，1975，pp. 75—77)。在答辩中，马克思主义理论家，例如希尔费丁(同上书，第 127—137 页)和多布(1940 年，第 1 章)曾试图说明这些可以选择的共同性不符合某些科学的标准。特别是这种性质不是客观的、社会的和容易测量的。相反，多布和希尔费丁辩解说，例如，效用是一种主观决定的概念，不能独立地加以衡量，因为它不具有独立的现象的形式。例如，商品的天然属性与任何社会内容脱离关系，并且，他们认为不能说明交换价值，这是一种特殊的社会形式。多布和希尔费丁因此主张反对一切其他备用的“共同实质”为不科学，而重新采用劳动这个共同的实质，只有它似乎合格。

即使我们接受希尔费丁和多布的标准，总的说来，他们的理由不能令人信服。首先，根据他们自己的说法，仅仅劳动一项不能解释交换价值。因为劳动在一切生产方式中存在，而交换价值仅仅在一种商品生产的社会中存在。通常的反驳是说它不是普通的劳动，而是作为交换价值的实质的抽象劳动；这种抽象劳动同劳动力在市场上卖出的情况有一些关系，这仅仅在资本主义制度下出现，但却为什么说是劳动呢？许多商品在市场上买进和卖出，为什么选用劳动作为唯一的共同物质呢？例如，铁，直接或者间接地参加大多数（如果不是一切）商品的生产。为什么铁不是一种“共同的物质”呢？一切商品的生产需要土地，土地可以根据其非再生产性而不被采用。多布试图仅仅根据土地不是同质的这一点就排斥它；可是为什么土地实际上的质量不同又使它自己不能作为一种可能的共同物质呢？多布没说出理由。总之，我们必须注意，劳动也是彼此异质的。没有理由可以认为我们是在寻求一种单独的或者同质的共同物质；完全没有理由。许许多多的物质，相同的或者不同的，可以形成各种商品的共同基础。

有许多类型的商品直接或者间接地参加一切生产过程。例如，在现代资本主义经济中，很少有一些生产过程不直接使用某种形式的钢，并且，多数生产过程（如果不是一切生产过程）间接地依

靠钢。也许我们可以大胆地说，某些商品，诸如电、石油、盐和煤，直接或间接地参加一切其他商品的生产。例如，多数生产过程需要电力。很可能考虑任何商品中“具体化的钢”或者具体化的电，正如在 1976 年的英国旱灾中，据说计算各种日常用品中“具体化的水”一样。自然而然地，所有的这些商品都用自己的单位来计量。我们的目的不是要争论劳动价值论应该由一种“钢的价值论”或者任何类似的东西来替代。那是荒谬的。我们只是说，马克思或者任何其他人都没有证明那种劳动是唯一的具体化在商品里的社会的和客观的共同物质。我们也不要放弃我们以前的理由，即说明劳动是一种特殊类型的商品。我们只是说，人们没有证明劳动的特征在于选择劳动作为交换价值的唯一实质方面有任何重要意义。为了说明问题，我们准备承认，劳动在某些情况下可以作为交换价值背后最重要的“实质”。然而，这并不是说它是唯一的这种“实质”。

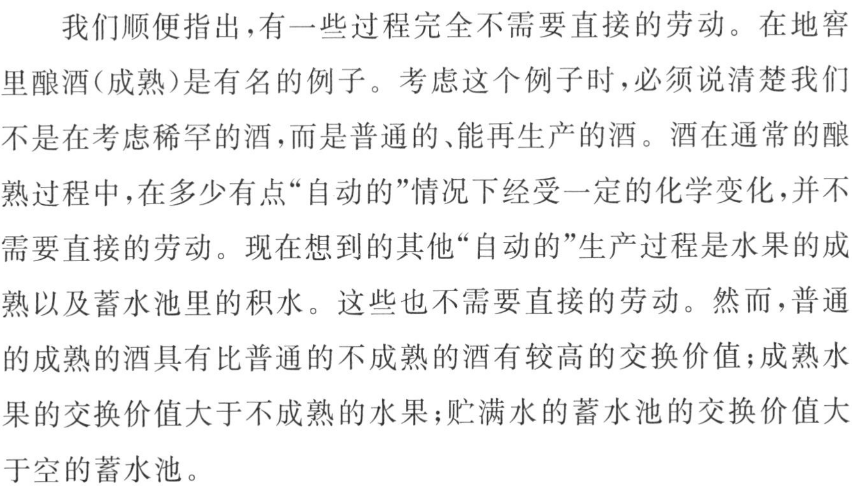

我们顺便指出，有一些过程完全不需要直接的劳动。在地窖里酿酒（成熟）是有名的例子。考虑这个例子时，必须说清楚我们不是在考虑稀罕的酒，而是普通的、能再生产的酒。酒在通常的酿熟过程中，在多少有点“自动的”情况下经受一定的化学变化，并不需要直接的劳动。现在想到的其他“自动的”生产过程是水果的成熟以及蓄水池里的积水。这些也不需要直接的劳动。然而，普通的成熟的酒具有比普通的不成熟的酒有较高的交换价值；成熟水果的交换价值大于不成熟的水果；贮满水的蓄水池的交换价值大于空的蓄水池。

随着现代自动化的进步，更多的不需要用劳动的过程至少在技术上可以做到。甚至监管工作也能由计算机控制系统代替。科学幻想的虚构已经不是远不可及:一种充分自动化的社会根本不需要直接的劳动。

我们可以就上面提出的问题加以扩大。劳动,作为一种生产性的活动,在各种形式的人类社会中早已存在;可是交换价值只有在生产商品的社会里才明显的存在。因此,显然在仅仅劳动、钢、水等以外还有一些额外的成分必然是构成交换价值的一部分。这些额外的成分首先是私有财产关系,第二是劳动分工,第三是市场。没有这些东西,交换价值不会存在。这个结论似乎恰好破坏问题的提法:交换价值的实质是什么?交换价值的社会基础根本不真正是一种"物质"。后者这个词的使用暗含着一种与自然世界而不是社会世界的类比。这样的类比既是谬误的,又会引起误解。相反地,如果我们问:"交换价值的社会基础是什么?"我们就能根据生产商品的社会关系来答复。如果我们问第二个问题:"什么东西从量地决定交换价值?"那么这个问题在前一章里已经答复了;它决定于投入和产出中一切基本商品的结构关系。

必须强调,我们并不认为劳动与其他商品是相似的。确实,劳动具有很特殊的特点。我们自己的"人文主义的"成见认为我们都是人类的成员,可能引导我们偏爱以劳动作为唯一主要的生产实质。然而,这不一定是一种有科学根据的立场。如果我们考虑交换价值的"实质",重要的东西不是劳动(或者劳动力)本身,可是这种劳动力,像生产过程中的其他投入物一样,是财产关系的对象。在指向马克思想要发现的关于可以适用于有关交换价值的"实质"的许许多多的共同"物质"时,我们不忘记交换价值这个范畴的社会特性。第一,我们说,如果人们开始寻找交换价值的共同实质,那就没有一科学根据可以用来否定几种其他的非劳动的实质。第二,寻找一种共同的实质,这本身就是一种错误的看法,因为交换价值不是单纯地从生产中利用"实质"(例如劳动)得来的。交换价值是一种从质的社会范畴,它需要有特殊的社会关系存在。

劳动作为价值的唯一创造者

在《资本论》里一段著名的论证中,马克思说明利润不能整个的来源于交换领域。一个人能贱买和贵卖,但是那不过是通过市场把现有资源重新分配给那个人。市场本身不能对原有资源有所增添,因此在那方面不能创造利润。于是马克思评论如下:

> 我们的朋友货币所有人必须十分幸运,在市场上流通范围内发现一种商品,它的使用价值具有是价值来源的特殊性能,它的实际消费本身因此是劳动的具体化,所以是价值的创造。货币的持有人确实看到这样特殊的商品:劳动的能量,换句话说,劳动力(Marx,1976,p. 270)。

如果,根据一些解释马克思学说的人的说法,我们认为"价值"一词的意思,按照定义,是"社会必需的具体化劳动时间",上面这一段话就似乎陈腐了。如果价值是劳动时间,劳动就是创造的能力,或者是价值的来源。另一方面,假定在马克思看来,"价值"意味着"交换价值的货币表现",是比较令人信服的。假使那样的话,这一段话会形成《资本论》上马克思的论证中一项重点，值得作批判的研究。这个重点确实是他的论证中一个结构上的重要部分：在他从讨论交换过渡到生产领域的重要关头。虽然我们不愿意把自己束缚在对马克思的价值论的某一种解释上，所谓“劳动是交换价值的货币表现的来源”这种命题，是值得讨论的。

虽然马克思在《资本论》中的推理路线把自己引导到适当的和中心的目的地——生产，其路线却侵犯了理论恰当和科学实证的界限。马克思仅仅**假设**劳动是交换价值的唯一创造者。他并没有为这种假设提供解释，除了赞美以前的经济学家们（大概是斯密和李嘉图）的新发现有功外（Marx，1976，p. 167）。

认为当代不需要劳动的生产过程是罕有的，以便证明所谓劳动是交换价值的唯一创造者这种说法，是通过我们现代技术的近焦距眼镜来看资本主义的社会关系。对资本主义生产方式来说，与一大部分的生产在完全自动化的方法下同时存在，是很可能做到的。资本主义可能在这种情况尚未发生之前就被社会主义所替代。然而，资本主义的有限的寿命不能被用作借口把劳动神化为交换价值的整个创造者。个别小孩可能在还没有学会走步之前就死掉，但我们不能因此就断言整个人类唯一的移动方式是用四肢爬行。认为劳动是交换价值的唯一创造者这种看法，似乎受了资本主义最初阶段的影响，那时候体力劳动是最流行的生产活动的方式，而机械化的生产是比较罕见的。

一种分析方法

人们曾提出其他理由,试图证明劳动是交换价值的主要实质或者创造者。所谓“分析的方法”,其内容是把每种商品的平衡价格拆成各种不同的成分。在各个阶段,这种价格分为用掉的资本货物的成本以及工资和利润。工资和利润,在正统经济学中称为“增添的价值”,被看作完全是活劳动的结果。我们已经对这种观点提出疑问,然而,让我们暂时承认它,用来进一步检查“分析的方法”。已经用掉的资本货物是以前用劳动和资本货物生产出来的,它们的价值用同样的方法被分开。因此,在各个阶段,劳动成本被找来和提出来。一种类似的分解过程在前一章中讨论过。这个过程继续下去,直到,用曼德尔的话说:“全部成本被折合为劳动,而且是单独劳动一项”(1967 年,第 26 页)。

从前一章的讨论中应已看清,这样一种分解为劳动的论证,并不说明完全可能把成本折合为某些其他的商品,例如谷物或者肥料。这种分析方法很容易被运用到现实世界中许多其他商品方面。这种分析方法的发现,即所谓一切成本都能折合成劳动成本,可以由其他的“发现”——所谓各种成本都可以折合为其他单一的成分——与它相比。又一次,劳动论是以循环论证为基础的:所谓劳动被选作单独的一项主要商品,然后被成功地证明,一切成本都可以折合为劳动成本。然而,经过仔细研究,分析的论证不能令人信服。

斯拉法以后的“计时劳动”论

劳动价值论的老练的拥护者有时候使用“折合为计时的劳动量”，在斯拉法的有名著作中做到了这一点(Sraffa，1960)。他们说，斯拉法用自己的这种“折合”，即现代化，也证明了劳动价值论。例如，亨特和谢尔曼在自己的出色教科书中似乎采取了这种态度(1975 年，第 228—234 页)。计时劳动的折合产生了一种广泛流传的印象(在斯拉法的著作中没有为它辩护)，认为斯拉法竭力支持劳动价值论。相反地，斯拉法的书含蓄地说劳动价值论是多余的(参阅 Steedman，1977)。计时劳动论的支持者似乎没有读到超过这本书的第一部分，因为在第二部分中斯拉法说明，在现实环境中，计时劳动项目的收敛级数不会总是存在的，而且即使这样的级数确实存在，我们也不能保证所有的项目都会是正数(Sraffa，1960，pp. 56—59)。

即使在计时劳动级数确实存在的情况下，也可能反驳斯拉法以后的所谓劳动价值论。计时的劳动级数显示劳动数量之间的关系，各有一个特定的“时日”以及价格和利润。它不使价格与利润和**集合的**具体化劳动发生关系。过去的劳动投入量的**时间结构**与所包含的劳动绝对数量恰好同样重要。把所有的这些过去的劳动量都聚在一起，成为一种同质的总体，既不合理，在理论上也没有重大意义。再说，如果这种不合理的集合实行了，那按照斯拉法自己的分析，就不可能从集合的具体化劳动中引申出价格和利润。因此，计日的劳动级数不能证实劳动论，但另一方面，它说明其他成分在决定交换价值方面的重要性:就是工艺的和时间的生产**结构**。

我们不需要再讲上面已经提出的那一点,即劳动以外其他“计时的”折合也是可能的。这一事实在上一章中已经证明。

斯拉法体系是一套纯粹形式主义的逻辑关系。当然,这并不意味着它站不住脚或者无关紧要;可是它不包含一种对资本主义制度的重要特征的叙述或者概念的分析,特别是,没有对劳动和劳动力的概念性分析。斯拉法的著作不自称是这样的概念分析:而仅仅是这种分析的“序曲”。

完全不可能通读斯拉法的书的全部内容,删去“劳动”一词而代以“马力”(假定用马生产至少一种基本货物)。“工资”一词就成为“分配给马的食品和给养”。在形式上,这一切都会有意义,没有逻辑上的缺点。结果可能是一种“计算时间的马力级数”和一种“马力价值论”! 由于对劳动不作概念的分析,对这种程序没有阻碍。然而,这正是强调我们以前的论点,认为交换价值的来源和实质问题不能仅仅是一个形式主义的问题。它必须要有一种对资本主义生产方式的主要社会关系的概念性和解释性的分析。

曼德尔的“折合为谬误的东西”

曼德尔讲了一项新理由,支持那所谓交换价值决定于“劳动时间”的观念:

> 暂时想象一个社会,其中人力劳动已经完全不见了,即一

> 个社会中一切生产已100%自动化。……会有大批的产品被生产出来，而这批生产并不创造任何收入，因为没有“人”会被包括在生产之中。可是有人要“卖出”这些再没有人要买的产品。……人类劳动会从生产中完全被消除的一个社会……是交换价值也已经被消除的社会。这证明该理论是正确的(Mandel,1967,pp.27—28)。

让我们假设曼德尔指的是一个充分自动化的社会，那里的生产资料仍然由统治阶级私有。或许这可能是在资本主义生产方式下不断进步的自动化的最后结果，在那种情况下，工人阶级从来无法使自己掌权并实行社会主义。工人阶级被排斥，在经济上成为累赘：依靠慈善事业苟延性命或者饿死。然而，即使工人阶级没有任何一种收入，我们也能说明在这样的一个社会里收入仍然会被生产出来，商品会有交换价值。(再则，我们将假定，经济组织中至少有两家商号。)

生产资料的私有者会在他们自己人当中买卖机器、零件、原料和消费品。例如，一所私有的自动化发电厂会把自己的电卖给其他工厂主，他们需要这项电给自己的生产程序使用。这样电力厂的主人就会产生一笔货币收入。用这笔收入，他会从其他的工厂主那里购买奢侈品、必需品和消费品。货币会从一个工厂主手里流通到另一个工厂主手里，不断地产生收入。仍然会有商品，这些商品会有交换价值，尽管事实上它们的生产不涉及劳动时间。排除劳动以后，不是必然要排除交换价值。

在这个问题上，曼德尔的错误概念似乎与消费不足论者的观念有关，他们认为工人阶级的收入是提供经济组织中有效需求的唯一来源。这一虚幻的观念在劳工运动中流传甚广，有长久的历史（参阅 Bleaney，1976）。实际上，消费不足论者的看法似乎有道理，如果交换价值是由劳动单独决定的。假如经济中没有投资和资本家的消费，那么就将是这种情况。大概，利润会是零，并且，像人们熟知的那样，价格会与具体化的劳动量成比例。因此，消费不足论与不成熟的劳动价值论以及没有劳动就没有交换价值的观念，有密切关系。

把一个可能的未来社会描绘得其中的无产阶级既没有力量又在经济上是多余的，也许会使人沮丧。（一种接近于这种社会的情况，影片 *Roller Ball* 中曾描写过。）但仍然有必要说明这种可能性，使我们自己提防一种可能出现的前途。

最后的话

劳动的独特性质以及劳动力，是重要的，不可忽视。特别是，劳动力是唯一的与所有人分不开的商品，并且是在资本主义制度下根据非资本主义条件生产出来的。我们将在以后一个阶段看到这些以及其他特征的意义；可是，说劳动是重要的和独特的，并不是说劳动是交换价值的来源或者唯一的决定因素。这并不促使我们抓住边际效用或者任何其他的东西，作为价值的一种来源。正如利皮在其佳作《马克思的价值和自然主义》里指出的："在马克思以外还有某种价值来源的可能性，由于取消价值本身的'来源'问题而被排除"（1979 年，第 91 页）。

常常有人提出，假定劳动是交换价值的实质，是一种有用的启发式的手段。人们认为这可以表明剩余产品的交换价值（即利润）是剩余劳动的结果。这样，资本主义制度下对工人阶级的剥削就证实了。上面我们的讨论会使人感到，这样的启发式手段要假定一种还需要证明的东西。根据这样的假定来证明剥削的存在，既不合理也不起作用。不仅这个假定是不真实的，剥削的存在还须用其他的方法来说明。

第八章　劳动、计算和因果关系

在这里人们的道路分叉：如果你愿意争取心灵的安静和愉悦，就信仰；如果你愿意做真理的信徒，就调查研究。

尼采

在这一章中我们开始讨论晚近的一次关于劳动价值论争辩的某些方面。这场辩论大都是由于伊恩·斯蒂德曼、大卫·亚费和我本人在《社会主义经济学家会议简报》上发表的某些文章而引起的。该刊物于20世纪70年代中先后以这个名称创办和停办。斯蒂德曼的著作后来被收集起来于1977年发表在《斯拉法以后的马克思》那本书里；此书的出版本身在70年代其余的几年中重新掀起了这场辩论。然而到1980年时情况很清楚，劳动价值论的捍卫者采取了越来越分歧的态度，可以至少分为三类。

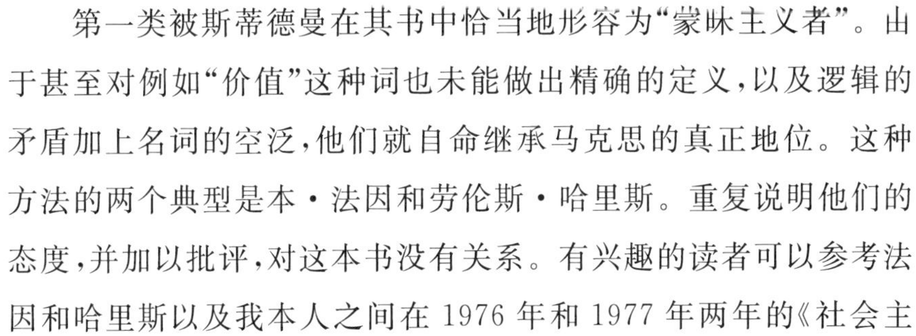

第一类被斯蒂德曼在其书中恰当地形容为“蒙昧主义者”。由于甚至对例如“价值”这种词也未能做出精确的定义，以及逻辑的矛盾加上名词的空泛，他们就自命继承马克思的真正地位。这种方法的两个典型是本·法因和劳伦斯·哈里斯。重复说明他们的态度，并加以批评，对这本书没有关系。有兴趣的读者可以参考法因和哈里斯以及我本人之间在1976年和1977年两年的《社会主义纪事》杂志上的辩论。

第二类曾利用一种完全不同的对劳动价值论的解释。他们背弃了多布、米克和斯威齐的传统，不再把价值解释为社会必需的具体化劳动时间。这常常被认为是放弃李嘉图对马克思的影响。这一类的人通常自称或多或少地忠实于马克思的文字或精神。但是这一类的人至今还没有发展成一种前后一致的态度，或者对马克思的解释具有明确的可供选择的价值的定义。他们从那以斯拉法为根据的对具体化劳动的定义和理论的批评溃退下来以后，已开始躲避在一种与现实世界的价格有较多关系的价值观念中。这又造成一些问题，因为他们的立场没有适当的界限，能够开始类似新古典主义理论的大部分。只有马克思主义的隐语显示这种区别。这种方法的一个例子是希梅尔韦特和莫恩(1978 年)的一篇文章。就它走向一种以价格为中心的价值定义(这一点我们将在以后一章中说到)和离开具体化劳动定义来说，这种方法是正确的。但由于它产生不精确性、缺乏明确性，并支持马克思主义原教旨派的思想习惯，它是科学进步的障碍。

第三类是最严格的。这应该包括阿姆斯特朗、格林和哈里森(1978 年)、鲍尔斯和金蒂斯(1977 年)、洛桑(1980 年)和赖特(1979 年)。所有以上这些人，都带有不同程度的勉强，但仍然接受用具体化劳动的对价值的解释，并同时接受斯蒂德曼的著作以及以斯拉法为根据的结果形式上的精确性。再则，这些人由于都愿意把劳动看作在资本主义制度下价值和交换价值的主要“实质”而结合在一起。前一章中的议论能够以他们的著作为目标。

最后这一类中有一个人最突出，一则是因他比其他人较顽强地捍卫劳动价值论，二则是因其捍卫是显著的和表面上引人注目，再则是因其著作已经提出了人们以前没有提出和答复过的一些重要问题。我说的是埃里克·奥林·赖特的著作。[鲍尔斯和金蒂斯(1977年)的著作，也有兴趣，可是那仅仅有关异质劳动的问题，在这里与我们没有关系。]因为赖特的著作提出一些重要问题，在这里讨论一下是有益的。然而，在讨论之前，我们将总结斯蒂德曼反对劳动价值论的最有力的理由，然后继续谈赖特的著作，它直接与这有关。我们以比较全面的讨论作一结束。

斯蒂德曼认为多余的理由

斯拉法的所谓利用商品生产的含义之一，在斯拉法的图解里，承认有许多一堆堆商品的决定因素，代表着实际工资和生产的技术条件(就是赖特有益地称为“社会技术的”东西，以强调技术的社会性)。例如，阶级斗争在决定实际工资方面可能是重要的；可是所有的这些决定因素一旦发生作用，各种社会技术条件和单独的实际工资就决定体系中的利润率。后者是利润以及相对价格的近因。阶级斗争仍然会在决定利润的动态中起重要作用，可是这种原因，仅仅由于它们对实际工资和社会技术条件的影响而影响利润(和相对价格)。这种斯拉法式的说明，见图8.1。

马克思主义价值论范围内的多布-米克-斯威齐传统认为，剩余劳动和具体化的劳动价值两者对于决定利润率和相对价格都是必要的。这种意见由图8.1中的破折箭形X表示[必须注意，米克在逝世以前放弃了这种说法(Meek，1973)]。斯蒂德曼曾指出，

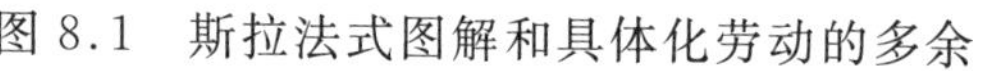

图 8.1 斯拉法式图解和具体化劳动的多余

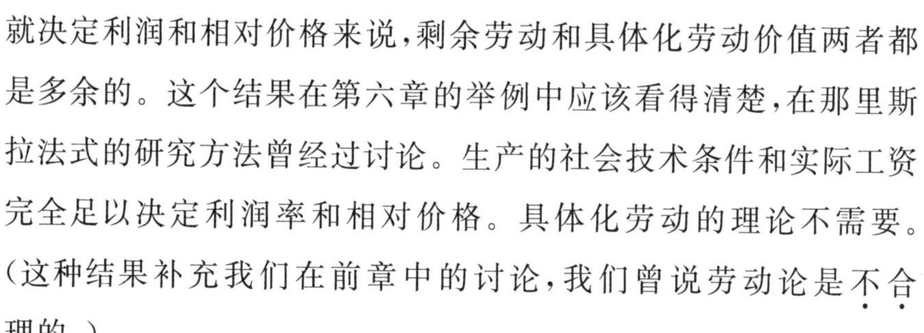

就决定利润和相对价格来说，剩余劳动和具体化劳动价值两者都是多余的。这个结果在第六章的举例中应该看得清楚，在那里斯拉法式的研究方法曾经过讨论。生产的社会技术条件和实际工资完全足以决定利润率和相对价格。具体化劳动的理论不需要。(这种结果补充我们在前章中的讨论，我们曾说劳动论是不合理的。)

赖特修改过的劳动论

为了简化问题，我们将采取赖特的方法，简单地讨论“利润”的决定因素，除了讲相对价格外。然而，所谓“利润”，像赖特本人说明的那样，真正指的是“利润率”，我们在这里将保留这个词。

赖特的革新之处是引进一种复杂的和多样化的因果关系的观

念。他的修改过的对劳动论说明的核心，涉及两种不同的因果关系或者“决定的模式”，就像赖特称呼它们那样。第一是“结构的限制”。在这一类的因果关系中，一种结构或者因素决定变化的限度。在这些限度以内有各式各样可能的结果，但那些限度本身是决定了的。第二种决定的方式是“选择”。在这种因果关系中，特殊的结果是从一系列结构上有限的可能性中挑选出来的。因此，第二种决定方式在第一种决定方式所造成的限度以内取得一种特殊的结果。

赖特然后修改图 6.4 中关于决定利润的说明，以便包括他的两种因果关系的观念。实际工资和社会一技术条件“选择”利润水平；可是剩余劳动（即净产品中所包含的社会必需劳动时间，由资本家掌握的、供他们自己消费或投资的社会产品的数量），对后者加以“结构性的限制”。反过来，“剩余劳动”又被实际工资“选择”，并受社会一技术条件的限制。这说明图 8.2 中的结构。为了简单明了，出现在图 8.1 的左方的实际工资和社会一技术条件的各种主要的决定因素被省略了。

因此，扼要来说，赖特的模式确立了剩余劳动、实际工资、社会一技术条件以及利润率之间的一种关系。再则，赖特认为，剩余劳动对可能的利润幅度给予十分重要的限制。对一定数量的剩余劳动，其可能的利润数量有一个绝对的限度。剩余劳动是“零”的时候，不可能有利润；随着剩余劳动增多，可能的最大限度的利润也一成不变地增多。然而，在这些限度以内，生产的社会一技术条件和实际工资对利润有一种选择的影响。

说出上面的意见时，赖特似乎在参考莫里希马的所谓“根本的

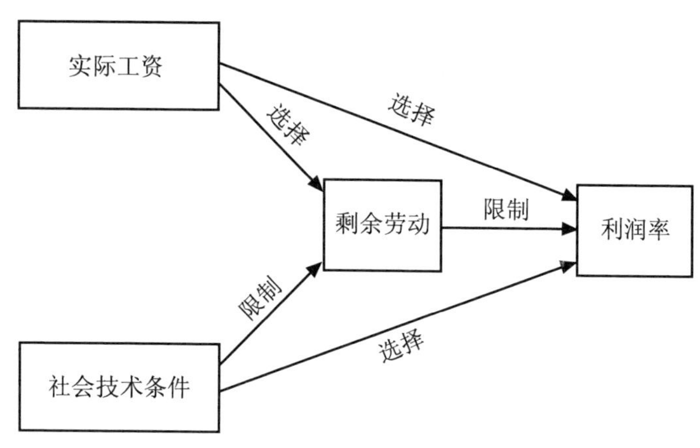

图 8.2　赖特修改过的对利润决定的说明

马克思主义理论”(参阅 Morishima,1974;Morishima 和 Catephores,1978)。根据这个理论,只有像莫里希马解释的那种剩余劳动是确实的,利润率也才是确实的。赖特看出联合生产系统中对具体化劳动和剩余劳动的定义模糊的问题(这一点在第九章中讨论),求助于莫里希马的定义。后者在任何情况下都不会得出负值和负值的剩余劳动,不像斯蒂德曼在一章出名的文章中着重宣扬的那个定义(1975 年)。

但是,赖特的一本书中(1978 年,第 133 页注)有一段话给人一种不同的印象。赖特说,百分之百自动化的工厂“显然对资本家阶级会是一种灾难,因为在生产中没有劳动就没有剩余价值(剩余劳动——作者),因而没有利润”。这种论断不是以莫里希马为根据,并且是错误的。甚至一家完全自动化的工厂也可能使用原料,从其他的商行生产投入物。这些商行号本身可以雇佣劳动。所以这些投入物会含有具体化在自身上的劳动,并且我们可以根据莫里希马的解释或者其他方法，假设这种具体化的劳动是确实的。在百分之百自动化的工厂里，实际工资和货币工资会是零，因而剩余劳动会是确实有的。然而，假如所有的工厂商行都百分之百的自动化，会是什么情况呢？这是曼德尔在第七章中设想并讨论过的那种局面。他在该章中断定，即使在全部“商品生产”经济百分之百自动化的情况下，生产资料所有人也会相互买卖他们的产品。确实的需求、确实的税收和确实的利润都会存在。然而，不会有任何剩余劳动。这种结果不违反莫里希马的马克思主义根本理论，因为在这个理论中莫里希马假设至少一项基本货物的生产必须包含劳动，并且，因此他假设经济不是百分之百的自动化。赖特的议论是双重的错误。一所工厂百分之百的自动化并不意味着那所工厂中完全没有剩余劳动，而且并不是在任何情况下，完全没有剩余劳动就意味着完全没有利润。

撇开对赖特的书的批评，我们回到他 1979 年的文章。在这篇文章里，赖特简单地说剩余劳动是对利润的上限和下限，并且他不讨论自动化。根据这种说法，他就认为剩余劳动可提供一种对经济组织中利润水平幅度的解释。他然后把图 8.1 中扼要叙说的理论与另一种更加老练的对资本主义经济内部的因果关系的说明结合起来。然而，后一种模式留在它的核心。我们讨论的范围将以这个第一次和基本的对劳动论的修改为限。第一次修改范围内所发现的任何谬误，都会在赖特的比较老练的说明中反映出来。

具体化劳动的武断性

我们对赖特的第一点批评，在前一章中就预先提到。在他的模式中，剩余劳动被认为是对利润的限制因素；可是，正如赖特本人知道的那样，如果任何基本投入（或者“生产因素”）保持不变，它也会限制利润。例如，让我们假设能量是系统中的一项投入物。能量将进入大多数商品的生产，并且，通过家庭取暖等，也进入劳动力本身的生产。每一种商品，包括劳动力在内，将含有一定数量的“具体化能量”。“剩余能量”将是来自能量部门、进入经济组织其余部分的净能量。利润受剩余能量的限制，犹如受剩余劳动的限制一样。这样我们可以毫无诚意地编造一套“能量价值论”。图8.1可以修改一下，用“剩余能量”代替当中方块里的剩余劳动。作者不认真地提示，这样的一种价值论会具有与劳动论相同的意义或者解释的力量，或者说劳动力没有一些特征值得人们认识，并且必须理解，以便说明资本主义制度的内在作用。劳动力是重要的、中心的和独特的。可是我们必须证明它的独特性和中心地位，而不是一开始就予以假定。在这个阶段，要点是注意到，没有形式的问题，如果我们从系统中任何其他的基本投入出发，把它看作是对利润的限制。赖特所作的详尽而精心的阐述，一开始确实似乎被一种最初的和没有证实的倾向于劳动（价值）论的趋势所蒙蔽。

前节中陈述的理由，可以用布罗迪（1970 年）的证明说得更加有力，这项证明显示，劳动作为价值的来源和尺度，从任何其他商品是看不出的，至少在价格和利润的形式上的衍生中是这样。任

何其他的来源同样可以起作用。不管我们是不是从劳动或者其他任何东西出发，有关的价格制度依然是这样。因而，如果我们从“剩余能量”而不是从剩余劳动出发，利润也一定仍然是这样。

为了防卫自己、驳斥有人提出的所谓任何投入可以用来提供对利润的“结构性限制”的说法，赖特提出为什么要选择劳动和剩余劳动的特殊原因。他断言关于这个问题的焦点“本身是从对剥削进行阶级分析得出来的”。这似乎是本末倒置。确实，剥削应该作为一个概念从一种像赖特提出的分析中引申出来。剥削不能作为剩余劳动论的原始基础，否则我们就是假设我们自己需要证明的东西。

实际上，如果我们问阶级本身是怎样解释的，赖特的辩护就变成完全是循环论证。按照赖特的说法，“统治阶级的含义是由那些占用剩余劳动的地位说明的；从属阶级的含义是由那些他们自己的剩余劳动被别人占用的地位说明的”（Wright，1979，p. 65）。我们参照对剥削的阶级分析，推论出剩余劳动的重要性。然而，关于剥削的阶级分析本身是从剩余劳动的观念中引申出来的。赖特不止一次像这样地作循环论证；“阶级”和“剩余劳动”这些名词通过他的论文中的重要字句蛙跳般地前进。

计算和因果关系

然而，在为自己辩护中，赖特证明另一个论点。任何基本商品可以用作计算利润或者相对价格的依据（并且这一点已由布罗迪的证明肯定了），可是这并不意味着那个成分能够被认为是决定利润和相对价格的一个原因。这一点是重要的和有意义的，需要广泛的讨论。但是，可以看出，赖特的另一种关于利润如何确定的叙述没有道理。应该指出，集合一套需要用来计算利润的因素和集合一套造成利润水平的原因，不是一回事。然而，单是假定一种特殊的因素并断言它是原因，是无效的。赖特在其模式里没有论证因果关系。

赖特断言剩余劳动限制利润；可是指出一个因素限制利润和指出一种任何典型的原因、利润水平或者可能的利润水平的幅度，不是一回事。斯拉法识别一套因素，可以计算出精确的利润水平。赖特识别一种要素（剩余劳动），可以计算利润的限度。区别是什么？第一，它们都是计算，在这个阶段，不是原因和效果的论证。值得注意的区别是，赖特的计算仅仅是斯拉法提供的那一种计算的一个比较弱的和不那么精确的副本；斯拉法的计算足以提供一种精确的答复，而赖特的不够。

为了加强所谓赖特在自己的模式中没有显示因果关系这一点，我们可以重新考虑他所假定的剩余劳动与利润之间的关系。根据赖特的说法，前者限制后者；剩余劳动是独立的可变因素，而利润是依赖性的可变因素——所谓依赖性的，就是，“在结构上”受剩余价值“限制”的意思。可是为什么一个是另一个的原因呢？他没有为我们说明理由。在这个阶段，没有东西阻止我们把利润作为独立的可变因素，把剩余劳动作为依赖性的可变因素。换句话说，剩余劳动“在结构上”受利润的限制，而利润是剩余劳动的“近因”。赖特的模式能够加以改变，把利润与剩余劳动之间的“因果关系”颠倒过来。

当然，这并不是说利润实际上确实限制剩余劳动。像这样对立的例子被用来说明被假定的东西正是需要证明的东西：这是一切主张劳动论者共同的错误。这种对立的例子，说明其他分析者犯着同样的错误，在有关资本主义制度下的价值和剥削方面，可以得出完全不同的结论。

参考得来的决定模式

在我们还没有离开赖特的文章继续前进以前，我们要对他的所谓“参考得来的决定模式”发表一些意见，在这些意见中有一个因素或者一套因素对一种可变因素施加限制，以及另一个因素或者一套因素选择精确的结果，这种结果当然是在前一种因素提供的限制以内。在一种比较广泛的意义上看，赖特的一本著作里讨论了这个观念（1978 年，第 15—26 页）。在他的关于劳动价值论的文章中，他特别利用这种观念：剩余劳动限制利润，而社会-技术条件加上实际工资选择利润水平。

斯拉法体系中的因果关系

赖特对利润决定的说明必须加以否定，可是他对因果关系的讨论提出了一些问题。特别是，赖特曾说，斯拉法体系说明对计算利润所必需的那些因素不表示原因。这个问题值得广泛地讨论。

在一种水平上斯拉法模式仅仅是一种心理构造，一种“思想实验”。这样的理解，它确实不是没有意义。例如，从这种制度中推论出来的价格是那种逻辑上必需的价格,可以确保平均化的利润率。在逻辑上,价格和利润决定于社会-技术条件和实际工资以及影响这两者的那些因素,此外没有什么。这些形式上的结果使我们能整理和安排有关现实世界的资料。这些资料使我们在开始分析价值与分配问题时不至于陷入逻辑前后矛盾的陷阱。正是在这种形式主义的水平上,通过斯拉法体系,逻辑的问题在新古典主义的分配论和新古典主义的总的生产职能方面被认识到。(关于这些问题的理论说明,参阅 Harcourt,1972;Hodgson,1977。)

然而,在逻辑中没有原因或者结果,只有假设和结论。要证明这样一种形式主义体系的虚伪性,只有两种行动是可能的:怀疑最初的假设,或者在论证中吹毛求疵。关于斯拉法体系的误解,很大一部分是由于不能领会这种模式被使用的情况,大部分时间作为一种纯粹形式主义的解释。

但是,可能以各种不同方式来解释斯拉法体系,并假定关于现实世界的说明。必须说清楚,并且,这是另一种常有的误解的来源,无数的这种理解是可能的,即使其中只有一种是有根据的。形式主义的斯拉法体系并不自动地使我们对生产过程有某种看法,或者,例如,使我们把交换领域看作主要的,而把生产领域看作次要的。这一切,我们都能合乎逻辑地或者不合逻辑地认为应该属于斯拉法的形式主义的解释,可是最初那里并没有这些东西。

下面是对斯拉法体系的阐述,其中包括对因果关系的分析。然而,根据上面提出的意见,应该看清,没有理由说所有相信斯拉法体系的人应该自动地采纳其中所说的一切。他们可能愿意提出一种修改过的或者性质截然不同的解释。

斯拉法与许多其他的价值论者(包括马克思在内)一样,所以假定一种平均化的利润率,不是仅仅为了方便或者一致。平均化的或者一般的利润率适合于斯拉法体系,因为资本主义经济中有种种实际的力量会使不同产业中的利润率趋于一致。这些力量是竞争性的力量。马克思在自己的著作中有几段话把这一点说清楚。例如,“不同的生产领域之间的竞争,结果造成不同领域里相同的一般利润率”(Marx,1969,p.208)。他在另一段里写道,一般的利润率之形成,即利润率的平均化,是符合于“真实现象”的“实际过程”(Marx,1962,p.151)。这不仅仅是一种思想上的平均化,或者是为了理论上方便的一种最初的假设,而是一种符合于现实的资本主义世界中各种过程的平均化。其理由是人们熟知的。投资流入那些利润率较高的产业,这会引起利润率较低的那些产业的衰退。唯一的稳定情况是所有的利润率大致相同。马克思十分了解这一论点,在他的著作中说得非常清楚。

在关于斯拉法体系中有一种平均化的利润率的假设的背后,有一个实际的过程。然而,斯拉法不讨论这过程的动态。这是他著作中的一项遗漏,但或许是故意这样做的,以便把注意力集中在他认为实质性的一些问题上。部分地作为这种遗漏的结果,因果关系在斯拉法的学说中必须用比较静力学的方法来讨论。当然,这给此项活动限定了范围,但不是没有意义的。完全动态的分析会暴露其他因果关系的因素,可是,为了重复我们早先的警告,这种因素人们必须察觉,而不是简单地归咎于模式。

让我们假设,在某一个资本主义经济中,各种竞争势力在某一时刻已经实现了利润平均化。事物在变化,而十年以后竞争的势力又一次获胜,一般的利润率又形成。然而,这一次的一般利润率与十年前的在量的方面不同。什么因素造成了利润率方面的这种变化呢?斯拉法的分析表示,近因是社会-技术条件和实际工资。没有其他的近因。不是单纯的计算问题。这些因素是原因,在我们已经讲过的意义上是这样(这种关于利润决定的讲法,随着斯拉法体系引进货币,必须有所修改;这个问题将在第十五章中处理)。

当然,马克思认为具体化的劳动在价值转化为价格以及形成一般利润率中起了中心作用。然而,劳动以及剩余劳动的因果作用,是断言的而不是证明的。再则,像斯蒂德曼(1977年)表示的,劳动和剩余劳动不能被看作因果作用的要素,像社会-技术条件和实际工资那样。例如,具体化的劳动价值不足以决定价格或者一般利润率:生产的技术结构也起作用。斯蒂德曼表示,在某些情况下,试图根据具体化劳动价值以计算利润率,会得到间接的答复,即使我们加上必要的额外资料。这些结果需要根据以上对因果作用的意见重新研究。显然,在斯拉法的《用商品生产商品》的抽象分析,或者马克思的《资本论》中关于一般利润率的形成那一章(第3卷,第9章),斯拉法对劳动价值论的批评,说明具体化劳动价值不仅在计算利润方面是多余的,而且在利润的因果决定方面也是多余的。

作为答复,我们可以提出,在上面讨论的抽象化水平以外,还有具体化劳动和剩余劳动的作用。我不知道有什么严肃的关于资本主义制度的理论,其中包括这样的作用。读者可以回忆谢克的关于马克思对于把价值转化为价格的问题的证明(Schwartz,1977,pp.106—139)。谢克说明具体化劳动价值可以用作第一种对价格的近似数，在某些条件下，并经参照计算出来的利润率上的差数一再调节，把这些价值反复申说，逐渐地“转化”为价格。但是谢克没能显示这种过程在现实世界中出现。再则，有无限的“第一种近似数”可以在同一个反复过程中用来取得同样的结果。可以想象，我们可能从自己的老朋友“具体化能量”开始，或者就用商品名称中的字母编号，同时先把这个名称译成塞尔维亚-克罗地亚语。只需有某些条件，所有这些“第一种近似数”会使我们达到同一目的。在反复申说的过程中，关系重大的不是起点而是过程本身，并且具体化劳动在谢克的程序中不起作用。没有证据表明，除了计算以外还有任何其他的东西；具体化劳动在现实的资本主义世界中不起任何明显的作用（关于对谢克的“辩护”的批评，参阅 Lippi，1979；Kurz，1979。又参阅 Morishima 和 Catephores，1978，pp.6—7）。

具体化劳动和生产

仍然愿意坚持具体化劳动的概念的那些人，其最后的办法常常是说这个概念是根本的和重要的，因为它促使人们注意生产范围以内的劳动过程和社会关系。赖特重申这种主张。但仅仅是一种主张而已。具体化劳动价值的概念，对理解社会的生产过程既不必要，也不够用。在本书第十六至十八章中，我们将说明具体化劳动价值的概念对理解剥削和社会生产过程是不必要的。实际上，这种概念还不仅是不必要，而是对科学思想的一种障碍。在这里，我们反过来看看所谓这种概念不足以导致这样充分的对资本主义生产的理解。

具体化劳动价值的剩余劳动，与社会过程无直接的或者自动的联系。至少在20世纪的前半期，因工业技术发展而引起的一种定数论的马克思主义是很普遍的，即使不是风行一时的话。一个带有工艺-定数论色彩的马克思主义者，会立刻集中注意剩余劳动和具体化劳动的工艺定数论，而不是注意社会的生产过程。剩余劳动或者具体化劳动这些概念，不附带任何东西会使我们求助于劳动过程的分析方法。

总之，我们只有把经济组织作为一个整体来看，才能计算剩余劳动或者具体化劳动。这些不应该直接或者间接地来察觉，作为公司行号内部稀有现象的实质。剩余劳动和(具体化劳动价值)这些项目和生产及劳动过程的配合，不过是偏见或者习惯的作用。尽管我们对范畴的选择确实影响我们调查研究的范围和方式，也完全没有证明具体化劳动或者剩余劳动指引我们走上所希望的方向。

研究一下马克思主义经济分析的历史；会支持这些意见。自从《资本论》的第1卷1867年出版以来，人们对具体化劳动价值和剩余劳动做了很多的讨论，但是，尽管第1卷中有很多篇幅用于研究劳动过程，文献中关于这方面的讨论还不多。希尔费丁给庞巴维克的很受人重视的对马克思的批评(参阅Sweezy，1975)提出了具体化劳动的重要性，因为它是一种“社会的”而不是“主观的”范畴。那本书里没有关于劳动过程的实质性的讨论。在1940年以后才能问世的两种关于马克思主义经济理论的重要著作，即斯威齐的《资本主义发展的理论》和曼德尔的《马克思主义经济学说》，也只有很少的一点关于劳动过程的讨论。事实上，关于后者的重要文献多数在 1970 年以后才出版，包括布雷弗曼的《劳动和垄断资本》在内。

《资本论》第 1 卷出版以后一个世纪，有了斯拉法的价格理论以及资本主义社会中对劳动过程的有创见的研究，我们才可以抛弃那陈腐的劳动价值论的包袱。

第九章　联合生产和具体化劳动

新发现从意识到异常情况开始。

托马斯·库恩:《科学革命的结构》

我们不愿意,看来似乎是小题大做。在前几章中已经提出了一些有力的理由反对劳动价值论。情况会似乎是这样。然而,有一些重要的形式上的结果,本身颇有趣味,但对劳动价值论也有损害,还必须加以讨论。这些结果,在伊恩·斯蒂德曼和我本人于1973年放弃劳动论的问题中是有影响的,霍奇森(1974c)做了比较充分的讨论。在这里我们只作简短的说明,也不运用数学。

具体化劳动的各种不同定义

莫里希马在所著《马克思的经济学》一书的第1章中阐明,有两种方法都可以得出具体化劳动的定义。第一种方法从所使用的活劳动的定义的同一性出发,加上其他投入物中包含的劳动,全部劳动以各个过程中的"劳动成本"为基础;而且,或许这是大多数人对"具体化劳动"的想法。第二种方法从经济系统作为另一个整体,要在净产量中额外生产一个单位货物所需要的劳动量是确定了的。然而，这两种方法产生同样以数字表示的结果。再则，这两种方法都依靠根据整个系统中的技术系数用联立方程式来确定“具体化劳动”，这需要货物的数目和程序的数目相等。

在同一本书的最后一章中，莫里希马创立了一个完全不同的有关具体化劳动的定义。该定义把系统作为一个整体来考虑，而不依靠假设货物的数目和程序的数目相等。一个“最优化”问题被建立起来，其中提出这样问题：生产一项特定货物或者一批货物所需要的最少数量社会必需劳动时间是多少？然后包含在这个货物中的“最优化”的具体劳动就找到了。这种方法是线性规划方法之一，而不是联立方程式。

有两点必须强调。第一，上述这些定义和方法的每一种都依靠整个系统中各种生产过程之间的相互关系。一般说来，不可能根据仅仅一次过程所生产的一项特殊货物就确定其中的具体化劳动。“具体化劳动”的数量决定于整个经济组织中的工艺技术。第二，这些方法或者定义都不提到价格、工资或者利润。那些资料对计算“具体化劳动”的数量不需要。在无论什么情况下，“具体化劳动”的数量总是根据特定的工艺计算，包括所使用的社会必需劳动时间。所以，“具体化劳动”的数量在资本主义以外的其他生产方式中也可以计算，只需劳动是同质的，或者可以有办法把它折合为一种共同的标准。工业技术在不同的生产方式中可能不同，而各自的具体化劳动的数量，却仍可以分别计算。所以，“具体化劳动”的概念，在社会上不是对资本主义特殊的；这一概念是有关生产力的技术状态，而不是有关生产关系。

对那习惯于按单一产品系统（即这些系统中每一过程生产恰

恰一个产品，并且在生产时期终了时没有剩余固定资本）进行思考的读者来说，上文所讲的研究具体化劳动的不同方法以及对具体化劳动的各种定义，似乎可能是白费气力。事实上，在单一产品系统中，没有技术的选择，一切方法和定义得出同样数字的结果，并且从两种办法中总是得出比较一般的相同结果。换句话说，具体化劳动的定义中没有模糊不清的地方。再则，可以显示所有计算出来的具体化劳动的数量都是实在的，只要这个系统是可以运行的和能够生产的。

联合产品系统中的问题

然而，比较严重的问题在联合产品系统中发生，即当这个经济中至少有一个过程生产出不仅是一种物品——一种额外的“联合产品”。在讨论这些问题以前，我们必须先说明为什么联合产品不是现实世界经济中极端的和稀罕的情况。例如，化学工业，包括提炼石油和加工煤在内，拥有无数的可以产生有用的副产品的过程。事实上，被利用的化学反应，很少仅产生一种物质的。煤被用来生产煤气、焦炭、尼龙和其他一些物质。从原油中可以提炼出石油、机油和石蜡油。现代竞争的情况已经促进了某些工业中副产品的使用，这些副产品曾被作为废物。例如，木屑和金属车削（下脚）现今被大量利用。采矿的矿渣，甚至废玻璃，举两个极端的例子，都被用于筑路。羊毛业推出的废品现今被用作肥料。农业本身联合产品的榜样很多：例如，羊毛和羊肉，以及从谷物得来的小麦和稻草。似乎在现代工业的许多主要领域里，单一产品工业是例外，而不是惯例。

然而，正如斯拉法所说："联合产品的利益主要地倒不在于人们熟悉的羊毛和羊肉或者小麦和稻草的举例，而在于它属于以固定资本为首要形式的种类"（1960 年，第 63 页）。斯拉法曾说明，一般地说，固定资本必须被正式认为是一种联合产品，和人们有心在生产中创造的产品放在一起。不然的话，固定资本随着时间的推移和老化而发生的价值和价格低贬，都不能正确的计算。自从原始人做成一柄石斧并在生产中第一次使用后不愿丢掉以来，就有固定工具。因此，我们一定要说，单一产品工业在人类历史上是非常稀罕的例外，而不是惯例。资本主义制度，由于其复杂的技术工艺以及大量的固定资本积累，增强了"联合产品"分析的重要性。

考虑从"劳动成本"计算"具体化劳动"的方法。在单一产品的过程中，我们可以集中注意生产中用掉的"具体化劳动"的数量，加上在总产品中出现的单一产品上的活劳动。我们对联合产品系统显然不能这样做。如果一次过程生产出两种联合产品，我们或许就能计算总的活劳动和具体化劳动投入量。可是我们怎样在两种产品之间分配这增加的劳动时间呢？在这特殊的生产过程的范围以内，我们没有方法可以知道具体化在各个特殊产品中的劳动时间的数量。我们不能指出在生产过程本身内部分配劳动时间的实际程序。没有进一步的资料，我们就无法根据生产过程内部的情况确定具体化劳动的数量。

问题的一个出路是进行说明或者假设，每逢有额外的联合产品出现，就会有其他的过程被利用，结果，过程的数目会恰好等于所生产的货物的总数。这就可能组成若干方程式，计算每项货物中的"具体化劳动"。这些将表示马克思主义的原理,所谓每个过程中的投入物所含有的劳动,包括所使用的社会必要活劳动在内,等于总产量中包含的劳动。没有一种"具体化劳动"是在生产以外创造的。这些方程然后就可以用联立方程式解答;对各种货物给其一项独特数量的"具体化劳动",以便不违反上面这项马克思主义的原理。

联合生产时负的具体化劳动

可惜,我们没有理由可以假设计算出来的"具体化劳动"的结果会是正数。例如,莫里希马曾说明,负数的具体化劳动在联合生产系统中能够出现(Morishima,1973,pp.181—184)。一种特别会受损伤的商品是那些已经维持了超过一个生产时期的固定资本,即"旧机器",并且效率正在减低。斯蒂德曼曾想出一个例证,其剩余产品中的具体化劳动是负数(Steedman,1975)。在资本主义的情况下这会意味着全部剩余价值是负数,可是斯蒂德曼也曾说明这与正数的利润可以并存,并且资本家争取在特定的技术范围内尽可能增加利润。

或者我们可以躲避在一种不同的对具体化劳动的定义中(Morishima,1974,pp.616—617)。这就会是生产一种特定商品所需要的最少的社会必要劳动时间,不管还有什么其他东西可以作为一种联合产品被生产出来。这个定义,我称为"最优的具体化劳动",它保证所有的结果都是正数。然而,用了它,我们就放弃那暗含的马克思主义的概念,即所谓具体化的数量是增加的。情况已经不是这样:所谓整体中的具体化劳动等于各部分中具体化劳动之和。货物A中最优量的具体化劳动加货物B中最优量的具体化劳动,一般的多于A和B合在一起考虑时的数量。

具体化劳动的第三种可能的定义,包括当最优数量的具体化劳动正在特定的一批货物中计算时,把“劳动成本”分摊到每种货物身上。然而,一般地说,这种“分摊的具体化劳动”不会在数量上与那被选中的实际的一批货物没有关系。同一货物,在不同的最优化情况下,能有不同数量的“分摊的具体化劳动”。[莫里希马已经想出这种分摊的具体化劳动的定义,称为“最优化的价值”,可是他错误地做出结论,认为结果的价值多少决定于“需求”(Morishima,1973,pp.184—187)。情况不一定是这样,因为被选用的那批货物不一定对这个经济中的“需求”有关系。]

至少,我们必须断言,在联合生产的局面中,具体化劳动的定义是十分含糊的。我们面临困难的选择,或者承认负数的具体化劳动的可能性,或者放弃具体化劳动数量方面添加性的原则。不然的话,我们可以完全放弃具体化劳动这个概念。我们没有其他的选择。

第十章　略论简单商品生产

真理很少是纯粹的，并且绝对不是简单的。

奥斯卡·王尔德

"简单商品生产"这一概念在马克思主义文献中已经被人确认了。它所指的是一种现实的或者想象的生产方式，在那里所有的劳动者拥有自己的生产手段，为市场生产商品。人们通常说，在这样的一种生产方式中价格趋向于与具体化的劳动成比例。这种说法，许多年前由亚当·斯密首先提出：

> 在存货累积和土地占用以前那种初期的和原始的状态下，为了取得不同物品而必需的劳动量之间的比例，似乎是能够提供它们相互交换的任何准则的唯一情况。例如，如果在一个猎人国家中，杀一只河狸所花费的劳动通常比杀一头鹿所花费的多一倍，一只河狸就会自然而然地换得或者价值两头鹿。很自然地，通常是两天或者两小时劳动的双倍(Smith，1970，p.150)。

斯威齐对上面这些话的评论如下：

> 对于亚当·斯密认为是当然的情况，很容易提供证明。一个猎人用掉自己的时间两小时就能取得一只河狸或者两头鹿。现在我们可以想象，“在市场上”，一只河狸可以交换得一头鹿。在这种情况下，任何人去猎取河狸是愚蠢的。因为在一小时内可能捉到一头鹿，然后通过交换可以得到一只河狸，而另一方面，直接弄到一只河狸需要用两小时。结果这种情况是不稳定的，不能持久。鹿的供应将会扩大，河狸的供应会减少，直到完全没有；而鹿继续上市，找不到要买的人。这样推论下去，就可能用“排除法”来说明只有一个交换率(即一只河狸换取两头鹿)能构成稳定的解决方法。当这个比率主宰市场时，河狸猎人不会想要改行去捕鹿，而捕鹿的猎人也不会想要改行去捉河狸。因此，这是平衡的交换率。一只河狸的价值是两头鹿，反过来也是如此。亚当·斯密的命题这样被证明是正确的(Sweezy，1968，p.46)。

大体上，亚当·斯密的主张被大多数马克思主义者所接受，而受到大多数非马克思主义者的反对。通常非马克思主义批评家对自己的理由说不清楚，随随便便地说到简单的商品生产中的“资本”。在答复中马克思主义者特别高兴地说明，严格地讲，“资本”只能在资本主义制度下生存，而不能在简单的商品生产的条件下存在。我们将试图批判斯密的主张只有在限制性的条件下是正确的：

> 两项不言而喻的假设是必需的，即猎人有准备可以从鹿

转移到河狸，如果这样做他们就能改善处境，并且没有障碍(Sweezy，1968，p.46)。

在我们看来，这样的条件在简单的商品生产情况下会极端不适用。相反地，在资本主义制度下，各个产业之间劳动流动的阻力较小，并正是由于劳动市场的存在而受到促进。然而，在简单的商品生产的情况下，我们必须记住工人与其生产资料连在一起，并且没有劳动市场。从一种产业转移到另一种产业，通常就必须卖掉一套工具并买进另一套。这第二套生产资料的费用可能比第一套的费用较大，也可能较小。不管怎样，劳动的流动性会受到各个产业中生产资料的相对价格的影响。为了从一个具有价廉的生产资料的产业转移到另一个具有价贵的生产资料的产业，一个劳工一般总期望在自己将要转移去的那家产业中得到较高的报酬。

思考一个例子。一个人在土地上工作 10 小时以生产卷心菜。他使用铁锹和一些肥料。所用的肥料含有相当于同样强度的 1 小时劳动。第二个人在面包烘房里也工作 10 小时，劳动强度与那个用铁锹的人相同。含有强度相同的 1 小时具体化劳动的面粉已用光。因此，总而言之，这两个人都工作 10 小时，并且，在那段时间内各个生产过程中都用掉 1 小时的具体化劳动。除了固定的生产资料(即分别是铁锹和面包烘房)以外，这两个过程，就劳动时间的流量以及劳动时间的数量和强度来说，都是相同的。可是现在假设面包烘房比铁锹的费用大得多，面粉和肥料的价格差不多相同。第一个人生产的卷心菜和第二个人生产的面包在市场上能卖得同样价格吗？很不可能。面包的卖价必须高得多，劳动才会从种菜流动到烘面包上，使参加烘制面包的新手可以买得起烘制面包的设备。换句话说，在平衡中，这两个人很难因为自己的劳动而取得同样的货币报酬。烘制面包的人会取得较高的报酬。

上述论点的精华可以总结如下：在简单的商品生产下，工人通过自己对生产资料的所有权被联合起来。结果产业与产业之间没有自由的和不受节制的劳动的机动性，并且没有劳动市场。因此没有一种力量能使工人的报酬标准相等。这种报酬相等的情况，只有在劳动和它的生产资料之间的联系切断时，才可能在私有制的情况下出现。这符合莫里希马和卡特福尔斯（1978 年）以及其他人的意见，认为正宗的马克思主义“抽象劳动”的观念只能适用于资本主义。所以，在简单的商品生产的情况下不可能有相似的劳动时间的衡量标准。抽象劳动这个范畴，根据马克思的话来说，反映了资本主义制度下的一种情况，其中各种形式的劳动，由于在市场上交换这一事实而联合起来（参阅 Colletti，1972，pp. 79—84）。像这样解释的抽象劳动，在简单的商品生产下没有物质基础。

也可能驳斥这种想法，所谓在资本主义初期阶段各种产业之间的利润率还未平均化以前，价格是与具体化劳动的数量成比例的。实际上，到 15 世纪的时候，一种一般的利润率确实存在。那是商业资本方面收益的标准，像恩格斯在编辑《资本论》时指出的那样（Marx，1962，p. 878）。当工业资本出场时，它必须与商业的利润率竞争。因此，似乎在有一般的劳动市场以前，就有一种一般的利润率存在。人们熟知，在一个具有各种生产过程的资本主义经济中，使价格和具体化劳动的数量成比例的一项必要条件，是没有一种平均化的或者一般的利润率。因此,要价格和具体化劳动成比例,很难做到(关于这个问题的进一步讨论,参阅 Morishima 和 Catephores,Ch.7)。

第十一章　劳动、价值和财产

人们不能没有某种经济神学——一种使提供人们生计的那种抽象的和似乎不完善的办法得到合理化的学说——而生活。

J.K.加尔布雷思:《美国的资本主义》

假如有一种意味深长的方法,可以计算出在辩护和批评每一种重要学说方面所用的全部劳动时间,则用在劳动价值论方面的可能是最多。然而,正如劳动价值论的拥护者所知的那样,用掉的劳动是一回事,"社会必需的"劳动是另一回事。在本章中,我们要说明,如果拥护劳动价值论的目的曾经是促进一个社会主义共同体的政治目标,它的努力,真正严格地说,就不是必要的。还不仅如此,埃勒曼(1978 年)曾指出,这种防守性的努力是多种多样的。在一方面社会主义信奉的思想和另一方面资本主义拥护者的思想冲突背后真正存在的东西,严格地说,不是两种不同的价值论,而是两种不同的财产论。然而,同时,大多数价值论都浸渍着一种财产论,这两种理论是有联系的。

资本主义和财产

我们已经看到，资本主义宣称在法律面前人人平等，因为每个人有同等权利拥有财产（这些权利最初只适用于成年的男子；男子被认为是家庭的首脑。后来，女子已被授予自己可以占有财产的权利）。在这种权利背后，主要是一种人道主义观点。在对财产拥有同等的合法权利方面，在一方面为人和社会与另一方面为自然世界之间做了明确的区别。

然而，资本主义的财产权不是共有的而是私有的。拥有财产的权利被赋予个人。结果，必然发生的资本主义不得不既要说明一种不平等的财富分配，又要讲清楚为什么必须这样做。虽然个人有同样的权利可以拥有财产，但实际上拥有的财产却显然是不相等的。

试图做出这种说明的一次重要努力，可在约翰·洛克的17世纪著作中见到。C.B.麦克弗森最近曾指出，抽象的“劳动”概念提供了普遍的人性基础，在这个基础上，个人财产权在理论上可能建立起来：

> 每个人对自己的劳动有一种财产权。并且，由于假设一个人的劳动是特别地、绝对地属于他自己的，所需要的一切都可以实现。这种假设加强了产权作为排他性的概念。既然他的劳动力是自己的，所以他已经加入他自己的劳动力的那部分东西，以及他曾通过施加自己的劳动力而积累的资本，都是

如此。这是洛克认为对开明的财产观念最重要的原则(Kamenka 和 Neale,1975,p.112)。

洛克的辩证,我们可以称为"劳动财产论",它在古典主义自由思想中占显著地位,深入 19 世纪。然而,这种理论的流传确实也造成了一些问题。这种理论,在一个自我就业的生产者的社会里可能不会受到挑战,主要地靠他们自己的劳动创造产品。但是,当商业发展到一定的程度,每个自我就业的生产者使用别处生产的物质投入品时,人们将怎样确定总产量中哪一部分应该是最近的生产者的财产,哪一部分应该是投入物资的供给者的财产?或者,说得比较明显一些,多少应该归于供给者作为其原料的报酬?随着产业资本主义的兴起和一个无产阶级的产生,问题日益复杂。工人的劳动和资本家拥有的资本物品被结合起来产生一种产品。洛克的观点很难予以支持,例如,他说资本家本身在进行一种"劳动"。

一种价值论

为了克服这些问题,需要一种全面的价值论。工业资本主义的捍卫者必须说明成本、价格和利润是怎样确定的,并必须捍卫一种使这些可变因素稳定在特定水平上的市场机制。资本主义制度的支持者因此不得不详细阐述一种价值与分配的学说,古典派和后来新古典派的经济思想的全部历史,显示人们总是关心这个问题。这种努力,部分地可以被认为是一种不言而喻的企图,想要建立一种关于个人财产权的理论,继续洛克的研究。

并不奇怪，在亚当·斯密的著作中，第一次有人想要发展成一种有系统的价值和分配的学说，从一般的劳动原则出发。人们熟知，斯密、李嘉图以及后来马克思发展了劳动价值论。它的主要论据是产品的价值是由劳动决定的（就马克思来说，是“社会必需的抽象劳动”）。同时，这些著作家对一种分配论做了评论；可是斯密和李嘉图，与马克思形成对照，认为市场机制是事物的自然秩序，并且把自己的理论看作对私有财产和贸易的辩护。

这个问题的不同方面之间的关系，可以在斯密的《原富》一书中为了给劳动价值论辩护而说的一段话中考察：“劳动是第一价格——最初为了购买东西而付的钱。”在这里斯密是使用一种比喻，却是有趣味的比喻。劳动的活动包含一种产品的生产，被人们看作交换的行为。某人在“被给予报酬”，可是谁呢？答案是清楚的，那是“大自然”。生产是一种“和大自然交换”。这一短语，不管是否含有隐喻，今天新古典派经济学家仍在使用（例如，Hirshleifer，1970，p.27）。这种隐喻消除大自然与人类之间的区别：如果可以同大自然进行交换，大自然也就可能拥有财产。人类已经不是唯一被赋予财产权的。这种情况的影响在新古典派思想中仍然存在并盛行，是认为支配经济的法则类似那些支配大自然的法则。再说，在大多数古典派和新古典派经济学家的著作中，这种把社会和大自然等同化，非常容易导致人们认为现存的资本主义社会是事物的自然秩序。

然而，同时这种自然主义的倾向包含了财产论后面存在的整个问题：现有的财产分配情况，人们可以怎样为它辩护呢？总之，自然主义的观点，加上劳动价值论，只能按价值论的说法给问题一

个答复。一种独立的财产论被留在后面。这说明为什么斯密和李嘉图的著作中没有关于占有力量的讨论，和对占有者的财产不同。

空想社会主义者和马克思

对比之下，空想社会主义者把劳动价值论与一种不同方式的自然主义结合起来。像法国的普鲁东和英国的霍格斯金这样的著作家，认为目前的秩序是不自然的。在自然的秩序中没有对生产资料的私人所有权，也没有分开的社会阶级。资本主义同自然法则是不一致的。这种想法，在下面引用的霍格斯金的话中是明显的。这位学家问，怎样可能承认目前的财富分配是一种自然现象，虽然在它的各部分中这是明显地违反那种把财富仅仅给予劳动的自然法则？(Rubin，1979，p. 347)因此，由资本所有者享用“劳动的产品”，是无视自然法则。

然而，在保留自然主义以及把其标准从资本主义的现在转移到社会主义的未来中，那些空想社会主义者放弃了说明资本主义市场经济中价值和分配怎样决定的计划。他们的一些理论在内容方面是极其规范的。

马克思采取了当时最重要的步骤，使政治经济学离开自然主义的基础。尤其是，他做出了两点贡献，把政治经济学放在一种完全不同的理论基础上，并且，直到今天，做到了分清他的著作与古典派及新古典派经济学说的界限。第一项贡献，在他对一种生产方式的概念中可以看出。在利用大自然的工作中，人类不可避免地要在一个社会关系的结构范围内活动。这些社会关系决定了生产被推动的方式以及产品怎样在众人之间分配。因此，生产是一种人与人以及人与自然之间的关系。这一点在马克思主义文献中讲得很好，并且在上面第二章中已经提出。

第二项贡献，研究得不如第一项那样透彻。在《资本论》第1卷中，特别是对劳动和劳动力做了区别以后，马克思同时抛弃了自然主义的和机械论的生产学说。按照古典派和新古典派的两种观点，像“劳动”和“资本”这两种投入物被神奇地改变为一种产品。于是生产被按照机械论的方式对待，好像不涉及人类的意志和人类的矛盾似的。《资本论》中马克思对生产过程的长篇讨论，焦点在于资本家与工人之间的矛盾成分，在于资本主义在引进新技术方面继续不断的推动力；并正确地意味着生产的输出量基本上是可变的。这些问题中有的将在第十七章里讨论。

马克思身上的自然主义

然而，自然主义的迹象，以及一种联系在一起的机械论的观点，仍然可以在《资本论》中看到。这些东西的来源之一是马克思所未能发展的一种“财产论”。在这方面他的著作与斯密和李嘉图的相似。像他们一样，马克思由于采用劳动价值论，无意中堵上了自己寻求适当的财产论的途径。霍格斯金以及李嘉图派的社会主义者曾开创了一种财产论，可仅仅是在自然主义的基础上。由于抛弃后者（当然这样做是正确的），对马克思来说，这条路是被堵上了。没有一种关于财产的学说，他反对资本主义，就不得不寻求一种不同的理论根据。

这种根据是那详细规定的一套做法，试图证明像1848年共产党宣言中所宣告的“资本主义必然消灭”。其中最详尽和最持久的是著名的“利润率趋向下降的法则”（参阅 Hodgson，1974a；Van Parijs，1980；以及其他许多人。）这样一种理论看到了对资本积累的内在的限制，被用作提倡社会主义的根据。资本主义，如果人们不去理它，就会自然消灭。它最终的死亡是预先被决定的。这样的理论，我在别处已经说过，低估了人类行动的作用，在决定资本主义的未来趋向和社会主义的建设这两方面都是如此。

在一项关于马克思的劳动价值论的很重要的研究中，利皮（1979年）曾说明这一理论具有自然主义的基础。在其著名的于1868年写给库格尔曼的信中，马克思把价值的概念作为一种“自然法则”，在不同的社会中采取不同的形式。这远远不是随便说的话。利皮表示，下面这些主张贯穿着马克思的整个价值论：

> 以生产货物所必需的劳动多少作为衡量产品的标准，以及社会劳动的分配……是人类社会生活普遍的特点。劳动，……作为实际的社会成本，是产品的内在的衡量标准，不管历史上的生产方式怎样（Lippi，1979，pp. XV—XVI，后面一处的着重点是加上的）。

这种以劳动作为价值和实际社会成本的衡量标准的自然主义的概念，常常出现在马克思主义的隐喻里，所谓工作日分为工人“为资本家工作的时间”（即剩余劳动）和工人“为自己工作的时间”。这种说法引起所谓“工人拥有现存的资本货物、为自己生产，而没有资本家”这种假设的情况。不仅现有的情况是用一种与历史无关的标准来评判的：“但是一个人只靠他自己不能生产任何东西。整个劳动队伍在生产着全部产品。……一个人为自己工作的时间是一种引人注意的隐喻，不是分析的问题”（Robinson，1977，p.54）。

不可完全消除马克思主义思想中的自然主义的痕迹而不动外科手术来去掉劳动价值论。我相信，这一点在利皮的主要研究中得到证明。近年来，许多有名的著作家曾努力保留这项理论，试图把若干数量的“具体化劳动”移植到一种斯拉法型的分析上。但是，必须说清楚的是，第一，为了斯拉法体系的理论成果，具体化劳动是不需要的。第二，整个的演习离开了手中的实际问题：攻击新古典派的理论以及创立一种激进的对财产的分析。我们回到这些主题，并含蓄地说明，试图抢救劳动价值论的全部演习已经成为仅仅为了转移目标而已。

新古典派的财产论

从一开始，新古典派的学说中就暗含有关于财产的理论。实际上，这是洛克的“劳动财产论”的变种。我们已经看到，后者实际上是说个人享有对自己产品的所有权。我们说明了这一点深入到估值问题，并促进了劳动价值论的发展。这种转移到价值论是必要的，因为人们试图证明在一个复杂的互有关系的体系中个别的私人所有权是有根据的。人们必须找到一种方法来估计产出和投入（包括劳动在内）的价值，以便说明产品份额的分配是合理的。

19 世纪中期，由于人们开始对劳动价值论不满意，当时的政治经济学家可以有两种选择：或者放弃对私人所有制的拥护，因而不顾价值论的许多固有任务，或者研究出一种新的价值论，作为给私有财产制辩解的根据。马克思选择了第一种路线，但由于他继续坚持劳动价值论而受到阻碍。新古典学派，在 18 世纪 70 年代及以后，选择了第二种路线，创立一种以边际效用为根据的价值论。

这种转变比较顺利，情况如下。根据劳动个人财产论，即：

(LIP)（劳动个人财产论）个人有权利占有自己的劳动产品，

我们得出边际主义的个人财产论，即：

(MIP)（边际主义的个人财产论）个人有权利拥有自己的投入物（劳动、资本与土地）的边际产品。

这种暗含的财产论的明确基础，是从劳动价值论的改造中引申出来的，即：

(LV)　产品的价值是由劳动决定的，

变为边际主义的研究方法，就是：

(MV1)　产品的价值是由边际效用决定的，

或者，在后来较为老练的分析中，变为

(MV2)　产品的相对价值决定于一般平衡中各项边际因素的结合。

激进的著作家的力量大部分被用于攻击 MV1 或者 MV2，用于讨论和批判 MIP 的时间少得多。其所以如此的原因之一是，除了 MIP 以外，没有适当的可以代替的东西。

由于人们熟悉的原因，特别是对竞争性的资本主义市场作为事物的自然状态的估计，新古典派的方法是在它的理论基础上保留着浓厚的自然主义。这种自然主义以许多方法表现出来，有些上文曾提到。或许最重要的是新古典派的、自然主义的对生产的看法。这是把生产看作一种自然的或者自动的过程，在这种过程中“投入”变为“产出”。这转过来又保持着新古典派理论的一种暗含的假设：所谓提供“投入”，使你有权利取得“产出”的一部分，后者部分的是前者的当然结果。

这一假设与上面讨论的以及正统的马克思主义文献中所有的那种假设具有同样的危害性，它们说工人用工作日的一部分为自己工作，一部分为资本家工作。工作日的这种划分决定于工作需用的时间和出产的多少和价值。它也许仅仅是一种隐喻，可是以往曾造成很大的损失。它常常表现在这种说法中，认为资本主义对利润危机的唯一解决方法，是由资本家压低工资。谬误在于假设产量和生产力都是特定的。强调抑制所得、而不改造生产结构以解决资本主义危机的那些资产阶级著作家，也正是犯了同样的错误。错误的根源在于同样的对生产的机械论看法。

可供选择的另一种办法

要摆脱这种困境，需要有许多理论上的新东西，其中有些是现有的和简单的，另外一些是不完全的。为了指出这些新东西，我们采用斯威齐（1968 年）对质的价值（价值的形式）和量的价值的区别。在第十四章中，我们把价值重新解释为一种货币形式的平衡价格。这与任何形式的具体化劳动没有直接联系。在交换中表现出来的价值形式,可被看作私有财产的结果。这可能被称作“财产的价值论”,或者,更确切地,叫做“价值形式的财产论”。

我们转到像这样解释的从量决定的价值论,其出发点是斯拉法的学说。然而,这必须通过引进货币和一种对生产的动态分析两者来提高。在第十五章和第十七章里为此采取了步骤。有了一种得到提高的理论,就可能取代边际主义的和劳动的价值论(MV1、MV2 和 LV)。此外,还应该从自然主义再后退一步,因为自然主义的生产论是不可以与正式的货币论以及动态的对生产的看法比较的。

然而,一种新的价值还是不足以提供标准的财产论。这种理论的根据在于埃勒曼(1978 年)发展了洛克的劳动个人财产论,以及本书著者更早的(1976 年)的作品。这一点在第十六和十八章中详细阐述。

这全部努力的成就由埃勒曼总结如下:

> 新古典派经济学家试图解释价值论的一部分,好像那是一种财产论似的。马克思犯了相反的错误,想要把它作为一种价值论。可是,既然指定了价值论的范例占主要地位,对劳动论的价值论研究就像是对伏尔泰的上帝;如果它并不存在,有人就必须把它发明出来。马克思起了那种历史的作用。只有在马克思已经做出了自己的巨大努力以后,后来的激进经济学家才能“站在这个巨人的肩头”,看出劳动论的分析以及对资本主义生产的批判,只有从基础起自下而上地完全改造

“劳动价值论”，作为劳动财产论，才能胜利完成。（Ellerman，1978，p.19）。

这种劳动财产论的发展与在洛克身上看到的那种大不相同。正是在他们典型的说法中，这种不同之处最为清楚。现代的理论，不是明显地主张对个别财产的权利，而是在思想上用下面这样的论证来构成：所谓工人阶级作为一个整体有权利享受对社会产品的集体所有权。因此，在该理论中没有直接的价值问题；它单独地在那里。然而，我们即将看到，需要用大量肯定的分析来支持它，并摆脱以前的一些思想体系的束缚。

我们现在可把本书里采取的立场分别总结为肯定的和标准的两种命题：社会价值（SV）和劳动社会产品（LSP）。前者是“斯拉法式的”、“结构的”和“社会的”价值论，正是我们想要发展的：

（SV）商品的价值是社会技术结构和货币情况的社会结果，受生产领域的支配。

（LSP）工人阶级作为一个整体对社会产品享有集体所有权。

应该已经说清楚（这一点在下文中得到证实），这不过是“因人成事”而已。

第 三 编

货 币

第十二章　货币和交换

货币是商品中间的上帝。

马克思:《大纲》

我们现在处于一个可以引进货币的阶段。不用说,以前各章中有些主张需要修改或者放弃,可是其他的一些将继续有效。货币是以下四章的主题。

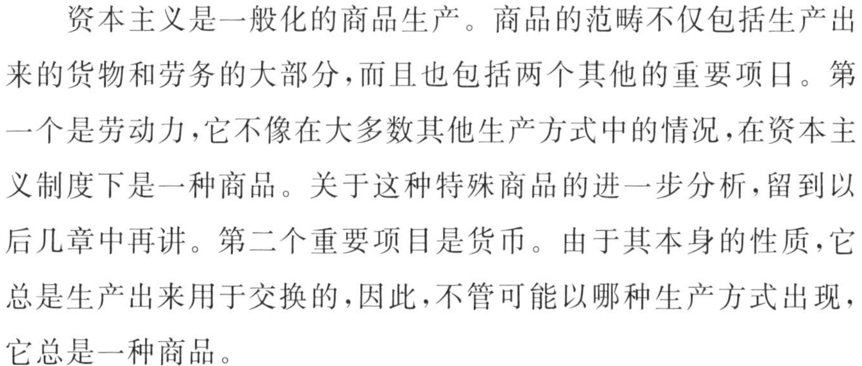

资本主义是一般化的商品生产。商品的范畴不仅包括生产出来的货物和劳务的大部分,而且也包括两个其他的重要项目。第一个是劳动力,它不像在大多数其他生产方式中的情况,在资本主义制度下是一种商品。关于这种特殊商品的进一步分析,留到以后几章中再讲。第二个重要项目是货币。由于其本身的性质,它总是生产出来用于交换的,因此,不管可能以哪种生产方式出现,它总是一种商品。

货币经济和物物交换对比

货币讨论的明显出发点是货币经济和物物交换经济的根本区别。克洛沃对这一点已经说得很清楚,以下所说的摘录自他的著作(Clower,1967)。一个物物交换经济和一个货币经济都含有许多为了交换而生产出来的货物。物物交换经济的特征是各个商品都可以换取任何其他的商品。在一个纯粹的物物交换经济中,没有任何特殊的交换关系被排除在外:任何东西可以换取任何其他的东西。

这在图 12.1 中示出。一个"X"说明在有关的两种商品之间交换是可能的。然而,一个货币经济的特点在于实际上某些交换关系被习惯、方便性或者法律排除在外。两种不相同的商品不能互相交换,除非其中的一种是货币。这一点在图 12.2 中示出,那里的第一种商品被称为货币。一个"O"说明没有交换是可能的。

	商品1	商品2	商品3	商品4
商品 1	X	X	X	X
商品 2	X	X	X	X
商品 3	X	X	X	X
商品 4	X	X	X	X

图 12.1　物物交换经济中的交换关系

	货币	商品2	商品3	商品4
货币	X	X	X	X
商品 2	X	X	O	O
商品 3	X	O	X	O
商品 4	X	O	O	X

图 12.2　货币经济中的交换关系

不是立刻就明显,一个货币经济的特点是对交换关系的**限制**,而不是解放。为了强调这一论点,克洛沃写道:

> 因此,物物交换经济中所有的商品都是货币商品。乍一

> 看，这似乎是自相矛盾的；可是，如果我们加以思索，就能看清，一个货币经济同一个物物交换经济对比起来，货币经济的特征恰恰是其中的某些商品不能直接换取一切其他的商品，即有些交换必然需要通过中间的货币交易来进行（Clower，1967，p.5）。

虽然以上这段引语将有助于建立一个论点，但必须注意所谓“一个物物交换经济中所有的商品都是货币商品”这种说法就不会是真实的，如果货币本身比通常的商品具有较多的特征。我们要提出下面的情况。

物物交换的低效率

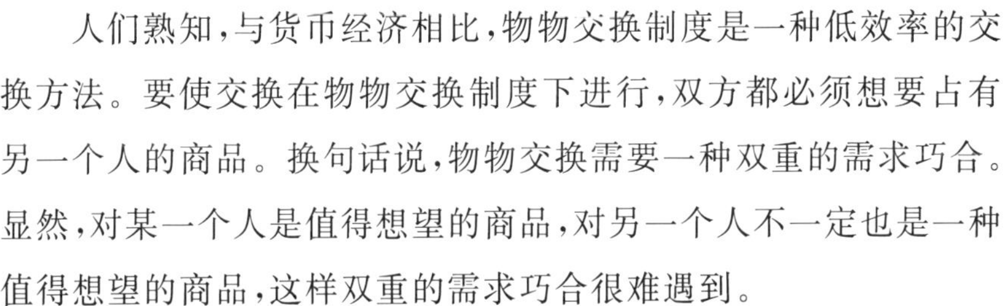

人们熟知，与货币经济相比，物物交换制度是一种低效率的交换方法。要使交换在物物交换制度下进行，双方都必须想要占有另一个人的商品。换句话说，物物交换需要一种双重的需求巧合。显然，对某一个人是值得想望的商品，对另一个人不一定也是一种值得想望的商品，这样双重的需求巧合很难遇到。

再则，还有个信息问题。愿意换出一种商品的一方，必须传递给可能的买者至少三件信息：第一，提供什么东西；第二，希望交换到什么；第三，希望得到的交换价值（一种商品可以换得另一种商品若干）。相反地，在货币经济中，我们只需要那第一件信息加上一个价格。

此外，在物物交换经济中可能会发生问题，如果这项交易中的商品有一种是不能分开的话。有关方面也许愿意以 2/3 的活鸡交换一把铁锹。可是 2/3 的活鸡是死鸡，而一把半铁锹的实用性和一把的相同。

关于交换价值，没有货币也有许多方法可以把交换价值表现出来。如果在这个经济中有 n 类商品，任何一件商品就会有 $n-1$ 种表示交换价值的方法，就是用这个经济中其余的，$n-1$ 种商品来表示。所以，总的说来，就全部 n 商品来说，可以说明会有 $n(n-1)/2$种可能的交换价值关系。对比起来，在一个具有 n 商品加上货币的货币经济中只有 n 种可能的交换价值关系。例如，在一个具有 100 种非货币商品的经济中，在物物交换制度下会有 4950 项交换价值关系，而在引进货币以后只有 100 项交换价值关系。

根据这一名词的普通用法，商品的价格是其用货币表示的交换价值。因此，“价格”这个词不应该用于物物交换经济，但为了避免语言的不雅，有时候也有必要打破这一惯例。货币的价格，如果这个习惯用语有任何意义，显然是整体。

再说供给和需求

我们有必要再说一遍第五章中提出的一个论点：在物物交换经济中供给和需求是分不清的，以及作为个别的概念，它们在那些情况下没有意义。这一真理，尽管是基本的和明显的，还必须再说一遍，因为在所有的重要经济理论课本中都没谈到。其所以不谈的原因可能是，自从詹姆斯·穆勒首先在所著《为商业辩护》(1808年)中为它辩护以来，人们对它已经相当了解；或者，这种说法已经与萨伊定律混淆不清(穆勒本人没说清楚它仅仅适用于物物交换经济),或者把它再说一遍,也许会使新古典主义者为难。我认为可能是由于这三种原因合在一起的作用。

再一次把问题弄清楚:需求包含要买的意志和有效的购买手段两者。物物交换经济中的购买手段,不可能是真正的货币,因此它必须是另一种商品,一种等价品。这种等价品是需求的工具。需求的多少以等价品的交换价值为衡量标准。然而这等价品是一种供给的货物。一项供给包含一个要卖出一样东西的意志以及想要换回另一种货物的愿望。后者是一种被需求的货物。供给和需求各包含一种供给成分和一种需求成分。一件被供给的商品,同时总是一种需求的手段。在一个物物交换经济中,供给和需求不仅是等同的,而且是没有意义的和可能引起误解的名词。

在一个货币经济中,需求和供给能够区别清楚。两者各有一种独立的和重要的意义。需求是有人愿意购买一种商品,这种心愿通过把货币带到市场上去而表现出来。需求的多少用提供的货币数量来衡量。供给是愿意卖出一种商品,这种心愿由想要换回的货币来衡量。货币的闯入,完全打乱买和卖的行为。由于它作为唯一的交换手段的地位,它使得供给和需求的现象能够区别清楚,并赋予一定的意义。

然而,供给和需求的概念不能单独地适用于货币本身。根据上面所讲的想一想,这一点应该是明显的。"对货币的需求"能够表现出来的唯一方法是通过另一种商品的供给。"对货币的需求"是对另一种商品常规的供给。再则,实际的"货币供给"不过是对一切其他商品的总需求。对这一点讲得清楚的一本特别好的教科书是布劳格的《经济理论回顾》(1968,p.145)。

瓦尔拉斯定律

我们在上面已经指出,在物物交换经济中需求和供给这两个词是完全相同的(并且确实没有意义),甚至对个体贸易者也是这样。这仅仅是同义反复,因此,在学会了讲这种话之后,如果说在作为一个整体的经济中,总的需求一定等于总的供给,以及多余的需求或者供给一定是零,那也不足为奇。对这个命题提供精确的证明,完全没有意义!

如果我们从物物交换经济转移到货币经济,会发生什么情况呢?让我们作一种简单的假定(我们以后认为这种假定无效而放弃它)。我们将假定,货币的职能仅仅是作为交易的媒介和记账的单位。根据定义,被需求的全部货物的全部价格,等于一定数目的这种货币。既然货币在这种情况下仅仅是交易的媒介和记账的单位,这种总需求所"供给"的那货币的总数,一定全部被用掉或者"被需求",否则这笔货币就会不仅仅是交易的媒介和记账的单位。根据定义,货币是通过其他商品的供给"被需求"的。全部供给一定是恰恰等于"被需求"的货物的总价格。这种同一性有时候被称为"瓦尔拉斯定律"。它只是说明,在一个经济中,如果那里货币的作用仅仅是作为交易的媒介和记账的单位,商品的供给过多或者需求过多在逻辑上就不可能。在那些假定下,根据供给和需求的定义来说,确实是这样。

我们必须注意,在使用关于诸如"瓦尔拉斯定律"、"萨伊法则"

和“萨伊的一致性”这些词的方面十分混乱。我们对“瓦尔拉斯定律”一词的习惯用法，与布劳格(1968年)、亨德森和匡特(1971年)以及许多其他的人是一致的，除了他们没说清楚“定律”在应用于物物交换经济时是没有意义或者空洞的以外。可惜，克洛沃(1965年)以不同的意义使用“瓦尔拉斯定律”。他把它作为一种无根据的说法，与我们曾在下面称为“萨伊法则”的那种东西相似，而不是有一种说得很清楚的前提为根据的同一性。前提不符合现实世界这一事实，不改变这个问题的特性！

货币的社会特性

上文已经强调交换是一种社会行为，在一套特殊的社会的和法律的关系范围以内进行。在一个货币经济中，这些社会关系尊重货币为普遍的交易媒介。然而，货币的兴起不是仅仅因为社会上所有的个人都认为使用货币方便，可以避免物物交换的麻烦和效率低。货币不是仅仅由于广大的个人群众不方便而产生的。货币不是一种社会关系的制度的标记。一位君主或者总统的头像出现在大多数国家的现金货币上，这不是偶然的事。货币的社会特性由西迈尔(Simmel，1978)广泛地加以讨论，他说明货币成为一种普遍接受的交换媒介，不是个人选择的结果。它取得这种特质是社会发展的结果。货币作为一种社会制度的演变，类似于道德准则或者法律制度的发展(参阅 Laidler 和 Rowe，1980)。

一种对货币的马克思主义的分析，发源于交换价值和使用价值的双重特点。然而，从第三章中所叙述的关于使用价值的社会的和客观的概念出发，我们将看出货币的使用价值在商品中是独一无二的。

货币的使用价值

马克思写道："货币商品取得……一种正式的使用价值，产生于它的特殊的社会功能"(1976 年，第 184 页)。我们可以说明货币的使用价值如下。这样的说明与正统的教科书中所列举的货币的功能相类似：

(1)货币可以很方便地交换到一切其他商品，这是只有货币在货币经济中所具有的特点；它是普遍适用的交易媒介。

(2)货币是记账的单位，通过它所有的交换价值都变成用货币表示，即作为价格。

(3)货币是一种手段，通过它可以取得一切其他使用价值的一部分；并且，既然在一个资本主义经济中任何公民都可以拥有货币，所以它是"财富的一般的物质代表"(Marx，1973. p. 221)。一切商品，作为使用价值，是一种特别的财富贮藏，可是这是有关所有人的财富，而不一定是有关一切其他人。由于货币独有的、社会批准的、可以换取各种其他商品的特性，只有它是普遍的财富的物质代表。有了这种随时可用的和普遍的可以交换性，所以用货币形式贮藏财富是非常方便的。

(4)第四种功能是直接从第三种功能产生的。一个交换经济，由于其分散性和无计划性，总是因为变化无常而苦恼。价格和使用价值两者都随着时间而不断地变化。因此，一般说来，除了某些例外，以货币形式贮藏财富，风险较小。大体上货币的使用价值是不变的，它的价格，如果有意义的话，总是整体。因此，货币是应付变化无常的未来的一种手段。

概括地说，货币的使用价值是以下列一些特性为基础的：第一，它是普遍的交易媒介；第二，它是记账的单位；第三，它是财富的一般物质代表；第四，它是应付变化无常的未来的一种手段。

从上面所说的可以看清，货币的使用价值与任何机器生产的商品的使用价值大不相同。货币的使用价值不是起源于其本身的自然性质，也不是由于人们归因于它的任何特性，而是由于货币作为一种独特的商品的由社会衍生和承认的地位。马克思做出同样的论点，他写道：

> 货币……作为一种仅仅是社会的结果，根本不预先假定一种对它的所有者的个人关系；持有货币，不是他的个性的任何特别重要方面的发展，而只是持有没有个性的东西，因为这个社会[关系]同时作为一种感觉上的、外界的东西存在，能够同样地被机械地夺取和损失。它对个人的关系，因此似乎是一种纯粹偶然的关系；同时这种与个人个性没有联系的关系，由于这个问题的性质，使他有了一种广泛的掌握社会的力量(Marx，1973，p. 222)。

在另一部著作里，马克思又申述这个论点：货币的使用价值是社会的和普遍的，而不是特殊的和个别的：

> 那曾经作为普遍的相等物被放在一边的商品，现在成为一种东西，它满足一项从交换过程本身产生的普遍的需要，并且对每个人具有同样的使用价值——作为交换价值的传导体或者普遍适用的交易媒介。这样，商品本身内在的矛盾，就是作为一种特殊的使用价值和同时普遍适用的相等物，以及因而是一种对每个人的使用价值或者普遍适用的使用价值，在这一商品的问题中已经得到解决(Marx，1971，p. 48)。

所以货币的使用价值，在商品中是独一无二的，直接联系到它在交换和交换价值方面的作用。其他的商品，与新古典主义的奇谈相反，它们的使用价值与交换价值之间没有这种关系。

马克思说货币的一项客观的社会功能是在主观察觉的使用价值量、经济中的个人以及社会制度本身之间构成牢固的锁链。让我们再一次引用马克思关于货币的性质的精辟见解：

> 一些互不关心的个人的相互的和全面的依赖，形成他们的社会关系。这种社会结合力表现在交换价值方面，只有通过交换价值，每个人自己的活动或者产品成为他的活动和产品；他必须生产一种一般的产品——交换价值，不然的话，后者本身就孤立和个体化，货币。另一方面，各个人对别人的活动所发挥的力量或者对他本身作为交换价值(货币)的所有人所存在的社会财富。个人的衣袋里带着他的社会力量，以及他和社会的结合力(Marx，1973，pp. 156—157)。

价格和交换价值

与所有的其他商品一样，货币的交换价值由一套比率构成，按照这些比率，货币将换取一切其他商品。因此，就货币来说，它只是一切其他商品的那一套价格。但是，价格多于交换价值。价格是用货币表示的，具有看得出的、社会的和普遍的特性，它有一种特殊地位，在交换价值之上。

我们已经看到，随着货币的引进，买进与卖出的行为被分开。一切交换价值用单一的货币记账单位表示，作为价格。货币在商品之中取得一种专制君主的地位。它作为万物的媒介和标准行事。凡是不服从它的标准和权力的货物都被排除。它成为经济中指导一切的明灯。货币在资本主义制度下不是仅仅一样东西；它是一种非个人的权力和社会制度。

由于这些制度的特性，它们有力量以片面的和歪曲的方式阐明现实。货币的情况也是这样。它的社会专制产生一种对专制权力的信念以及实际上的承认。这一点的一项后果是极其重要的。我们已经看到，货币具有一种特殊的和普遍的使用价值。它作为记账单位和财富衡量的功能，都给了货币明显的稳定和合用的特质。这种明显的特质，由于货币的价格是整体这一事实而更突出。在日常的买卖程序中，经济代理人认为各种商品中只有货币是稳定的和可靠的。有意识地或者无意识地，这种表面上的稳定性与人们认为货币的供给和需求一定是平衡的这一想法有关；因为这是一切商品中价格稳定的一项必要条件。例如，一种特殊商品的价格上涨会使人们认为这是对该商品的需求过多的迹象，而不是货币供给过多，即使实际情况是后者。因此，最后，货币的社会地位使其有时候可以没有根据地说它自己的市场具有供求的一致性。在资本主义制度下，一神论是准则；货币是唯一的上帝，它身上带有通常的一神论者一贯正确的主张。

只有在货币的功能受到损害的时候，例如在通货膨胀的情况下，货币的供给和需求才停止发生作用，在买者和卖者看来，好像供求是一致的。

通货膨胀和货币错觉

有效的、实际上人们认可的货币专政，是“货币错觉”的来源，即经济代理人当中自动地倾向于认为货币价格方面的变动是交换价值方面的一般变动，不管其他的情况怎样。患有货币错觉的人，如果他们的货币收入增多，就觉得自己变得比较富有，即使物价正以同样的比率在上涨。实际上，这不是一种个人的错觉，因为它的客观基础在社会关系和物质现实方面。它的基础在货币的制度作用和结果对货币供求的一致性的认识。总的结果是把价格上涨看作其他商品的供求方面变化的结果。这种“错觉”是社会的和真实的。

然而，在价格膨胀不能控制的时候，货币的使用价值受到损害。它那种作为稳定的财富的贮藏、预防变化的手段以及暂时事物之间的记账单位的功能减低；一种稳定的货币制度的社会基础被侵蚀；货币的专制被掩盖，由于在这些情况中货币显著而不断地贬值，它已经不能支持所谓货币的供求处于平衡状态的看法。强烈的社会势力摧毁了“货币错觉”的支柱。买者和卖者不再认为货币是一种稳定的单位，他们倾向于以彼此的关系来比较价格，而不是完全以对货币的关系来比较。价格开始作为交换价值在起作用。货币作为市场的一种纤维作用减少了。情况促使人们以非货币商品的形式持有财富。通货膨胀的结果是陷于混乱和不平衡；最后，在高度膨胀的情况下，货币逐渐不再使用，人们回到物物交换。

因此，在消极的意义上，通货膨胀的现象认可我们对货币的分析。通货膨胀是货币使用价值的社会基础上一种使人衰弱的癌性肿瘤。该肿瘤的危害性及其所代表的对货币经济的致命的危险，证实了货币在一种非膨胀的情况下的威力。再则，既然通货膨胀腐蚀货币的使用价值，这说明后者是奠定在一种社会的而不是个人的或者物质的基础上。

本书的目的是检查资本主义。然而，通货膨胀代表在危机中的资本主义而不是在健康时的情况。再则，通货膨胀尤其是起源于特殊的和具体的环境，因此这种现象不属于本书应该分析的范围。这不是低估它的重要性，因为只有在货币的权力处于最高峰时加以概括地研究，才能对它可能低落的严重性做出估计。

萨伊法则以及关于货币的自相矛盾的理论

有些经济学家含蓄地或者明确地说，货币的供给与需求实际上总是保持平衡的，并且不仅在买户和卖户的感觉上是这样。根据瓦尔拉斯定律，一种非货币商品的超额供给一定有对另一种商品的超额需求与之配合。按照我们最初的假设，货币本身不能发生需求过多。在这些情况下，由于最初相当轻率地假设，认为货币的供给和需求恰恰相等，以及货币的作用仅仅作为交易媒介和记账单位，每一项对非货币物品的需求会有一项相应的对另一种非货币物品的需求与之配合。非货币物品的总供给将等于对这种物品的总需求。

我们曾把瓦尔拉斯定律解释为：如果货币只是交易的媒介和记账的单位，所谓商品的超额需求或者供给就不可能。瓦尔拉斯定律是一点逻辑推理，起源于对“供给”和“需求”这种名词的定义。不能凭任何一点经验主义的证明而加以驳斥。根据定义，确实是这样。

在本节第一段中，我们讨论了一个大不相同的问题。有些人说，货币的供给和需求在现实世界中总是处于平衡状态。根据这种说法推论，我们可以说，对商品的超额供给或者超额需求是不可能的。这种说法，可以用经验主义的证据予以驳斥，许多文献中称为“萨伊法则”（布劳格和一些其他人用“萨伊的同一姓”这个名词，可是我认为这会混淆不清。手头所有的不是同一性，而是一种能够被歪曲的问题。我对“萨伊法则”一词的用法，自认为与凯恩斯以及马克思著作中常常使用的意义是相符的）。

萨伊法则是不真实的。它最初的假设不符合现实世界中货币的真相，也不符合我们的理论目标必要的特征，即资本主义生产方式。

假如萨伊法则是真实的，那就会有重要的现实世界的后果。

例如,非自愿的失业——就是超额的劳动力供给,必须有相应的对其他商品的需求来配合。据说,这是一种非平衡状态。由于对商品的需求过多,商品的价格将上涨。生产者将扩充自己的生产,追求由于涨价而可能获得的较高利润。结果,较多的劳动力将被雇佣。非自愿的失业将减少。这种过程将继续下去,直到非自愿的失业下降到零为止。

如果货币的供给和需求不相等,上面这个论点显然是不真实的。因此,很大一部分取决于这初步的命题的真伪。我们现在要讨论,为什么对货币的需求一般说来不会等于其供给。

上面已经说过,在一个稳定的货币经济中,人们会认为货币是唯一的一种供求总是平衡的商品。可是这并不意味着它们的供求真正保持平衡。对实际情况的感觉与实际本身不同。个别人们的行动使得错觉好像就是真实本身,但是这并不使它成为真实。然而,错觉尽管与真实情况不符,却作为一种真实的社会力量在起作用。这就是货币的自相矛盾。萨伊法则,作为经济学说,是不真实的;然而在一种特殊的和有限的意义上,却是真实的。

对货币的超额需求

我们已经注意到,萨伊法则的虚假观念的真正基础是货币在一个货币经济中实际的专制权力。这种专制权力,在一个稳定的货币经济中引起那种错觉,认为总的货币需求同总的货币供给在作为一个整体的经济中是相等的。“萨伊法则”的基础是这种错觉。

然而，个别人们的行为往往不是这样。每个人对货币的需求仅仅很稀罕地恰好等于自己向市场上的供给，因此，假如全部货币供给等于对货币的总需求，那一定是一种偶然的情况。人们看到集合体的行为作为一个问题，可是他们的行为往往是，假如他们的行为通过这个经济作为一个整体被反映出来，这个集合体的行为就会与他们所看到的那个集合体不同。

在一个稳定的货币经济中，可能个人会对货币有超额的需求，在作为一个整体的经济中就会有对货币的超额需求。货币，像我们在讨论它的使用价值时所看到的那样，作为普遍的财富贮藏而起作用。这一特质引起人们使用货币作为一种贮藏品、作为贮藏货币的工具。因此，用货物换取货币的倾向将比用货币换取货物的倾向较为强烈。结果将出现对货币的超额需求。

如果有这样一种对货币的超额需求的话，萨伊法则就显然被驳倒了。货币作为一种普遍的财富贮藏的属性与这个法则相矛盾。下面我们将看到，驳斥萨伊法则在马克思和凯恩斯两人的著作中都是重要的。

然而，即使有一种超额的货币供给，萨伊法则也会被驳倒。这种超额供给必须由对其他商品的总的超额需求来配合，同萨伊法则相反。这些情况可能与通货膨胀有联系。

以上关于货币的超额需求（或者超额供给）的讨论，是从生产方面作的抽象。基本上，我们已经讨论了供给方面的短期变动，即生产变化引起的调节的抽象。这可能使人相信萨伊法则仍然适用于长期，超额需求最终由商品生产中有关的调节予以纠正。尤其是对货币的超额需求会由于这种商品的生产增多而得到纠正，整个经济会幸福地走向充分就业的平衡。

所谓萨伊法则通过生产方面的调节自会有所表现，这种看法是不现实的。货币是一种特殊的商品，常常是在特殊情况下生产的。如果货币采取黄金的形式，那就十分珍贵，并且是在花了很多的勘探和开采费用之后才生产出来的。对黄金的超额需求不容易用增加生产的方法来解决。在现代资本主义经济中，象征性货币和信用货币替代黄金。象征性货币由国家生产。它不是在资本主义条件下生产的。对货币的超额需求，结果并不是由于国家追求利润而增加货币的生产。象征性货币的创造取决于国家政策，而且不一定必然与市场上的供求情况相适应。信用货币是由（私营或者公营）银行机构提供的。这种机构可能适应市场情况，但它的创造货币的权力却可受到国家规章的限制。再说一遍，在货币的生产方面，市场不是很快地就导致适当的调节。对货币的超额并不自动地导致那种商品的增加生产。萨伊法则又一次被否定了。

如果我们考虑货币的超额供给，就有进一步的问题存在。现金货币或者象征性货币都不是实物上被消耗的，而且它们并不很快地贬值。如果发生货币的超额供给，甚至即使货币的生产被减少了，货币的超额供给也必须由增加生产其他商品来配合。如果该经济正值充分就业，这也许是不可能的。结果的通货膨胀是对萨伊法则的一种明显的否定。

我们可得出结论，充分就业均衡的背离不是短期的脱离常规现象。背离宁可说是规律而不是例外。市场不会自动创造充分就业。长期违背萨伊法则这一点在克劳沃的著作中没有受到重视，因为这位作者把注意力置于脱离生产的交换条件之上。现代的、激进的凯恩斯学派，诸如戴维森(1974 年，1977 年)就是如此，他们强调“货币生产弹性为零”，简单地用俗语说，“货币不是长在树上”。然而，凯恩斯在自己的《通论》中则强调下列这一点：

> 失业问题之所以发生，就是因为人们需要造空中楼阁——如果人们所要的东西(即货币)不能生产，而对此东西之需求又不容易压制，劳力便无法就业(1936，p. 235)。

从某种意义上说，这是我们的源自马克思传统的早期声明的一种辩解，交换的那些条件离开生产条件进行分析是不适当的。明确地说，正是这些对货币生产的限制，使货币具有价值的贮藏职能。

第十三章　经济思想中的货币

科学史在这里与社会史没有区别：这两方面都有一些人“没有学到什么、也没有忘却什么”，特别是在他们已经从前排看到这场表演的时候。

路易斯·奥苏塞：《读资本论》

在本章，我们将概括地观察经济思想史上对货币的各种研究方法。除了一个特殊的派别而外，我们将按年代顺序进行研究。然而，我们会看到货币的理论远远不是直线发展的，很多的现代学说从以前建立的理论基础上有了重大的后退。

古典经济学、萨伊法则和马克思的批判

李嘉图对萨伊法则给予不言而喻的认可。在洛克、休谟和斯密的传统中，经济学的货币的和非货币的两方面是严格分开的。相对价格被认为是在所谓“实际的”或者非货币的领域内决定的。货币只是一种“硬币”；它介入，只是为了确定价格的绝对水平。货币是一种“面纱”；仅仅是系统中的一种润滑剂，一种交易的媒介。根据古典经济学家的说法，相对价格是由商品中包含的劳动量决

定的，货币对这个问题没有影响（参阅 Mini，1974，pp. 38—39、99—101）。

李嘉图据此推论，否定了一般生产过剩的可能性："就任何长期时间来说，绝不能有任何商品的剩余"（Ricardo，1971，p. 292n）。他对货币的看法被说明如下："生产的东西总是被生产的东西买去，或者被劳务买去；货币仅仅是进行交换的媒介"（1971 年，第 292 页）。

马克思放弃了正统的货币观念。他在下面这段重要的话里特别谴责了李嘉图：

> 货币不仅是"实行交换的唯一媒介"，而同时是产品和产品的交换分为两次行为的媒介，这两次行为互不相干，在时间和空间上都是分开的（Marx，1968，p. 504）。

他接着就说，在资本主义经济中，在某些情况下货币是会出现超额需求的：

> 在一个特定的时刻，一切商品的供给可以大于对一切商品的需求，因为对一般商品——货币、交换价值——的需求大于对一切特殊商品的需求，换句话说，要把商品变为货币（落实它的交换价值）的动机，胜过要把商品再变为使用价值的动机（Marx，1969，p. 505）。

反过来，这又引起经济危机的可能性：

> 把商品转变为……它的对立面(货币)的困难……在于那个已经卖掉一批货的人,因此以货币形式持有商品,不是必须立刻又买进。……在物物交换经济中这种矛盾不存在:没有人能够卖出而不买进,或者能够买进而不卖出……。要把商品变为货币(卖出)的困难,只是由于商品必须被变为货币,可是货币不需要立刻就变为商品,因此卖出与买进可以分开。我们已经说过这种方式含有危机的可能性……卖和买可以分离。它们因此代表潜在的危机,它们的巧合对商品总是一个危险的因素(Marx,1969,p. 509)。

(注意:某些说到“个体劳动”和“一般社会劳动”的地方已经从上面这段话里删去。在原文里它们代表一种与本题无关地和没有理由地将马克思的货币学说和他的谬误的劳动价值论并列。在以上这一段中我们做了一种方便的却必要的删改。)

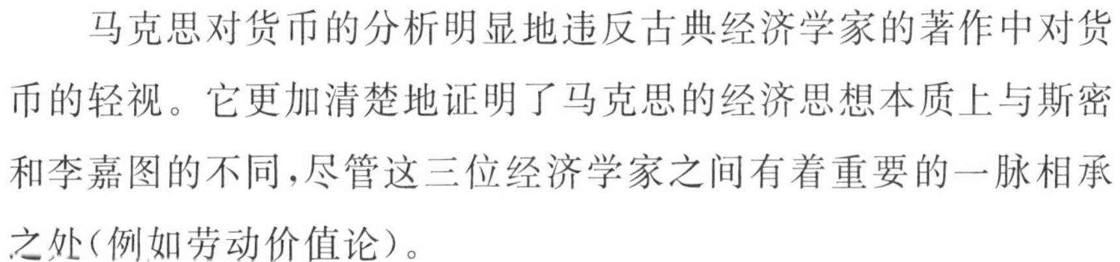

马克思对货币的分析明显地违反古典经济学家的著作中对货币的轻视。它更加清楚地证明了马克思的经济思想本质上与斯密和李嘉图的不同,尽管这三位经济学家之间有着重要的一脉相承之处(例如劳动价值论)。

马克思学说中的货币和价格

我们将论证,尽管马克思透彻理解货币的性质,劳动价值论还是抑制和减少他的货币学说的发展和影响。再则,这一学说与劳动价值论并列,导致某些矛盾。考虑价格和资源配给的双重关系。

马克思说得清楚，货币可能有一种打破平衡的影响，引起生产过剩和资源闲置以至危机和衰退。因此，人们承认货币能改变产量的规模以及资源分配平衡的格局。马克思根据一种以黄金为基础的货币制度的设想，所以价格的绝对水平是由黄金的“价值”或者“生产成本”决定的(参阅 Marx，1971，pp. 159—187)。马克思批评了李嘉图的疑虑：钞票数量增多，在一个以黄金为基础的货币制度中，可能导致物价普遍上涨。然而，他却同意李嘉图和斯密的看法，认为，“相对”价格决定于商品中各自包含的劳动数量，货币对相对价格没有影响。这与他所说的货币怎样影响相对的资源分配，形成稀奇的对照。

在下一章中，我们将说明货币的情况影响相对价格和绝对价格。可是在这个阶段，有必要进一步讨论马克思的劳动价值论和货币学说。马克思认为，货币不仅是财富的一般的物质代表，而且也是在资本主义生产中进行的各种劳动活动的一切产品的形式。换句话说，货币的普遍性使得一切不同的劳动活动彼此发生关系(参阅 Marx，1976，p. 187)。在这一点上，马克思发展形成了一种对资本主义的性质的正确而重要的认识。

然而，马克思又前进一步。他说货币是具体化在商品中的劳动的衡量标准：

> 因为所有的商品，作为价值，是具体化的人类劳动，所以它们本身是可以衡量的，它们的价值可以共同地用一种同样的特殊商品作为衡量标准，并且这种商品可以被折合为它们的价值的共同标准，就是折合为货币。货币，作为价值的计量

标准，是内在于商品价值的衡量的必要的表现形式，就是，劳动时间（Marx，1976，p. 188）。

这种有问题的并且或许是意义不明确的说法，与马克思的抽象劳动论是有密切联系的。马克思辩解，“抽象劳动”是在资本主义制度下联合各种不同形式的具体劳动。再则，“抽象劳动”这一范畴不是仅仅一种心理上的抽象，而是每天在交换本身的现实中创造出来的（参阅 Marx，1976，pp. 166—167；同一论点曾由 Colletti 加以强调，1972，pp. 82—88）。我们已经预见到这种说法的反对意见。所谓仅仅因为一切商品都通过交换而取得货币，就说商品中各种形式的劳动（特别是劳动，而不是任何别的东西）自会调节得相等这种说法，很难自圆其说。没有我们在上面已经否定的劳动价值论，马克思的关于“抽象劳动”概念的说法不能得到人们的支持。

尽管在理论上有错误的看法，但在马克思的著作中，劳动价值论同一种货币论的特定的结合，却非常美妙，引人入胜。马克思说得对，货币和劳动力作为一种商品的存在，都是资本主义制度必备的方面。在《大纲》中，他说没有货币，资本主义就不可能存在（Marx，1973，p. 253），没有工资劳动就没有货币（同上，p. 223 页）。总之，在马克思看来，多种多样的劳动通过货币交换而同一化和具体表现为货币。

回顾起来，事情不是这么简单，也不是这么美妙可爱。首先，货币没有工资劳动也能存在。在理论上我们没有理由要假定情况不是这样。在资本主义生产方式以前工资劳动不是突出的，然而货币往往起着比较重要的作用。劳动不是商品的唯一的“本质”。所谓货币，作为一种同一的实体必然是某种其他同一物质（就是“抽象劳动”）的表现这种想法，既是过时的也是没有根据的。

新古典派理论中的货币

我们已经讨论了古典主义和马克思主义者对货币的研究方法。现在轮到新古典主义。实际上，19 世纪 70 年代经济学说中的新古典主义“革命”，按照货币论的说法，是回到古典派的货币概念。不用说，马克思在货币学说方面取得的重大进展，人们既不理解也未采纳。或许正是在这一方面而不是在什么其他的方面，“新古典主义经济学”这个容易引起误解的名词是用得有理由的〔凯恩斯特别重视古典主义和 1870 年以后的经济学及自己用“古典主义经济学”这个词代表两者所表示的同一种连续性的成分（Keynes，1936，p. 3n）〕。

新古典主义的价值论中一项主要因素是取得一种地位，把表现于效用功能的消费者爱好与实际收入水平所提供的预算束缚结合在一起。这套理论内部的一种必要的假定，是个人可以自由地交换商品，直到效用达到最大限度为止。这种典型的分析认为一切商品和商品的交换都是可行的。可是，据克洛沃说：

> 作为鲜明的对照，一个货币经济中可能的选择必须被解释为可以做到使货币的供求都作为进入各种行业的商品之一。分析地说，这意味着必须把需要买的货物（提供卖得货币

的）和要卖的货物（提供要买进货币的）分别清楚（Clower，1967，p. 7）。

克洛沃的论点很清楚地使人想起马克思。这也是对新古典主义理论的形式主义内容的绝大部分以有力的打击。

用图表来说明这一点。我们将假设一个“三种商品”的经济，其中一种商品是货币。我们建议把预算限制扩大到这个“三种商品”世界。这就需要一个立体的模式。在图形13.1中，当然只是平面的。L点位于平面IJK中。L代表最初的商品基金，包含有一定数量的商品1、商品2和货币。L、M和N三点均位于同一平面IJK中。显然，这三点各代表一种不同的商品基金。LN线平行于IK，而MN线平行于JK。

价格的情况是这样，IJK一套商品基金，这些可以直接或者间接地换取L。这是通常的预算限制，是三方面的。基金M比这个平面上的任何其他基金都可取，所以想要交换，从L换到M。然而，直接换是不可能的。若干数量的商品1必须先换取货币，然后这货币必须用来购买若干数量的商品2，达到M点为止。商品1换取货币的交易，是一种垂直面上的运动，平行于IOK，因此，假定预算限制，交易使我们从L移到N。货币换取商品2的交易是一种垂直面上的运动，平行于OJK。所以这笔交易使我们从N移动到M。既然这是货币经济，一条从L到M的直接路线是不可能的，因此需要一种像L到N到M的锯齿形的运动，锯齿形中的每一条直线都是一种垂直的平面。

显然没有保证，N点所代表的一项基金比最初的基金L较为

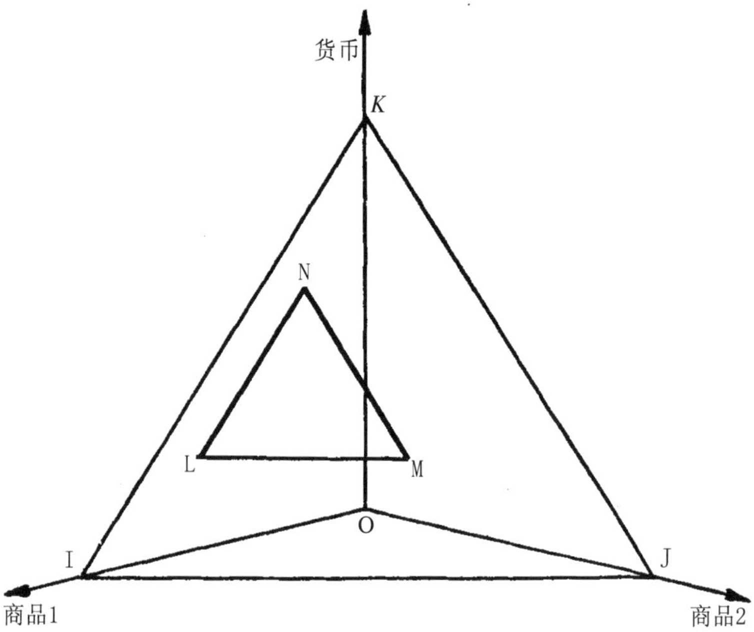

图 13.1　货币经济中的预算束缚

可取。因此这笔买卖 LN,只有在所有人充分有把握这笔未来的买卖 NM 能够完成时,才比较可取。在一个变化无常的世界中,可能 LN 这笔买卖不会进行,所有人将留在 L,尽管实际上人们知道能够进行到 M 比较可取。

我们可以看到,一个货币经济不能包括那种不断最大限度化的边际运动,这种运动随着新古典主义分析中所有的预算束缚进行。这样的边际运动,只有在每种商品(在原则上)都能直接交换任何其他商品的情况下才是可能的。这只能在物物交换经济中出现,那里货币不存在。因此,新古典主义的平衡分析,“在形式上等于古典主义的关于物物交换经济的概念”(Clower,1967,p. 9)。

货币本身，即不仅仅是交换的媒介和记账的单位，在新古典主义理论中并不存在。因此，这种理论的大部分与理解一个具有货币的资本主义经济无关。

当人们试图悄悄地私自把货币引进新古典主义的一般平衡的分析时（这种做法必然要失败），人们感到普遍的不安。有时候货币被摒弃于新古典主义圣堂——消费者的效用功能——之外，货币的占有只与其他商品基金有关系（例如参阅，Henderson 和 Quandt，1971，p. 174）。这就把货币的使用价值排除在这个问题之外；它仅仅是其他使用价值的一个函数。货币成为被动的（而不是主动的）因素。它不是真实的货币；而只是一种幽灵似的交换媒介。

“货币主义者”

因此，近几年来有一些正统的新古典主义经济学家已经成为一种新信条“货币主义”的信徒。米尔顿·弗里德曼是最有名的“货币主义者”，他以宣扬市场作用和一般地反对公共企业和管理而出名。所以，他的政治态度同以往大多数新古典主义经济学家是完全一致的。

部分地，货币主义者学派是对战后一种经济理论的反应（有时被人们错误地称为“凯恩斯学派”），它认为货币在决定绝对的价格水平方面并不重要。有关方面曾动用大量的证据来支持货币主义者；可是这里不是深入研究这种证据的地方。我们只想说明，货币主义不一定与一种适当的货币分析联系在一起。

看一下货币主义思想的历史根源，对人们是有启发的。最初的、比较粗野的从量的货币论，使绝对的价格水平严格地和直接地同流通中的货币数量发生关系。主张这种原始的从量论的经济学家中，有洛克、休谟和李嘉图。他们错误地认为货币是在经济的"真正"基础之外的。货币仅仅是一种交换的媒介：一种"掩饰物"。货币介入，只是为了确定绝对的价格水平；如果货币的数量增多，价格也会上涨。所以，在古典主义理论中，货币是"不重要的"，因为它是表面的，对生产没有关系，并且是"非真实"的。但是，在有关绝对价格水平方面，货币是"重要的"。

说货币是"重要的"，并不意味着对货币的性质已经理解。在货币主义者的著作中，有一些迹象说明这种理解是在有限的供给方面。在对弗里德曼著作的仔细研究中，戴维森（1974 年）表示支持这种结论。例如，在弗里德曼和其他新古典派货币主义者的理论结构中，略而不谈现实经济世界里变化无常的本质。"变化无常"反被弄成一种或然性的计算，在那里经济力量能起作用，"好像"它具有充分的关于未来的知识。这不是奈特或者凯恩斯所说的那种意义的变化无常；后者认为，这是关于我们无法形成"任何可以计算的或然性的事件"的那种无常性。

第二，那些货币主义者给人深刻印象地采用"萨伊法则"，并且坚持瓦尔拉斯的一般均衡分析。这种分析（我们在本书里已经说过，并已由一般均衡分析的主要宣传者例如哈恩这种人承认）**不包括货币在内**。正如戴维森曾经指出，如果迷恋瓦尔拉斯的一般均衡分析以及货币数量的增长率，那就似乎有点矛盾。如果瓦尔拉斯方程式对现实世界有关系，"货币的数量就真正不起作用了"

(1974 年,第 99 页)。

第三,货币主义者不充分重视现代经济组织的社会的和制度的结构。他们讨论货币的供给,而不讨论货币生产的特殊条件。他们讨论市场,而不承认社会关系,例如生产资料的私有制、契约法等等,这些构成现代经济中货币功能的基础。这种对社会关系和社会制度的疏忽,起源于人们对新古典主义分析的普遍错误地采用,以及未曾注意这些制度中有许多实际上存在或者有了自己的特殊形式,恰恰是因为有了非或然性的"变化无常"存在。

通货膨胀,货币主义者分析的真正目的,是一种社会现象。它是货币经济中社会力量的结果,在该经济不同的发展阶段呈现不同的形式。所以 20 世纪 20 年代德意志魏玛共和国的高度膨胀,不是由于一些同样势力的结果,也没有同样的传递机构,像在同时代的英国和美国那样。根据迹象也许可能说明,在任何情况下和无论什么时候,通货膨胀与货币的供给都有关系。然而,这仅仅是老生常谈,远不如一种对通货膨胀的理论解释。货币主义者的理由,没有一种根据特殊社会关系的对经济现象的分析。尤其是,货币主义已经不能说明那些支持并决定货币供给水平的社会力量。在这种说明之前的一项必要的前言,是对资本主义生产和交换的分析。由于这个原因,"货币主义"只要是同新古典主义范例束缚在一起,就会失败。

凯恩斯和"凯恩斯的信徒"

凯恩斯的关于经济理论的著述,尽管才华横溢,却有两个主要缺点。第一，这些理论不能完全放弃新古典派的思想习惯。凯恩斯的著述中含有一定程度地对新古典派个人主义的反感，反对不切实际的形式主义，放弃新古典派在经济政策方面消极的宿命论。然而，与马克思一样，凯恩斯由于有一种过时的和不适当的价值论而苦恼。就马克思来说，苦恼在于劳动价值论。就凯恩斯来说，苦恼是新古典派的边际主义。第二，凯恩斯在生前未能有时间广泛宣传自己的理论，或者驳斥当时已经出现的关于他的著述的拙劣版本（然而，他还是做到了驳斥一些对自己的著作的形式主义的阐述；参阅，例如，Moggridge，1976，pp. 165—167。）学者们近年来做了广泛的工作，才开始从掩没真相的“凯恩斯主义派”的一团迷雾中发掘到凯恩斯思想的主体（参阅，特别是 Leijonhufvud，1968）。

凯恩斯在其《就业、利息和货币通论》的概要中强调一些论点，同基本的所谓“凯恩斯的”工具箱形成对照（Keynes，1937）。凯恩斯在这篇文章里提出许多论点。第一，在资本主义经济里前途必然是变化无常的，“结果没有科学的基础可以形成任何可能预测的或然性”。第二，世界上实际牵涉到的事物使我们不能不形成对前途的希望，并据以行动。第三，由于一切事物难免发生差错，结果这些希望是不稳定的和反复无常的，带来重要的经济后果。第四，想要占有货币也是基于这种难免有错的变化无常的期望。第五，对货币的需求方面这种变动，可能会影响利息率，结果投资量也会“不时地大大地波动”。第六，经济中的自我调节作用，会补偿投资水平的降低，并且“在较晚的阶段以不肯定的程度重新上升”。第七，“生产和就业的水平，作为一个整体，决定于投资的数目”。第八，“比较可以理解的，总的产量决定于人们积聚资财的倾向，决定于货币当局的可能会影响货币数量的政策，决定于人们对资产的未来收益的信心，决定于人们用钱的倾向，以及决定于那些影响货币工资水平的社会因素”。因此，总而言之，凯恩斯的主要目标是提供一种“为什么产量和就业这样会波动的理论”。

凯恩斯和马克思

凯恩斯的说法同前引马克思的说法相似之处，是令人注目的。因此，很可惜，凯恩斯始终没有同马克思的经济思想较量过。但是，在某些方面，凯恩斯的货币理论比马克思的略微先进一些（虽然在大多数其他理论领域里处境相反）。第一，模糊不清的概念在凯恩斯的著作里占中心地位，但是马克思不能完全脱离牛顿和达尔文在经济思想中的影响。（例如，证明马克思试图说明资本主义的死亡是“不能避免的”。这样的谬误，表现在他未能构成一种关于利润率会降低的学说。）马克思主义经济学中这种宿命论的色彩，与他自己在大多数政治著作中那种大事声张的反宿命论形成鲜明的对照。

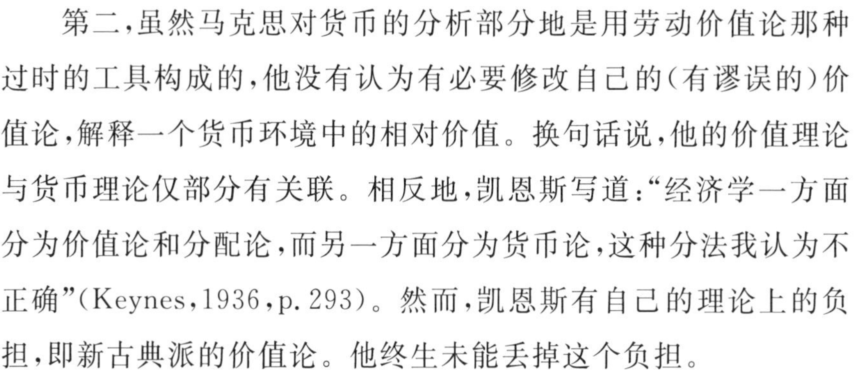

第二，虽然马克思对货币的分析部分地是用劳动价值论那种过时的工具构成的，他没有认为有必要修改自己的（有谬误的）价值论，解释一个货币环境中的相对价值。换句话说，他的价值理论与货币理论仅部分有关联。相反地，凯恩斯写道：“经济学一方面分为价值论和分配论，而另一方面分为货币论，这种分法我认为不正确”(Keynes，1936，p. 293)。然而，凯恩斯有自己的理论上的负担，即新古典派的价值论。他终生未能丢掉这个负担。

再则，凯恩斯提出货币理论的方法，常常同马克思的方法不同。例如，凯恩斯很重视利用“流动偏好”一词。这说明凯恩斯将持有货币看作一种个人的偏好，而不是由社会决定的行为。相反地，马克思会倾向于后一种看法。然而，在许多情况下，凯恩斯使用这种名词，仅仅是一种术语问题。因此，用一些同马克思完全协调的说法来解释很大一部分凯恩斯的货币理论，是可取的。

凯恩斯与马克思一样，也完全反对“萨伊法则”。他在马歇尔、皮古和其他一些人的著作中都看出这种法则的影响。特别是，在马歇尔的所谓个人自动的节约行为导致相应的投资行为的主张中，他看出有这种影响存在。

> 然而，有这种想法的那些人却被旋光性的幻觉所骗了，这种幻觉使两种本质上不同的活动显得似乎是一样。他们错误地认为有一种关系把推迟现时消费的决定同准备将来消费的决定联合；而决定后者的动机不是以任何简单的方式与决定前者的动机联系在一起的(Keynes，1936，p. 21)。

如克洛沃(1968 年，第 278 页)指出的那样，大多数后来的著作家曾辩解，不是凯恩斯的这一部分对正统观念的谴责错误，便是凯恩斯攻击的主题不是他认为自己所攻击的东西。克洛沃令人信服地说，这些后来的著作家误入歧途。对“萨伊法则”的驳斥，仍然是马克思和凯恩斯两人的著作中重要的和有力的特点。

第十四章　价值和货币均衡

> 可是市场是价值的最好的评判员，因为通过买户和卖户的汇合，货物的数量和对货物的需要尽被人们熟悉了；一切东西的价值恰好等于它们能卖得的数目，按照老惯例。
>
> 尼古拉斯·巴蓬:《论贸易》，1690 年

在这一章里我们将讨论经济平衡在一个货币经济中的存在，大量参考这一领域中最近的著作。最后我们将提出一项价值的定义，与大多数马克思主义者所用的定义不同。

新凯恩斯式均衡的分析

晚近的重要著作已经说明，“非瓦尔拉斯式”平衡在一个货币经济中能够存在。换句话说，人们已证明，在对货币有过度需求和对其他商品有过多供给时，经济可能处于平衡状态。在这种情况下，萨伊法则，像我们所解释的那样，就显然被削弱。我们指的是扬斯(1975 年)和贝纳西(1975 年)的著作。

贝纳西提供一个例证，说明货币在形成经济平衡中的影响。我们将在这里用一种改变了的和简化的形式进行讨论。像贝纳西

一样，我们将使用效用概念；可是我们将在以后一个阶段去掉它。请你们考虑一个经济，那里有一个资本家和一个工人。每天的生产程序恰好完成任务，资本家拥有两个面包。工人在这个阶段没有面包，可是他能够并且愿意明天让自己的劳动力由别人雇用 10 个小时。资本家和工人两者有现金 10 镑。他们没有其他资产。

资本家愿意卖一些面包给那工人，并雇定他的一部分劳动力供次日使用。工人愿意租出劳动力的一部分并买进一些面包。但是，交易环境不稳定，为了应付未来事故，工人和资本家都不愿意在任何阶段用尽自己所有的货币；他们两人都愿意继续留一些钱，以便兼顾，而防不测。

为了简单起见，假设资本家和工人两方面都从拥有一个面包、现金 10 镑和控制 5 小时劳动力中得到独立的和相等数量的效用。他们两人都从拥有附加一点面包、另外 10 镑现金或者控制另外 5 小时的劳动力中取得较少的增加效用。我们又将假设一个面包最初规定的市价是每只 12 镑，而工资率是每小时 2.50 镑。

工人愿意买面包，可是按这种价格，用他的 10 镑买进一个面包的 5/6，所得的效用会少于由于遗失那 10 镑现金而失去的效用。当然，确实是，资本家和工人各人都会拿回一些钱，如果在购买以后他们把可以动用的资金卖给那另一方。问题是最初的交易不能发生。商品的流通无法进行，并且，用凯恩斯的话说，情况是“一团糟”。

价格一定会下降使得市场可以运转吗？虽然可能做一些买卖，贝纳西却说明即使有物价波动，一般说来，经济不会达到使得过度需求或者过度供给都是零的情况。我们可以自然而然地体会这一点。过度需求或者过度供给，只有在“瓦尔拉斯”平衡点上才会是零，那里的资本家和工人各拥有面包一个、现金10镑以及各人可以自己处理的劳动时间。在这一点上物价一定是一个面包10镑和一小时劳动时间2镑。在这些价格以及上面所说的资源分配的情况下，各个方面自会不想再做买卖，于是这个经济中就没有过度需求或者过度供给。然而，为了要达到这种“瓦尔拉斯”平衡点，面包的价格必须是10镑并且工资率必须在整个买卖时期内都是2镑。除非最初的买卖是按这些价格进行的，否则买卖的一方就会亏本，不能用现金价格表示对某一种商品的充分需求，结果这一种商品就会出现供给过多。

用这个例子说明的要点是，在货币经济中，市场是压缩的和“不自然的”。货币是可以交换到其他商品的唯一商品，是需求和供给可以表现出来的唯一商品。然而，内在的对货币的需求，限制了用货币作为这种信息的传达者。资本家和工人都需要某些商品，并愿意卖出其他商品，可是无法传递必要的信息。假如不需要依靠货币交换，他们就可能彼此协商，或许能达到“瓦尔拉斯”那样或者相似的地位，通过在一种近于完善的信息的情况下进行物物交换。在信息不完善的货币经济中，结果是做到一种“非瓦尔拉斯”平衡。我们在这种平衡的列举中，有过度的面包供给和过度的劳动供给，即工人不得不受雇工作一部分时间。经济不自然地处于生产过剩和失业的状态。再则，相对的和绝对的价格与“瓦尔拉斯”状态中的这两种价格不同。

在新凯恩斯主义的基础上，我们曾说明物物交换平衡是一种有限制的货币均衡的情况。这个结果是重要的，因为它显示对一个非货币的商品经济的一般均衡分析与一个货币的和资本主义的经济的分析有一些关系。特别是，这使得采用斯拉法的分析合理了。但是，为了我们以上在第三章和第四章中提到的原因，采用那习惯的一般均衡分析是不能允许的。

尽管新凯恩斯主义的均衡分析是重要的，从而可以得出一些合理的结论，但是有某些概念上的缺点。第一，它以交换为中心，不管生产领域。第二，从这一点推而广之，交换被看作达到唯一的消费和尽可能扩大效用的目的。进行交换的其他动机，姑且不谈。

然而，为了辩论的目的，说明新古典主义分析的局限性，同时保留效用的概念，是有战略上的优点的。有时候攻击一、两个方面比较好，而不是同时全面进攻。

新马克思主义的修订

我们将加上一些评论，说明新凯恩斯主义的分析怎样可以用新马克思主义的模型加以改造。

按照我们的概念，生产和交换不是一条单向街道上的各个阶段(这条路从生产要素导致消费和效用的最大限度化)，而是更像一种环形的和重复的过程。经济内部的各个动因或力量都有一个目的或者若干目的，但不是效用的最大限度化。而这些目的可能是利润的最大限度化。在现实主义的情况下，人们的目标会是同时取得两种或者更多的这些目标。

交换的时刻会与生产的时刻结合在一起，并受生产时刻的支配，处于我们第四章所讨论的状态。这一因素将增加市场的变化无常。尽管资本家试图管理和调节生产，但由于它的性质如此，生产总是不完全确定的和可以预测的。情况特别是这样，因为在生产中要使用劳动力，从劳动力中抽取真正的活劳动总要引起工人一定程度的斗争和潜在的反抗。这一点将在以后一章中再提出。

作了这些修正以后，显然新凯恩斯主义者所得出的重要结论没有一项受到损害：实际上，这些结论得到了加强。甚至更没有那么多的理由可以假定，充分就业平衡会达到。变化无常和模糊不清所引起的作用甚至更大。

这种新马克思主义研究方法的正式化会是困难的，并在本书的范围之外。只好把它当作一项留待将来研究的计划。然而，即使现在也看得清楚，深入探讨这个问题显然是走向现实主义的一步，会使我们更接近于对真正资本主义世界的理解。

“变动的均衡”的概念

可能有人认为货币经济中的情况简直是混乱；但这也说得过分了。均衡存在于货币经济，可是这与物物交换经济中的均衡性质不同。凯恩斯把那种包含货币和变化无常性的均衡叫做“变动的均衡”，这意味着一种均衡“其中关于未来的一些变动的看法能够影响目前的局势”(Keynes，1936，p. 293)。凯恩斯对变动的均衡和不变的均衡的区别，在克里杰尔(Kregel，1976 年)的著作中有进一步的讨论。

假如对未来的期待就短期来说是经常的，会造成人们经常想要贮藏货币，变动的平衡就会保持不变。然而，它当然不会是“瓦尔拉斯式”的不变动的均衡。再则，那经济组织最后就会面临对一种不稳定的未来的不同的估计，因而该经济就会不断地“摸索着”走向新的变动的均衡。这些摸索既不是完全无政府状态的或者犹豫不定的，也不是完全确定的和可以计算的。变动的平衡不是长久的或者稳固的，可是它经历表面的混乱而不断地得到发展。

斯拉法的分析与货币

我们已经讨论了斯拉法（1960 年）发展形成的价值论。我们也注意到斯拉法体系中没有货币所应有的效力。如果它存在的话，那仅仅是一种任意决定的数字。总是可能把斯拉法模式中的一种货物称为货币，使这个被选中的货物成为有法定价值的价格。然而，除了具有被赋予的作为记账单位的地位，这样一种货币商品与该体系中的其他货物是难于分辨的。它作为货币商品的身份不是其经济任务或者地位中固有的。诚然，被指定的商品可以，例如，作为交易的媒介，但这种特征并不以任何方式在理论模式中突出。不存在这种特征，实际上意味着任何商品都可能用作交易的媒介。这否认所谓货币是可以换取其他商品的唯一商品这一事实。

这不以任何方式损害斯拉法学派在破坏新古典主义分配论方面的工作，也不减少斯拉法著作的一般重要性。也可以适当地再说一遍以前的意见，认为马克思的正式的关于相对价格的理论不考虑货币对这种相对价格的影响。因此马克思的部分理论被弄得对斯拉法的分析处于同样的左右为难的地位。

这种关于斯拉法体系的困难，我们认为是可以解决的。第一，必须认识，关于长期静止状态的分析，是一种限制性的和变动的平衡分析的特殊情况。所以，即使斯拉法的分析仅仅适用于长期的，静止状态，它还是有重要意义，并且在一定范围内有重要的合法性。第二，把货币引进斯拉法学说体系是可能的。在下一章中我们试图这样做。

马克思的"价值"的定义

在转入上文所说的重新解释价值的概念之前，我们先讨论马克思著作中对"价值"一词的使用。

"价值"一词在《资本论》中解释得不清楚。马克思常会说"价值"是什么；至于这样的说法是否是一种定义问题或者是用某种其他物质的名义作价值的分析，他就很少说清楚。假设我们从来没听到过"蒸汽"这个词。有一个人对我们讲蒸汽是水。这个说法是真实的和增进知识的。可是，假如我们用它作为蒸汽的定义，那就大错而特错了。没有一种清楚的和明确的定义，我们绝不能领会该词的基本意义。在马克思的著作中，"价值"一词带来同样的问题。

两位重要而著名的理论家多布(1940 年，1973 年)和斯威齐(1968 年)曾假定马克思著作中的"价值"这个词被解释为社会必要的具体化劳动时间。然而，他们没有根据这些名词从《资本论》或者任何其他马克思的经济著作中引证一个明确的定义。就本书作者所知道的来说，没有这样清楚的定义存在。

不久以前，斯蒂德曼坚持说："所谓商品的价值，马克思指的是生产这种商品的社会必要劳动量"(1977 年，第 39—40 页)。为了试图证实这种解释，斯蒂德曼从马克思著作中引用的话不下 18 节(第 208—210 页)。读者最好查看一下，会注意到下述各点的。第一，"解释"、"被解释为"或者"定义"一次没有出现。第二，其中没有一处清清楚楚地是价值的定义。像"劳动是价值的实质"或者"价值只不过是劳动时间"这种语句很多，但这些不是定义。这些只像是说"水是蒸汽的实质"以及"'蒸汽'只不过是水"。我们仍然不知道价值或者蒸汽是什么。我认为斯蒂德曼的问题没有得到证明。

实际上，马克思的著作中有一些斯蒂德曼没有引用的话，这些话使得根据劳动时间的价值定义给人一种相反的印象。在《资本论》的有名的第 1 章中，马克思简略地提到古典派经济学家的一项"发现"，那是一种谬误的"发现"，马克思本人却几乎认为是当然的：

> 所谓劳动的产物，就其作为价值来说，仅仅是用来生产这些产物的人类劳动的物质表现。这一延迟的科学发现，标志着人类发展史上的一个时代(Marx，1976，p. 167)。

如果"价值"被解释为社会必要的具体化劳动时间，那么，"发现价值仅仅是人类劳动的物质表现，就不会是一项科学的发现"标志着人类发展史上的一个时代！用具体化的劳动来解释价值，使上面这句话变得毫无意义。这明白地指示马克思可能另有一种想法。

显然，**或者**马克思在使用“价值”一词时自相矛盾，**或者**多布、斯蒂德曼和斯威齐在自己对马克思使用这个词时的理解有错误。没有其他的出路。或许，总的说来，马克思只是前后矛盾；可是这一点，假如是确实的，就应该使我们知道在这种定义问题上引用马克思的话时，必须谨慎。

我们仅要补充一句，在马克思著作的某些语句中，可能他思想上另有一种不同的对价值的定义。《资本论》中有几段话给人这种印象，似乎马克思有时候认为价值是用货币或者价格来‘解释的。例如：“货币不过是商品的价值在流通过程中出现的形式”(Marx，1972，pp. 161—162)。尽管在一处脚注中有一些意见反对我们的另一种解释(Marx，1976，p. 269)，至少《资本论》中有一段话与价值作为平衡价格的解释是相符的(这种价格用货币单位表示)：“商品按本身的价值交换或者出售是合理的事态，即它们的平衡的自然法则”(Marx，1962，p. 184)。或者后一项引语也可以与价值作为社会必要的具体化劳动时间的定义共存。既然是这样，那就会同马克思在《资本论》第3卷中的论证不一致，他说价格永远与资本主义生产下具体化在商品中的劳动量不成比例(同上书，第9章)。

在引用马克思的话时，我们当然不应该太武断。确实似乎是由于多种原因马克思可能是前后不一致的。我们不愿意完全相信一种或者另一种解释；我们把这个问题留给马克思学专家解决。我们只希望自己的那种对价值的理解不是像最初可能似乎是那样的异端邪说。

一种新马克思主义的价值的定义

在这部著作里"价值"被解释为均衡价格，用货币单位表示。显然，价值只能在一个有商品的经济中存在。强调说明这个定义，不是因为需要求助于马克思的权威，这一点是重要的。这样的权威可能或者不可能存在。与《资本论》不同，在本书中价值的"实、质"不被看作劳动时间，不管这种证明可能意味着什么。重要的是应当注意，价值一词，在大多数正统派文献中、在马克思主义文献的重要部分中、斯拉法的著作中，以及最近200年大部分经济著作品中，用作平衡价格的意义。因此，我们的定义不是没有前例的。

这个定义使我们能研究例如"劳动价值论"，加入一些意义，并减少混乱。再则，这种定义使我们可以使用像"剩余价值"这种强有力的范畴，虽然意义略有不同。马克思主义者关于剩余价值数量的大多数(如果不是全部)经验主义著作，曾含蓄地或者明白地假设"价值"在数量上等于均衡价格。此外，一位像曼德尔那样著名的理论家，在他的一部重要著作中的词汇索引里这样解释"剩余价值"："一个生产商品的社会中社会产品所采取的货币形式"(Mandel，1976，pp. 587—588)。我们的定义完全一样。

最后，把价值作为均衡价格的解释，用货币表示，符合马克思所坚持的"价值"是仅仅属于商品生产社会的一种范畴。把价值作为具体化劳动时间的解释，不使价值同任何特殊的社会形式发生关系，并且是可以用来反对那种解释的又一点好理由。

我们现在将要讨论这种价值的定义在本书的说明性结构中的

地位。然后就应该弄清楚为什么这种定义迟到这个阶段才引进。

价值与均衡

证明货币经济中存在着均衡，是资本主义分析中的一个重要步骤。没有这样的证明，价值论就退化成空洞的和模糊不清的。我们还没有很详细地讨论这种均衡或者说明其稳定性；可是由于这个问题很复杂，想要做这些工作，就远远超出本书的范围了。

在这本书里，对一些关键的概念，在分析达到适当的阶段时已经做了解释。交换价值，就是商品按该价值交换的比率，特别是有关物物交换经济，不管是否处于均衡状态。价格存在于货币经济中，是交换价值的表现，不管是否处于均衡状态。因此，价格的概念反映货币作为记账单位和交换媒介的作用。在一个货币经济中，价值被解释为均衡价格。由于这种均衡是“流动的”，价值又反映货币作为防备那种影响流动均衡的变化无常的情况。大多数非马克思主义经济学家未曾辨清价值和价格。马克思这样做了，可是他的价值概念与我们的不同。

已经在货币论与价值论之间建立了一种联系，使货币进入我们的一般价值论以后，我们现在就能讨论这个问题：什么东西确定价值？在从量的意义上，价值的确定只能用一种“非瓦尔拉斯的”一般均衡分析来研究，像贝纳西和扬斯所进行的那样，或者像下一章里见到的那样。根据这些分析来看，显然没有简单的一套因素或者成分参加价值的从量的决定。这将决定于消费者的爱好、使用价值、对未来的期望以及社会的和技术的关系。这种答复可能显得是折中主义的，但这些因素能够用严格的数学方法使它们联系起来并具有一定的形式。

在货币经济中，形式上的一般均衡分析，在从量的价值决定中以上列举的因素的相对重要性。然而，人们仍然要问，什么东西潜伏在这些可变因素背后，并决定它们。显然，可能有若干种矛盾的解释，包括一项特殊的意识形态的解释，它会用个人主义的、而不是社会的方法来解释消费者的爱好和“期望”。我们已经说明了交换、商品和货币建立在特殊的社会关系上面，这种关系不是从大自然遗传下来而是由人类建立的。因此，我们的分析要否定对那些起决定作用的可变因素的个人主义的解释。

如果我们考虑从量的对价值的决定，以上这个问题就能弄清并扩大了。价值，作为一种社会关系，它的基础是具有许多特殊成分的社会制度。第一，必须有适当的法律制度和财产关系，供商品买卖的需要。第二，货币必须存在，并得到社会的承认。因此，价值显然是以一套特殊的社会关系为基础的，没有这种基础，价值不会存在。已经说明了量的方面价值决定的可能性，我们将较多地注意质的方面的问题。

价值的主要意义，与价格比较起来，是反映一般的社会情况和关系，在生产和交换方面都是如此。另一方面，价格似乎只是市场情况偶然的反映，是供给与需求方面波动的反映。价值不是那种性质。价值具有一种团结力，它不仅反映社会情况，而且本身也提供一种经济力量。经济动因作用于关于某些平衡情况的假定；假定其他情况，即假定混乱，会使经济决策成为可笑的不可能的事。价值不仅在现实世界中存在，它也是经济代理人必须采取的（虽然常常是含蓄地)一种概念,以便做出关于现实的资本主义世界的富有意义的观察和决定。

第十五章　货币和斯拉法体系

货币经济……实质上是一种有关未来的变化无常的观点能够影响就业数量而不是仅仅影响就业方向的经济。

J. M. 凯恩斯:《就业、利息和货币通论》

我们已经表明,斯拉法体系,如人们传统想象的那样,不包括货币在内。本章的目的就是要简略地说明怎样把某些类型的货币包括进去。这将使我们可以进一步评价以上讨论的那种变动的平衡状态。

在本章中,我们将利用"流动偏好"。这部分地是为了容易解说,部分地因为这是读者会熟悉的一个词。然而,这不是为了要把它理解为一种自私的、个人主义的或者心理学的概念,像在某些著作中那样。"偏好"这个词恰好可以用来表示这样一种解释。可惜,文献中没有一个适当的可以替代的词。

为了适合这一章的用途,我们将假设恰好有两种货币——记账货币和现金货币(黄金硬币的形式)。这两种货币执行略微不同的任务,并产生不同的效果。如果货币以现金的形式持有,就是持有黄金,显然持有者不取得任何利息。另一方面,如果现金货币存在银行里,持有者就放弃了占有现金所享有的某种流动性,而这种程度的流动性被转移给银行家。为了这项利益，银行往往付出利息。产生利息的记账货币与“不生产利息的”现金货币两者之间的这种区别的重要性，下文将详细陈述。

现金和记账货币的另一项重要区别是：前者是实在地和具体地被生产出来，具有一定的形式，而后者没有。记账货币仅仅是账册上的数字，或者，在现代是计算机的信息存储器。实物形式的现金货币是必要的，否则就不能完全流动，也不能完成其作为现金的全部职能。现金货币的这种有形的特征，使我们可能把斯拉法式的分析应用于这种现象。

一种简单的经济

为了说明这种方法，我们要用一种简单的经济作为例证。这种分析的比较一般的说法，可以在别处见到（Hodgson，1981 b），可是那种概括的性质，对那些熟悉矩阵的人来说应该是相当明显的，不需要我们在这里讨论。

在这个经济里有以下这些商品：“机器”、“谷物”和劳动。货币以后再加上去。可以用一台机器，连同一个单位的劳动，在特定的期间生产两台机器。或者，在同样时间内那一台机器和一单位劳动可以与一单位谷物结合起来，在期终时生产两单位已经收获的谷物。这就构成下列图解：

	投入				产出	
	机器	谷物	劳动		机器	谷物
机器产业：	1	0	1	→	2	0
谷物产业：	1	1	1	→	1	2

假设不断地产生成果，以致上面行列中的任何元素可以乘以一个正面的等级数，得出任何适当的产出量。也要注意，在这简单的例子中，那些机器在期终时“仍然与新”的一样。

我们将以 w 作为每单位劳动时间的工资，p_1 作为一台机器的价格，p_2 作为谷物的价格。这三项可变数的单位还没说明。我们可以像平常那样，从恒等式出发。

成本＋利润＝收入

这产生下列方程式：

机器产业：$(p_1+w)(1+r)=2p_1$

谷物产业：$(p_1+p_2+w)(1+r)=p_1+2p_2$　　(15.1)

其中 r 是利润率，假设在两种产业中相等。

消去以上两个方程式中的 w，可以得出：

$$p_1/p_2=1-r.$$

所以机器和谷物这两种商品的相对价格是利润率的简单的函数。实际上，就这一情况来说，这个函数是线性的，但比较通常地它会是曲线。

货币的引进

我们可以开始引进该体系中的货币。我们假设在每种产业中对现金货币总有一种流动偏好。这种货币被保留着是为了应付难以预料的意外事故等，并且决定于变化无常的程度。我们将假设每种情况中的流动偏好是一种可变因素。有 m_1 现金货币（黄金）单位被保留在机器产业里，m_2 单位保留在谷物产业里。为了简单起见，在黄金产业里没有黄金储存。

这种现金货币或者黄金，在这个体系内部的一种第三产业中在资本主义条件下进行生产，像头两种产业一样。在黄金产业中，人们用一台机器以一个单位的劳动在特定的时期内开采一个单位的黄金。上面的图解被修改如下：

	投入					产出		
	机器	谷物	黄金	劳动		机器	谷物	黄金
机器产业	1	0	m_1	1	→	2	0	m_1
谷物产业	1	1	m_2	1	→	1	2	m_2
黄金产业	1	0	0	1	→	1	0	1

我们现在说到这个模式的另一重要特点，使它与惯常的斯拉法体系不同。现金货币在该模式中被提出来，以便问清它用在何处？其他的一些产业不消费黄金，它们仅仅抓住一个数量，按每单位完成的劳动计算。所以，如果经济处于停滞状态，就不需要生产更多的现金货币，黄金产业就会停业。相反地，在通常的斯拉法体系中，经济是否在扩张，都没有问题。这种流动平衡的一项重要特征是，总就业和产量必须假设在一段时期内是增长的。结果，在本体系内需要越来越多的现金货币，至少只要 m_1 和 m_2 不减少。这就保证黄金产业会继续经营。因此，与斯拉法的模式形成对照，产量和就业的实际水平，在某种程度上，牵涉到流动平衡模式的详细内容，包括货币在内。然而，经济在增长这一事实本身，并不意味着价格、工资和利润关系必然会从惯例的斯拉法体系中受到不同的影响。

可以辩解，把货币包括在这样的体系里是不合理的，特别是用生产过程中投入和产出的形式。为了反驳这一点，必须再申述货

币是资本主义制度的一个必要部分。但是这样的解说显然不够。可以说，货币虽然对该体系是必要的，但不像技术，后者可以不管经济体系怎样就加以考虑。作为反应，可以说，尽管技术享有一定程度的自主权，但是否可以把它与社会的生产关系分开，尚有疑问。生产过程总是带有渗透整个经济的社会关系的烙印，特别是就劳动本身的应用来说。所以，第一条反辩就是，货币像技术一样，不是与它所涉及的经济和社会制度无关的（参阅 Rowthorn，1974，pp. 76—77；Lukacs，1972，pp. 136—139）。

读者可能仍然不相信，把货币包括在投入与产出表内是合理的。我们已经说了，模式中的现金货币是一种确确实实生产出来的商品。根据这一点，可以举出更多的理由。冯·纽曼（1945 年）和斯拉法（1960 年）的著作，包括一种方法可以处理生产过程中的固定资本。有了这种方法，固定资本不仅作为各种过程中需要的投入出现，而且也作为产出表上的一种"生产出来的"产物。常常这样，在这些模式中，固定资本在生产过程中经受有形的变化，磨损或者失修，但也不一定是这样。因此，像货币在我们的模式中那样，固定资本的物质变形可以不包括在内。在这些模式中，固定资本（不管有没有改变）也不是预期的生产目标。然而，它仍然被看作产出和投入。再则，似乎有必要这样地看待固定资本，以便引申出一种适当的关于固定资本折旧的理论（参阅 Steedman，1977，ch. 10）。所以，纽曼和斯拉法的关于固定资本的理论的著作可以引为前例，以便把货币包括在内。

附带应该提到，引进货币并不影响一台机器或者一单位谷物所含有的劳动量。这应该相当明确，因为货币不是实实在在地用

在那些商品的生产之中。这个问题的一点小后果，将在下文中提到。

记账货币与利率

以上只是详细地谈了经济组织的物质方面。恰好可以把关于非物质的记账货币的讨论推迟到现在。货币和金融的制度必须更详细地讨论。我们曾假设按照资本主义方针经营的黄金产业生产现金货币。一般地这种黄金然后就用来交换劳动力，并与其他资本家换取投入物以便生产更多的黄金，取得更多的利润。在我们的简单的举例中，那些其他的投入物会是机器。结果，现金货币流入该经济的其他部门。由于经济膨胀，需要较大量的现金货币来配合较大的对流动性的需求。

为了简单起见，人们假设银行业的职能是由工业资本家们自己进行的。现金货币在资本家之间贷出和借入，债务和债权都要记账。对这种货币要付利息，这不是现金货币，我们称为记账货币。现金货币与记账货币不同，是不产生利息的。

我们将假设对一切记账货币、借款或者贷款的利率都是一律的，并且用 i 表示。如果该制度在过去某个日期开始，没有借和贷，也没有记账货币，那么，一笔借入出现时，就会被一笔相等的贷出所平衡，并且，由于利率是一律的，全部借入的总和就等于全部贷出的总和。这应该是显而易见的，因为一个人的借入总是另一个人(某人)的贷出。

我们将假设不需要物质投入或者劳动投入来执行银行制度。

记账货币，不是像现金货币那样，在生产系统中被产生出来的。还有，我们再说一遍，记账货币不能认为是生产系统中的一种投入或者产出。

各个产业中持有的记账货币被解释为 m_{a1}、m_{a2} 和 m_{a3} 分别在机器、谷物和黄金产业里。透支额由负数量代表。不像物质的投入和产出表上的系数，代表记账货币数量的系数可以是负的。

我们现在可以进一步计算价格和利润。工资和价格现在都可以给予适当的法定价值：这些用货币计算。记账货币的数目按利率 i 得到利息。结果记账货币数被乘以 $(1+i)$ 就是每单位时期所得的利息。〔这与那增加由利润投资的资本价格的标准办法相似，即通过乘以因素 $(1+r)$。〕

价格和利润方程式

各种产业的账目现在可以完全呈现出来，包括利息、记账货币和现金。

机器产业

$$(p_1+w+m_1+m_{a1})(1+r)=2p_1+m_1+m_{a1}(1+i)$$

谷物产业

$$(p_1+p_2+w+m_2+m_{a2})(1+r)=p_1+2p_2+m_2+m_{a2}(1+i)$$

黄金产业

$$(p_1+w+m_{a3})(1+r)=p_1+1+m_{a3}(1+i) \quad (15.2)$$

用上面的方程式同(15.1)方程式比较，是有益的。首先，一些数目的现金货币或者记账货币已经加到各个方程式的左方，好像它们是“成本”。这些数目的货币被包括在资本总支出内，并且，在计算利润率时，形成总支出的一部分。此外，现金货币数 m_1 和 m_2，出现在方程式的右方，表示它们的价值已经被保留，仍然归有关的资本家自由处理。几笔记账货币，m_{a1}、m_{a2} 和 m_{a3}，也出现在右方，可是被利率增大了，这说明，例如，产业中的财富已经增多了，如果记账货币和利息率是正数的话。第三个方程式没有一个预定数，可是它仅仅代表在同样基础上提出的黄金产业的账目。

我们有一个第四方程式，这起源于全部记账货币贷方(或者借方)的总数是零：

$$m_{a1}+m_{a2}+m_{a3}=0$$

我们同以前一样继续前进，首先从头两个方程式中消去 w。得出下列方程式：

$$p_1-p_2(1-r)=(m_1-m_2)r+(m_{a1}-m_{a2})(r-i)$$

很清楚，在上面讨论的那个非货币的斯拉法体系中，以前那个机器与谷物的价格之间的比率已经不适合。这个以前的比率(即 $p_1/p_2=1-r$)可以适用，如果(并且只有如果)上面这个方程式的右方是零的话。因此，一般说来，对货币的流动性(在现金和记账形式中都一样)，会影响相对价格。虽然这个模式是以有限的和特别的假设为根据，我们有很好的理由可以假设，相对价格在现实的资本主义世界中同样受到影响。

注意到这个模式的许多特点，很有趣味。第一，如果利息率和利润率相等($i=r$)，记账货币就不影响相对价格。实际上与它完全不相干了，即使在一般化的矩阵模式中也是这样。第二，如果机器产业和谷物产业中负债(债权)的数目相等,利息率就不影响价格。第三,如果那两种产业中的全部货币资产相等(包括现金货币在内),相对价格就会像在非货币体系中那样,如果利息率是零的话。

工资-利润领域

把代数演算继续做下去,可能从第一和第三方程式(15.2)中消去 p_1

$$w=\frac{1-r-m_1r^2-(m_{a1}r+m_{a3}(1-r))(r-i)}{1+r}$$

这是那货币化的体系中斯拉法的工资-利润领域。如果,例如,m_1 是零而利润率和利息率相等,那么,货币化的工资-利润领域就缩减为

$$w=\frac{1-r}{1+r}$$

这是正常的非货币的斯拉法系统中的“工资-利润”领域。这不难得出:消去 p_1 并以谷物计算来衡量工资(即规定 $p_2=1$),在我们的模式(15.1)中还没有引进货币以前就建立的方程式。

引进货币的影响打乱了工资-利润领域。有一些情况把这种打乱减少到零。特别是,在我们的模式中,如果 m_1、m_{a1} 和 m_{a3} 全是零,那工资-利润领域就与非货币体系中的工资-利润领域等同。因此,一般说来,流动偏好能破坏工资-利润领域,但是,如果所有的货币持有——现金和记账货币两者——都是零,那就显然没有受到破坏。

根据对货币化体系中工资-利润领域的考察，可以看出，这种破坏不一定是对着一个方向的。但是，如果利润率和利息率相等，或者如果 m_{a1} 和 m_{a3} 都是非负数，那工资-利润领域会被破坏到根源，即，或者工资或者利润率将被减少，或者两者都减少，作为引进货币的结果。然而，很容易构成一些例子，其中的“工资-利润”领域，或者至少这个领域的一部分，离开根源，工资和利润率两者都可以增加。我们在下面构成一个工资-利润被破坏的例子，其中发生后一种现象。

假设 $m_1=-m_{a1}=-m_{a3}=m$，以及 $r=2i$。

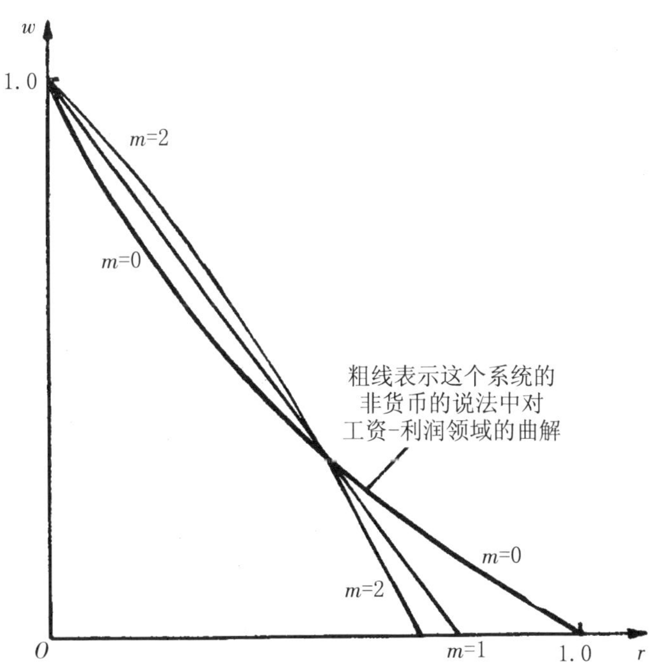

图 15.1　对工资-利润领域的曲解

我们得出

$$w=\frac{1-r+\frac{1}{2}mr(1-2r)}{1+r}$$

这个领域是为图 15.1 中 m 的各种不同值设计的。

因此，显然在货币化的斯拉法体系中，相对价格、利润和工资都能受重要的货币可变因素的影响。这些可变因素反过来又决定于流动偏好和资本主义期望的一般状态。所以工资、价格和利润受到对未来的期望的影响。

这一点有许多重要的后果。第一，这是可以反对从纯粹技术方面解释相对价格的又一理由。虽然在斯拉法的著作中找不到像这样的解释，他的信徒中有些人却已经采取了这样的说法。货币的引进显示了这样的纯技术的解释是不可能的。相对价格受人们的期望的影响，而期望不是从技术中得到的，期望是对一个高度不能确定的未来的预测。第二，货币的引进，使人们又多一项理由可以反对劳动价值论，即使是用最微妙的说法。在一个货币化的体系中，相对价格不能根据具体化劳动一项计算：把价值转变为价格是不行的。需要额外的、货币的信息。

模式与实际的资本主义世界

然而，我们的模式显然是高度简单化的。它更多地是一种“思想实验”，而不是精确的对真实情况的陈述。怎样才能把它应用到实际的资本主义世界呢？

上述模式的一项重要特征是现金货币（我们已经称为黄金）是

在体系内部产生。这个模式可以适用，即使大多数货币交易是用记账货币进行的：只需这种记账货币是以黄金为基础，这个模式就是恰当的。因此，我们可以说，经过适当的改正，就能使这个模式适用于资本主义历史的很大一部分。甚至直到1971年，美元仍然以一定数量的黄金的价值为依据；但是，在20世纪中黄金已经很少被用作交易的媒介。用黄金直接交易的做法，在大多数国家中和在日常基础上，已经是不合法或者不可能了。

当通货不再以任何贵金属为基础，并采取纸币或者硬币的形式时，会是什么情况呢？这些货币将不是由一些在资本主义条件下经营的公司商行提供，而是由国家进行生产。这种通货的“生产”方面的“利润率”同整个经济中的一般利润率没有关系。上述这种模式不经过修改不能适用。

然而，修改这个模式是可能的。从上面黄金产业账目中得出的方程式被另一个方程式所替代，这后者完全与货币的生产无关。但是，我们必须仍然假设现金货币正在由国家生产出来，设法进入私营部门。这可能通过国家向私营部门购买商品而做到，而这些不需要细说。

例如，我们可以假设，在这个经济里实际工资是恒定的，即不管货币工资的价值怎样，同样的商品被每个工人购买。这种恒定的实际工资可能或者是政府运用的收入政策的结果，这种政策使货币工资随着工人所买的货物的价格而升降，或者是由于工人通过工会的作用，已能把货币工资提高到与物价相一致。这给人一个方程式可以代替由于去掉黄金产业的账目而失去的那个方程式。在那个方程式中，w 是其他各种物价的一个加权的总数。

让我们回到自己的简单的例子，证明这一点。假设实际工资是半个单位的谷物。这样：

$$p_2=2w$$

这替代那第三个方程式(15.2)。解答 p_1 和 w，我们得出：

$$w=\frac{m_1r^2+m_2r(1-r)+m_{a1}r(r-i)+m_{a2}(1-r)(r-i)}{1-5r+2r^2}$$

这说明实际工资的多少(以货币计算)。显然，它是决定于货币的变数。又：

$$p_1=\frac{m_1r(1-3r)+m_{a1}(1-3r)(r-i)+m_2r(1+r)+m_{a2}(1+r)(r-i)}{1-5r+2r^2}$$

应该注意到，在一个斯拉法模式中固定实际工资虽然十分普通，但上面这种方法是独特的，因为它包括货币的变数。

可以做出关于工资的另一个假设(从而也“封闭”这个模式)，是一种工资冻结，就是货币工资(而不是实际工资)是由政府指定实行的。假设 w 作为一个特定的货币值。我们得出：

$$p_1=\frac{w(1+r)+m_1r+m_{a1}(r-i)}{1-r}$$

$$p_2=\frac{w(1+r)+m_1r^2+m_{a1}r(r-i)+m_2r(1-r)+m_{a2}(1-r)(r-i)}{(1-r)^2}$$

又一次，价格决定于货币的变数。然而，在最后两个例证中，以国家代替黄金产业，m_{a1} 与 m_{a3} 之和不一定是零。例如，假如它是正数，国家就会对私有部门负债。

结　　论

在本章中我们发展形成了一种方法，把斯拉法著作中的价值论和分配论与货币论结合起来。然而，应该强调，那修改过的模式，不像正统的斯拉法体系，不再代表长期的静止状态。它比较接近于凯恩斯所解释和讨论的那种“移动的平衡”的观念。在这种移动的平衡中，相对价格、绝对价格、工资和利润都决定于货币的变数。反过来，后者又决定于对未来的期望。既然未来是天生不肯定的，价格、工资和利润在资本家方面就决定于一些没有完全合理基础的假设。但是，同时价格、工资和利润是互有关系的，一些确定性的成分要通过表面的混乱发挥作用。

后一种模式，其中实际工资通过某种方法得到固定的，可以加以扩充，应用于研究资本主义经济中各种不同类型的收入政策，以及它们对价格和利润的影响。

第 四 编

资本主义生产

第十六章　抽象的和由不同成分组成的劳动

我们已经看到，政治经济学家怎样用各种不同方法建立劳动和资本的统一；资本是积累的劳动。……机器是资本被直接认为与劳动等同。……工资是资本。……工资属于资本的成本之列。……关于工人，劳动是他的资本的活动的一个方面。最后，政治经济学家假定，资本和劳动的原先的统一性作为资本家和工人的统一性；这是原先的天堂状态。这两个方面，作为两个人拼命搏斗的情况，在政治经济学家看来，是一种偶然的事件，因此只能参考外在因素来解释。

卡尔·马克思：《1844年的经济与哲学手稿》

综合新古典派的分配论和劳动价值论两者差不多同时的毁灭（两者部分地都是斯拉法的著作的结果），曾使许多经济的甚至哲学的问题处于显著地位。有必要首先简略地说明我们怎样发展到这种特殊的理论局面。

在劳动价值论和以新古典主义的综合生产功能为根据的这两种孪生的原则被破坏以前，新古典派经济学家和主流派马克思主义者认为“劳动”是一种表面上杂乱而本质上纯一的物质。在新古典主义理论中,“资本”和“土地”两者具有同样的这种似非而可能是的品质。合在一起,这三者构成著名的生产要素“资本”、“劳动”和“土地”的三位一体。每一项反过来又具有各自的报酬:利润、工资,地租。在马克思的著作中,说法当然不同。资本和劳动两者分别被看作“死的”和“活的”劳动,前者是过去的劳动,储存或者具体化在资本货物中。可是,在马克思的著作中,所有的这种劳动,虽然表面上是多种多样的,却是某种“共同物质”的表现,这种物质被称为“抽象劳动”。

然而,在斯拉法以后,这一切都成残迹。综合新古典主义的生产职能以及它所根据的分配论,已经显得站不住脚,甚至在逻辑上前后矛盾(Harcourt,1972)。正统的马克思主义劳动价值论也曾遭受过同样的命运(Steedman,1977)。

结果,新古典主义经济学对这种针对它的一项原则的攻击的反应,是人们熟知的。它曾隐藏在一种非综合的生产功能里和一般平衡的分析中。以前,产量(O)被人认为是生产要素投入的结果,资本(K)和劳动(L)两者在一个简单的模式:

$$O=f(K,L)$$

现在,在非综合的分析中,有若干类型的资本($K_1,K_2,\cdots\cdots K_m$)和若干类型的劳动($L_1,L_2,\cdots\cdots L_n$)以及下列生产功能:

$$O=f(K_1,K_2,\cdots\cdots K_m,L_1,L_2\cdots\cdots L_n)$$

劳动和资本两者都是不纯一的、由多种成分组成的。不是有两项、而是有 $m+n$ 项生产要素。其中的每一项,不管是叫做“资本”或是“劳动”,都是一样好。劳动与资本之间任何明显的区别都溶解了。

只有一项轻微的区别在这项分析中出现。各个公司商行的资本，以价格计算而汇集起来，在整个经济中控制着一种高低一律的工资标准(r)。与此对照的，没有一律的工资标准。甚至这种差别也是虚幻的。主要的区别不在模式中的劳动或者资本之间，而是在一种需要预支的货币资本的货物或者劳务和一种不需要预支者之间。需要预支货币资本的一些项目会由于利润率而增加，其他的不会。甚至劳动力，如果必须在尚未卖出产品和取得收入之前就付给工资，也会"控制"一种利润率。基本上，在模式中，工资同价格没有区别。一切东西，包括各种类型的劳动在内，都被折合为"资本"。

以斯拉法为依据的对新古典主义的综合生产功能的批判的一项胜利，是宣告资本不是纯一的。新古典派的反应曾经是指出劳动也不是纯一的。当然，每个人都知道这一事实，可是不知道它的后果。资本和劳动两者的不纯一，可能会溶解这两种"实质"之间的任何区别。

这个问题，在某种程度上被斯拉法著作中一些众所周知的结果所隐蔽。工资率总是利润率的反函数，与其他的价格相反，那些价格在某些情况下能够增长，如果利润率增长的话。工资的特征是由于斯拉法或者新古典主义的模式中没有说清楚的一种事实的结果：劳动力不是在资本主义条件下生产的；它本身不是为了利润而生产的。在斯拉法模式中工资总是从利润中"扣除"出来的，因为利润总不是在家庭部门中获得的。这一点曾在第 6 章中提到，在下面还要讨论。

再说一遍，问题是"劳动"与"资本"之间没有足够的区别。随着综合模式的分解，这个问题变得更加尖锐。但是，对新古典主义经济学来说，问题似乎并不存在。远在 20 世纪的头十年后，新古典主义经济学家就开始把一切劳动折合为一种形式的资本："人类资本"。这种说法的逻辑基础是由费希尔(1906 年)说清楚的。这项研究受到马歇尔的注意，他具有独特的直觉，仍然坚持劳动与资本的差别。然而，从那时候起，"人类资本"这种说法已经取得相当大的进展。

消除"劳动"与"资本"之间一项重要的差别，不一定对新古典派经济学家有关系，因为，在他们看来，"劳动"和"资本"的成分是在同样基础上——按边际生产力——计酬的。他们无意于批判这种可以理解的事态。这种差别的消除，显然应该是激进分子和马克思主义者关心的事。

对信奉劳动价值论的人士来说，没有问题，因为，在他们看来，只有劳动是一切价值的来源。既然这样，劳动和机器显然是可以区别的。不纯一的具体劳动的问题，用马克思的"抽象劳动"的概念来克服。根据这个概念，就是说，各种不同的商品在市场上与货币这一共同的物质交换，从而使商品内部各种类型的劳动"等同起来"(参阅 Marx，1976，pp. 166—167；Colletti，1972，pp. 78—88)。显然，这一观点没有劳动价值论是站不住脚的。劳动确实是一种特殊的物质，可是我们没有理由假定只有它可以表现在货币价值里。没有劳动价值论，问题仍然不能解决。

然而，正如我们将在下文看到的那样，马克思帮助我们解答了这个问题的很大一部分。特别是，包含在他的"抽象劳动"概念里有一种对人类劳动的共同特质的论述，这种特质由于资本主义劳动市场而加强。以后我们将讨论这一点。

应该说清楚，我们的目的，严格地说，至少一开始，是讨论了一方面人类劳动和劳动力与另一方面资本货物之间的区别。资本本身(作为一种社会关系)，在下章中讨论。

人类的意识

人们很想首先从心理学或者生理学的观点来研究这个问题。人类的一些什么独特的品质在劳动的活动中表现出来？马克思在区别人类建筑师和非人类的蜜蜂时强调人被赋予意识和目的：

> 最差的建筑师和最好的蜜蜂的区别，是建筑师先在自己的头脑里建起蜂房然后才用蜡构造。在每一劳动过程终了时有一个结果出现，并早已在一开始就被工人想象到，因此在理想上已经存在。人类不仅在大自然的物质上做到形式的改变，而且也实现他自己在那些物质方面的目的。这是他自己知道的一种目的，它以法律的严峻决定他的活动方式，并且他必须为此而牺牲自己的意志，这种牺牲不是仅仅瞬息的行为。除了尽力运用工作的器官而外，在全部工作时期内还需要一种有目的意志。(Marx，1976，p. 284)。

在上面表示的马克思的观点中，所有对蜜蜂是真实的情况，对机器一定也是真实的，或者更加真实。人类的劳动，由于具有意识而与资本货物分别开。然而，在马克思的著作中，这一点在别处并不显著。再则,从比较近代的观点来说,有许许多多的争论和问题围绕着人类意识这个问题。

心理学已经设法逃避了这个问题。那是行为主义。心理学理论中这一突出的倾向,以 B. F. 斯金纳和一些其他人的著作为例,否认像意识和目的这种人类的特征。科学中寻求可以用数量表示并可以观察的东西,已经导致科学家的字典中清除了这些词。“在科学著述中只要提到这些为社会所不齿的字眼,就有立刻被人唾弃的危险”(Matson,1964,p. 174)。

可是,近年来,行为主义的观点已经受到马特森、凯斯特勒(1967 年)和其他一些人的伤害。特别是,凯斯特勒不革新意识的概念,以致后来堕入笛卡儿的二元论的陷阱,即一种简单的精神与物质的二元论。他提出有一种意识的等级制度。这种等级制度在人类中是广泛的和复杂的,在其他动物中程度较轻。

不可能详细叙述心理学家之间这种辩论的内容。最终,可能是意识的概念不能给它充分的科学证明。即使是这样,科学上有许多观念,例如原因和效果,也不能由科学的证据予以认可,至少用经验主义的说法。当然,是康德提出了这种概念,尽管是从原因推出结果的,而不是由结果追溯到原因,它对人类的理解仍然是重要的。或许,意识和目的的观念具有类似的地位。或许,对社会科学来说,这些概念是重要的。

然而,丢开一般的方法论的问题不谈,显然对资本主义来说,这种观念是必要的。资本主义社会中法律制度的核心是契约法。对这种法律来说,有必要分清具有有关方面的有意识同意的契约和那些没有这种同意的契约。再说,在法律制度作为整体的地方,

意图和责任是关键的。例如，一项罪行的法律上的责任，按照现代法律被指定归于那有意做出这种行为的人或者人们。法庭上陪审员的任务是找出那法律上应该负责的人，其有心的行动引起了罪行。法律上归罪于那个有心扳动枪机，因而导致另一个人的死亡的人。罪责不在枪本身的机械装置方面，也不在那个制造这种枪的人的身上。并且，如果能证明被告人是“无意地”触动扳机，法律上就不能判他犯“杀人罪”。

意识、意图以及对行动的责任三者是现代法律的基础。因此，法律制度区别有意图的人类行动和机器的作用。

应用到劳动和劳动力，我们得出以下一些命题。在资本主义制度下，劳动力在契约制度下被雇用。因此，资本主义把意识归因于劳动力。此外，工作的活动需要一定程度的代表工人的有意图的活动，像马克思在上面指出的那样。

多　面　性

人类劳动与资本货物之间的第二项重要区别是，后者是为了有限的用途而建造和设计的；另一方面，人类虽然不是按一定的意图设计的，却具有范围比较大得多的创造力。人类具有广泛的多面性，每个人有能力完成许多任务。再说，重要的是每个人具有潜力，经过适当的训练，可以推进许多种工作。虽然我们各人生活在一种不同的环境里，在精神和体质的特性方面有一定程度的不同，一切人类在生物学上是相似的。铁锹，即使与人类的劳动结合起来，也不能用来挑水、写信、砍木材和谈话。但是，大多数人，有了适当的工具和训练，就能进行所有这些工作。

可以说人类劳动有一种天然的多面性，它在各种生产方式中都会在某种程度上表现出来。然而，看得清楚的是，多面性劳动的普通范围被资本主义加强和扩大。这是马克思的《资本论》的一项突出的主题。先把劳动的共同生理性质说清楚以后：

> 不管那些有用的劳动或者生产性活动的种类多么繁杂，生理上的事实是，它们是人类有机体的作用，并且，每一项这种作用，不管它的性质或者形式怎样，本质上是人类脑力、神经、体力和感官的消耗（Marx，1976，p. 164）。

马克思后来继续说现代工业在不断地改变

> 工人的职能……并且不停地把大量资本和工人从一个生产部门转移到另一个生产部门。所以，大规模的产业，由于其本身性质的关系，需要劳动的变化、职能的易变性和工人在各方面的能动性……劳动的变化以一种不可抗拒的自然规律的方式强加于人……（同上书，pp. 617—618）。

资本主义是否有一种倾向要创造多面性的机器，并加强劳动的多面性呢？毫无疑问，机器已经变得越来越复杂。再说，还有自动化的发展和比较多面性的计算机的使用。这些发展是有重大意义的，但是，很清楚，积存一批多面性的资本货物，不是资本主义生产的结果，也不是其目的。总的说来，资本货物是为了一项特殊目的或者一系列的目的而生产的。假使创造出一大批高度多面性的机器，就会是浪费。甚至计算机本身，在它用一种最适于生存的方法突然闯进市场以后（其最初的生产只能在这种普遍的基础上可以行得通）已经采取了更专门化的形式。“机器人”在生产中的使用迅速扩展，可是它们在功能方面总是很不相似和专门化。

与大多数物种一样，人类是千百万年集体演变和适应的产物。每一个人，从小到10世代的一个间隙，能够继承最多到1,024个其他人的基因。然而，与其他物种不同，人类有很复杂的语言、精心制作的通信手段以及富有经验的社会安排，生产自己的生活所需。此外，现代的个人，陷入世界市场的罗网，流动性越来越大，成为性质越来越相似的世界文化的一部分。相反地，机器本身没有演变，也没有适应它们的环境。它们是**被人**生产出来执行一种特殊的职能或者一系列几种职能的。机器是人的附属物，而不是相反。资本主义，作为一种社会制度，不需要机器的日益增多的多面性。在精心制作一种复杂的分工中，它从劳动和机器两方面造成专门化，可是仅仅要求劳动的流动性。只要是可能的地方，它就使生产成为一种**机械的**作用，抛弃劳工，害得他们不得不另找不同的工作，而创造**特殊的**机器。甚至已经驯化的动物，在可能的地方都被机器所替代。这种生产机械化的目的，从资本家的观点来说，是增加出产并由此而增加利润。人类的体力由专门化的和比较先进的马达力量来替代；人的智力和记忆力，凡是可能的地方都由电子计算机或者专门作用的电子装置来替代。在这种倾向中，人与机器的区别被强化了。

技能和技能的产生

现在我们将展开一种简单的模式，说明人类技能的发展形成。这会澄清多面性的想法，并使我们能进一步评述抽象劳动的概念。为了简单起见，我们假设人类劳动仅需要两种不同的技能，并且每人在一定程度上已取得这两种技能中的一种，而这可能各人各不相同。让我们把这两种技能叫做“体力”和“智力”。两者都要放在一个正数的、线性的尺度上衡量。在时间方面的某一点，一个人将具有这两种技能中的每一种若干。这些计量可以用图 16.1 中的笛卡儿坐标来表示，起初在 P 点。后来那“个人”接受一种经验，改变了他或她的技能。这种经验可能是教育或者锻炼，或者在年龄较小的时候，在家庭范围内的有教育意义的发展。值得注意的是，某些这种锻炼一般地会在工作本身的过程中出现，采取人们熟悉的“边做边学”的典型。所有的这种经验都能增进一项或者更多的技能，无论是在家里、教育机构里或者在工作本身中，我们将称为锻炼的经验。一项这种经验的影响能推动个别的人达到新的技

图 16.1　技能、工作和经验

能坐标Q。可以合理地假设，所有具有技能坐标P的人都会被同样的经验改变到Q，可是具有不同技能坐标的人却不一定会按同样的方向发展。（所谓单一的锻炼经验对具有同样技能坐标的人会有同样的影响这种假设，会使这种单一的锻炼经验能够被人描绘为平方的矩阵：就我们的简单情况来说，一种“2×2”的方阵。）

这些锻炼经验影响一个人的潜力，而不是他的或她的真正的工作成绩。工作需要一个人的技能发挥到该人所具有的能量或者在这个能量之下。一般地是在这个能量之下。图16.1中，一个人在P或者Q可能只在水平W发挥技能。用马克思的术语来说，锻炼的经验直接影响劳动力，而不是劳动本身。一个人往往会在自己的潜力之下工作这一事实，意味着假如一个技能较差的人来干该工作，那个人也能在同样的时间内，以同样的数量和质量的出产完成任务。多面性就是一个人可能用特定的技能水平完成的任务的数目或者种类的一种衡量标准。这些技能水平越高，这个人的多面性的范围就会越大。

潜在的劳动力和完成的劳动

应该说清楚，上述两面的分析，在原则上可以扩充到无数的方面。在现代资本主义内部，不同类型的工作常常根据其组成技能进行分析。研究工作的专家往往使用这种“因素分析”。被提出的技能通常包括这几项：例如责任心、手工操作的灵巧程度，做出决定的能力以及工作时能否忍受危险。再则，这种因素分析往往是计算工资的根据，并在这以前先对各项技能的水平加以多少有点武断的权衡。有事实可以证明，这种决定工资的方法在现代资本主义制度中是很普遍的(Lupton 和 Bowey，1974)。

不管怎样，应该说清楚，在资本主义制度下，工资主要地是根据“已表现出的”技能而不是根据潜在的技能来支付。我们很感兴趣地注意到，凡是试图根据教育、训练等方面的差别来解释不同工资水平的人，大多数不重视后一种差别。这是“人类资本”学派所犯的错误。由于把劳动力折合为“资本”，已完成的劳动、资本家雇用的劳动力和潜在的劳动力三者的区别被忽视了。劳动被作为机器看待。然而，回想一下，就应该看得很清楚，潜在劳动力的决定因素，特别是教育，会与约定的劳动力或者完成的劳动没有密切关系。教育的区别，人们预期，不会对工资方面的差别提供充分的解释。

以上的讨论应可澄清我们已经在一方面为人类与另一方面为兽类和机器之间造成的区别。我们将简略地再讲一讲这个问题。一头非家畜的技能，由于演变和环境两者的作用而被消磨掉。而一头野兽的活动(奔跑、猎食、争斗等)往往消耗不完它的潜力，为了生存下去，它有时候不得不使出其大部分或者全部力量。演变的过程不会常常引起持久的或者一般的力量，这种力量对继续生存是多余的。假如有这种多余的力量存在，造成它的基因，在下一代中就不会占优先地位。这些基因会容易被冲淡，成为自然选择的对象。对人类，情况不是这样。人类对自己的最接近的环境有一定程度的有意识的控制，其技能是由社会化、训练和教育决定的，而不由自然选择决定。

另一方面，一台机器是人类想象力的产物。它是在一定类型的经济制度的范围内,为了多少有些限制的目的被生产出来的。机器会常常以低于设计的效率运行,可是某些点上会需要全力。这是因为,在一种受成本或者原料稀少所限制的经济制度(例如资本主义制度)中,生产一台具有多余能量的机器是不大可能的。人们想到的唯一非意外的超额能量,是为了应付预料不到的对这台机器的要求而建造的。例如,一台计算机的记忆装置可以扩大一些,以便应付对机器的意外要求。然而,一般说来,机器的潜在的与实现的能量的差别,会大大地小于潜在的劳动力和完成的劳动。

这又是等于说人类能力的多面性比机器或者兽类范围较广。用它们的特定的潜力,兽类和机器只能执行有限的若干种任务。

顺便,我们必须指出,所谓人类做的工作往往低于其潜力这种说法,可能引起有人反驳说,人类不像兽类或者机器是不受到"剥削"的。然而,这种说法只有根据"剥削"这个词的仅仅一种意义而来:"用尽"或者"利用"的意思。下面讲的所谓资本主义是一种剥削制度的说法,则是根据这个词的另一种不同的却普通的意义而来。

所有权代理人

我们现在讲到资本货物与劳动力之间的第三种区别。它简单,却有重大意义。它与资本主义的生产方式密切相关,其中资本货物和劳动力两者可以由个人私有。在这种制度中,各项"要素"与个体所有人有一种关系。然而,与资本货物不同,劳动和劳动力不能分开地同劳动力的原来所有人联系在一起。说得更准确一些，当工人把自己的劳动力租赁给别人一段特定的时间时，该工人仍然与劳动力和做工的活动一起留在工作地点。相反地，资本货物的所有人却可以从事于其他活动，而且可以与工作地点隔开一定的距离，同时他的或她的资本被投入，为资本所有人谋取报酬。

显然，在资本主义制度下，工人不是奴隶。奴隶继续不断地归主人所有。在资本主义制度下，劳动力的卖出不是永久的；只卖出一段规定的时期。到这段时期终了时，资本家对那工人就没有任何权利。因此，卖出劳动力比较近似租出一台机器等等，而不是一宗彻底的卖出。这一区别，在现代用语中仍然保存着：我们说一个工人被雇用、雇工，等等。所以我们可以说工人保持对自己的劳动力的所有权，尽管它正被出租给一个资本家。

在前面几章中，我们把所有权代理人解释为一个有合法权利拥有和出租或者出卖财产的人，包括代理人自己的劳动力在内。劳动力的产权同资本货物之间的主要区别是劳动力仍然同它的所有权代理人联合在一起[这一点，令人诧异地，马歇尔在其《原理》一书中曾指出过(1920，p. 471)；但没有关于一切复杂含义的讨论]。这是我们的“劳动”和“资本”之间的第三种区别，应用于资本主义。

劳动力的生产

在资本主义制度下，劳动力与资本货物之间一项最后的、决定性的区别是，一般地说，劳动力不是在资本主义条件下生产的。由于资本主义本身的性质，在这种条件下劳动力的生产和再生产是不可能的。假使人类(即劳动力)是在资本主义条件下(即为了利润)生产出来并在市场上出卖的话,他们就不是工资收入者,而是奴隶。那种制度就不是资本主义制度,而是奴隶制度。工人就会不能选择自己的雇主,并不能占有自己的劳动力。在奴隶制度下,劳动力可能会成为商品,即奴隶可能会被培养大了在市场上卖掉。但是在那种情况下劳动力是被卖出,而不是出租,并且劳动力的所有者不是奴隶本身。

在资本主义制度下,劳动力是一种商品,并是一种很特殊的商品。它是在市场上雇用的,不是卖出的。它不是完全地或者有心地为了雇用而生产的;它是为了许许多多的原因而生产的,其中多数原因与利润和亏损的计算没有关系;并且它不是由一个资本主义商行生产的。这些考虑已经引起一些理论家声明劳动力不是商品。当然,这决定于对商品一词的狭隘的定义(即有意识地生产出来在市场上出售或者出租的东西),这就不包括劳动力在内。尽管所谓劳动力是商品的说法不足以解释资本主义(也有必要特别强调工人们不拥有生产资料),我们对商品的定义可以用来强调资本主义与单纯的商品生产之间的主要区别。在单纯的商品生产中没有劳动力的市场,而在资本主义制度下,这种市场却有十分重要的作用。

让我们较详细地研究劳动力的生产。人类发展的初期阶段,习惯地在家族内部进行。(生小孩、抚育子女和家族内部的社会化)这些事没有一项是在严格的资本主义条件下进行的。家族可能利用在市场上雇来或者买来的来自外地的货物或者劳务(私人开业的助产士、小孩用的食品和衣服等)。但其中没有一样东西是用来在家庭内部生产利润的：小孩不是在市场上出卖的。这种初期阶段不仅生产劳动力，而且在该儿童取得合法权利时，也产生一个行使所有权的代理人。

一种第二阶段可以被解释为包括进学校读书以及其他形式的教育和训练。这些可以在国立的或者私立的机构中进行。显然，就国家给予经费、由税收中拨款的机构来说，办教育不是根据财政的盈亏：教育事业不是为了在市场上求售——用现代的术语来说，不是供给市场的。当然，就私营的教育机构来说，情况却不同，在这里教育事业要售取一种费用。可是这些教育机构，无论公立或者私立，都提供教育服务，它们不提供劳动力，因为它们手里不拥有受过教育的劳动力。总之，受过教育的劳动力的生产不是资本主义生产的目的，虽然这种生产可以在资本主义生产关系的范围内进行。

类似的考虑会适用于那些通过自己受雇的资本主义公司所提供的训练而获得某些技能的学徒。一般说来，这种公司最终不会把这种受过训练的劳动力归自己所有。但是学徒可以与该公司签订契约，在训练后由它们至少留用若干时期。然而，这实际上是延长劳动力的雇用，使其在这段雇用时期内经受一次训练和改造的过程。该学徒不是被卖掉。这种事实给资本主义制度带来一个问题。从公司的观点来说，拥有受过训练的劳动力为自己工作，显然比雇用没有受过训练的人对自己有利。但是，如果公司招收一些学徒并培训一些工人，却又因为劳动力是雇来的而不是卖给公司的，就不能保证这些受过训练的人员会留在公司里工作。该公司可能在训练员工上花了许多钱，而结果这些人员纷纷他去。这就使个别的资本家不愿意培训其工作人员，尽管实际上这种培训一般地会有助于资方的利益。这一点，马歇尔（1920 年，第 470 页）曾提出问题，但是他没有认识到问题起源于生产的资本主义关系，而不是一般的生产。

我们在上面曾说到，许多工人仅仅通过工作的过程本身就获得技能，就是“以做带学”。生产这种广泛潜力的劳动力显然不是资本主义生产的目的，即使它在资本主义生产本身的中心地带范围内进行。在资本主义的核心即生产领域，有像这样的生产过程在进行，那不是由资本主义的过程直接调节的。

因此，我们在结论中可以说，资本主义内部、劳动力的生产，不是也不可能是资本主义生产的目的。然而，像我们将在以后一些章节里细说的那样，劳动力的生产过程是受资本主义社会关系的影响甚至控制的。劳动力的生产栖息在资本主义汪洋大海中一个岛上，该岛虽然受到保护，却不能完全处于大海的冲击之下而不改变资本主义本身的性质。资本主义尽管是一般化的商品生产，也不能一般化到极限而不完成它本身的解体。资本主义生产不能征服一切。

所以，家庭和国家对资本主义内部劳动力的生产是非常重要的。资本主义依赖这些形式，同时家庭和国家依赖资本主义生产的产品。对这些领域（特别是家庭和资本主义的生产）的说明，近年来曾经是一个研究和辩论的目标（对这个问题的最好的研究之一是 Himmelweit 和 Mohun，1977。又参阅 Humphries，1977，Beneria，1979）。

一 些 含 义

我们已经注意到，人类的潜在劳动力与自己的出租劳动力的差别，对相对工资的理论有重要后果。工资不是根据潜在劳动力计酬，而是根据出租劳动力或者完成的劳动计酬的。我们可以强调这一论点，补充说潜在的或者出租的劳动力的生产不是资本主义生产的目的。换句话说，训练经验不是资本主义生产关系的唯一目标。相反地，出租的和潜在的劳动力的生产在家庭和教育机构内部进行。在很大程度上这是不受管制的、不限数量的和自发的。这不是现金关系的一个直接部分。由于这些原因，不能把劳动力的生产变成共同的“社会必需”成本。该领域中没有被市场作用完全渗透，没有另一种普遍化的调节机构，恰恰意味着这一点：我们不能决定劳动力的一般生产费用，除了得出现有条件的事后“平均数”。在一种很现实的意义上，劳动力的生产成本比较不受市场力量的影响，这一点使正统的马克思主义（例如，Roncalia，1974）和新古典派对相对的和绝对的工资理论两者的研究方法无效。

这不是想要放弃一切、建立这样一种学说的尝试。在一种意义上，这是对马克思的肯定，他谈到工资决定中一种“历史的和道德的成分”（Marx，1976，p. 275）。在另一种意义上，它反对马克思试图从商品的明确的交换价值中推断出“抽象劳动”。按照马克思的说法，交换价值决定于社会必要劳动，包括劳动力本身的生产中的社会必要劳动。由于以上讨论的原因，就劳动力本身的生产而言，很难给“社会必要劳动”一种意义。它不是完全地和直接地由资本主义市场控制的。这种困难，是龙卡利亚（1974 年）和洛桑（1980 年）等人看不到的，他们试图把熟练劳动改为非熟练劳动。这种企图假设，各种形式的熟练劳动有一个确定的生产成本。

斯拉法和非资本主义家庭

我们已经注意到，本章中的问题与斯拉法体系的一个方面有一种关系。我们在这里细说这一点。一般说来，一种商品的价格是由下面这样形成的：

商品的生产成本（以价格计算）×（1＋利润率）＝商品价格这个方程式产生出那一套基本的方程式，可以用于斯拉法体系中有关的一切产业。相反地可以用于商品劳动，假设工人们不储蓄，我们就得出方程式如下：

实际工资的价格＝工资

利润率不出现（这个问题已在第 6 章里讨论过）。还有左面的那个项目，就是工人们所消耗的商品的价格，不是像我们说过的那样，是劳动力的“生产成本”。部分地，斯拉法在自己把实际工资简短地却会引人误解地叫做“剩余”时也认识到这一点：我们在这里不采用这种名称（参阅 Sraffa，1960，pp. 9—10）。

那第一套 n 方程式，关系到经济组织中的 n 种产业，足以确定正规的斯拉法式方程，这些方程关系到价格、工资和利润率，并形成工资-利润领域。工资作为成本的一项因素出现在左方。想象一下，劳动力是在资本主义条件下生产的。我们就会得出下列（不可能的)公式：

劳动力的生产成本×(1+利润率)="工资"

严格地说,我们应该用上劳动的价格,而不用工资。这个名词将进入n方程式,用于这个体系中的其他产业(在这不可能的体系中,"劳动产业"就会是第n+1产业)。结果利润率将参与工资的决定。在原则上劳动产业与任何其他产业之间不会有差别。正像某些产业会有一种产品,其价格随着利润率的增加而上升,所以"工资"也能增长,如果利润上涨的话。然而,工资同利润率之间的这种伴随关系之所以可能,只是因为利润率已经进入劳动力本身的生产领域。在现实的资本主义世界中,这不能发生。就大多数情况来说,只要技术不改变,如果利润率增加,工资就会降低。事实上,这是由于劳动力不是在资本主义条件下生产的。

一 些 推 论

我们可以总结出四种特质,在资本主义制度下这些特质区别劳动力和资本货物：

(1)劳动力被赋予意识,劳动是一种有意识的活动；

(2)劳动力具有一定程度的多面性,超过会工作的机器和动物；

(3)劳动力,不像资本货物,不能与自己的所有权代理人分开；

(4)劳动力本身,不是也不能在资本主义条件下被生产出来。

这些特质不仅区别劳动力和其他商品,而且也说明这个体系中的各种具体劳动(由不同成分组成的劳动)。这四种特质既区别又联合劳动力。我们已经指出,这种共同特质的存在[特别明显的是(1)和(2)]在马克思身上可以看得出,并且似乎与他的抽象劳动的概念有些关系。另一方面,那整个正统的马克思主义对抽象劳动的解释和概念是不能接受的。这使人想要根据上面所说的这四种共同的特质重新解释抽象劳动。

本章中所作的探讨有一项重要后果,即,由于这些共同的特质,我们就可能说到工人是作为一个社会阶级。不这样分别说明这些共同特质,要把所有的工人都作为属于单独一个阶级就比较困难,因为他们之中有一些不同派别的人会做着完全不同的工作,取得不同的工资。然而,这四种共同特质是必要的,但肯定还不足以解释工人阶级这个范畴。已经演绎了劳动力的"抽象的"特质,也需要说明劳动阶级依靠出卖自己的劳动力维持生活。其他的例如赖特(1978 年)所探讨的那些问题,也可能适用。

具有阶级概念,就能讨论和评价这个阶级受另一个阶级的剥削。这是以后另一章的中心主题。

第十七章　在资本主义条件下的生产

正如商品本身是一个由使用价值和价值所组成的整体一样，生产过程必须是一个由劳动过程和创造价值的过程所组成的整体。

卡尔·马克思：《资本论》第1卷，第7章

在目的方面，以及某种程度上在内容方面，本章与《资本论》第1卷的第7章相似，标题为“劳动过程和维持价格的过程”。然而，在我们的叙述里，没有劳动价值论。这并不意味着商品劳动力不起重要作用。

现在这一章的计划如下。我们将从新古典派关于生产的“黑箱”观点开始，该观点用一种机械论的和自私的态度对待生产过程。从这里我们可以进一步评述一般的生产。在下一阶段，当我们概略地提出资本主义生产过程的先决条件时，明确地讨论资本主义生产关系。接着是对这些先决条件的许多意见，并讨论一些有争议的问题。总而言之，对主题的探讨在这里有些简略，因为充分的研究应该专门写一本书。我们的叙说可以从一种批判性地对《资本论》第1卷第3—5部分的重新阅读中得到有益的补充，本章中有许多想法是从那里引申出来的。

把生产看作“黑箱”*

新古典主义的课本以及其他一些著作中对生产的看法，是劳动和资本等各式各样的投入物自动地和机械地转变为产品。这会有许多可能引起误解的含义，在这里必须加以讨论。这种对生产的看法，我们将称为“黑箱”观点，可以概括为新古典主义的生产功能（综合的和分开的两种方式）。有了这种理论手段，既能揭示又能隐蔽，生产被作为一种自私的或者自然主义的过程看待，在这个过程中投入物不可思议地被变为产品。

但是，必须注意，这种把生产作为“黑箱”的看法，在别处也有。例如，它表现在右翼政治家和一些马克思主义者的通俗观点里，认为利润增加必然会引起工资减少。这样的观点认为产出是“特定的”，用特定的一套投入物来换取。

可能同样的批评可以用来反对斯拉法模式，其中有固定的投入和产出系数。确实不错，这种模式可以认为是一种复杂的“黑箱”。然而，这个概念不是斯拉法模式所固有的，如果认为对它必须这样理解，那就错了。第一，这个模式只是对商品生产的一种“匆猝的”看法，它不涉及长时期的动态关系。第二，没有理由，像斯蒂德曼（1977 年）曾指出的那样，斯拉法模式不能加以引申，用来处理劳动过程中一些关键性的动态要素。

就新古典主义的理论来说，“黑箱”观点的含义是关系重要的。

* Black box：“黑箱”，或指变速部分。——译者

第一点这种含义是把生产看作一种无意识的和“被动的”程序。相反的，在新古典主义的范例中，在人们视为神圣的范围里进行的消费，是一种“主动的”程序，是运用分辨力和选择的结果。因此，在表现自己的“偏好”方面，个人在作为一个整体的系统中是主动的和占优势的因素。很多新古典主义著作中这种据说的生产和消费的区别，是那种“消费者至上”的错误观点的真正来源(参阅 Mini，1974，pp. 275—276)。然而，对这个观点的其他批评一直集中于制度的各个方面，例如，少数人对市场的控制、变化无常等，意味着消费者在一种完善的竞争和知识的市场制度下一定会主宰一切。人们一经理解，消费者至高无上的观念对“黑箱”生产观念的关系，就可以看出对这种观念的批评可以扩充到各种类型的资本主义市场。

生产的“黑箱”观点的第二种含义也有各种不同的后果。如果产品被看作特定投入物的自动后果，那就可能创立一种产出量与投入量之间的函数关系。有了这种函数关系，产量的变化就被看成不同的投入物的机械的结果：例如，使用的劳动力增加若干，就在净产量方面造成一定的相应的增加。投入物与净产出之间有了这样的直接关系，就可能看出投入量或者其作用会作为因果关系对净产量中的份额负责。这正是 J. B. 克拉克在新古典主义的分配论中所做的工作：“一个工人离开工厂，衣袋里放着自己的工资……在他离开工厂以前，他是一天劳动所生产的部分财富的合法所有者”(Clark，1899，p. 8)，这也得到弗里德曼的共鸣，他说：“假定相当的接近于竞争的条件，边际生产力论说明各人获得自己所生产的东西”(Friedman，1962，p. 196)。在这种关于生产和分配的解说中，边际投入对边际产出的因果责任的概念，是与财产论有联系的：人们相信，投入物的所有者对产品的一份享有相应的权利。这种说法曾经被埃勒曼称为“一份馅饼”观点（Ellerman，1978）。

这种“一份馅饼”的观点在正统的马克思主义中不是没有。在这里人们认为过去的或者现在的劳动在因果关系上是全部产品的根源。虽然我们在下文中可以看到，这种看法有一些道理，也可能有某些误解。例如，像我已经说明的那样，产品的价值就不是完全由于劳动一项得来。第二，不同类型的因果关系必须加以区别。因为，如果因果关系从物质的意义上来理解，显然产品有物质以外的其他原因，例如，生产中使用的电力。我们将看到，把劳动作为对产品负责的原因这种看法的实质，恰恰是从逃避对生产过程的“黑箱”概念而来，这种概念只突出物质原因一项。

生　产　本　身

在上面提到的摘自《资本论》的一章中，马克思区别了劳动过程本身，以及在商品生产和资本主义条件下的劳动过程。他的关于一般劳动过程的概念，在下面的一段话里说得很清楚：

> 劳动过程，像我们刚才用它的简单的和抽象的成分陈述的那样，是目的在于生产出使用价值的有意图的活动。它是利用大自然中存在的东西来满足人类的需要。它是人类与大自然之间新陈代谢的相互作用的一般条件，永远存在的大自

> 然强加于人类生存的条件，因此它独立于那些存在的各种形式之外，或者不如说是，人类生活于其中的各种社会所共有的形式之外（Marx，1976，p. 290）。

正如马克思指出的那样，人们可能一般地讨论生产的先决条件，而不考虑有关的人类社会的类型。首先必须弄清楚，在这里不包括人类劳动的大自然的果实，不认为它是生产的结果。生产，在这里的上下文中，是有意图的人类与自己的自然环境的相互作用。我们列出这种生产的一般先决条件如下：

(1)有意图的人类活动；

(2)有关的技术知识；

(3)生产工具（即工具、能源，等等）；

(4)工作的对象（即需要被改造为产品的原料，或者，如果是货物或者劳务，就是生产活动的对象或者接受者）。

在上列第一项先决条件中，要区别有意图的（或者有目的的）和无意图的人类活动。人类躯体的废物产品，或者雪中的足迹，必然地都不是生产的对象。这些都不一定是人类活动的有意识的产品。

这种对有意识的人类活动的重视，以及不言而喻的人类意识的观念，使得我们认为生产的过程不能作为一种在物质意义上完全因果关系的过程。实际上必须包括人类的意图，生产既是目的论的，又是因果关系的。“黑箱”观点不包含人类生产活动的目的论的性质。生产，一方面是目的论的和指向目标的；另一方面又依赖技术和自然力量。在生产方面，物质的因果关系和目的论交织在一起。这种因果关系的手段和目的论的意图各种难解难分的关系，按照科莱蒂的说法，正是“历史唯物主义的奥秘与指南”（1972年，第67页）。卢卡克斯也是因为他重视人类发展中的目的论成分而受人注意的（例如参阅，Lukacs，1972）。

在生产本身，显然目的论的成分仅仅包含在人类劳动中。这说明把生产过程作为**劳动过程**是有理由的，一开始就强调有意图的劳动和没有意图的生产工具之间关键性的不对称现象。

然而，尽管意图和意识就足以开始解释生产本身，该词只能在对**社会**现实的关系中取得一种有力的意义。特别是，像我们将看到的那样，**资本主义**社会给生产一种狭隘的或者精确的意义：资本主义生产，即使在资本主义本身范围以内，也成为真正生产的一个分支。我们现在来讨论资本主义条件下的生产。

资本主义条件下的生产

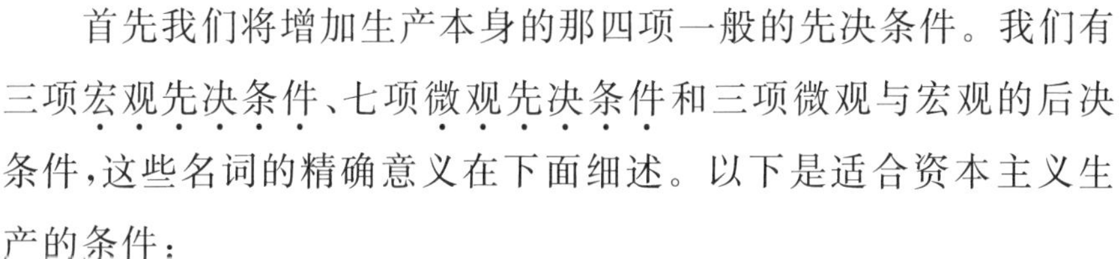

首先我们将增加生产本身的那四项一般的先决条件。我们有三项**宏观先决条件**、七项**微观先决条件**和三项微观与宏观的后决条件，这些名词的精确意义在下面细述。以下是适合资本主义生产的条件：

(a)**宏观先决条件**

(1)社会中的劳动分工（参阅第4章）。

(2)社会中的商品关系（参阅第4章）。

(3)有一个“自由的”工人阶级[“那自由的必须在双重意义上自由，即作为一名自由的个人，他能把劳动力作为自己的商品处理；和另一方面，他没有其他商品可卖，即他没有可以用于变卖自己的劳动力的一切东西”(Marx, 1976, pp. 272—273)]。

(b)微观先决条件

(4)资本主义的公司商行，作为法人。

(5)生产的工具(即资本货物)，由公司商行租用或者自己所有的。

(6)公司商行手中的有关技术知识。

(7)工作的对象(即待改造的材料，等等)。

(8)未来利润的期待，代表公司中有控制权的资本家。

(9)由公司雇用掌握有关技能的劳动力。

(10)在公司的指挥下进行劳动。

(c)微观后决条件

(11)由公司在市场出售产品。

(12)由公司获得实在的利润。

(d)宏观后决条件

(13)实在的剩余产品(即在实际工资和资本设备更新之后全部产品的残余，包括至少一种商品)。

我们把宏观条件(先决的或者后决的)解释为经济组织作为一个整体或者作为其一大部分所需要的条件。微观条件仅仅有关公司。有些公司可能适合微观条件，其他的可能不适合。只有前者会从事于资本主义生产。先决条件是一种为了生产可以进行所必需的条件。后决条件是一种为了无限制地重复生产而必需的条件。例如，一家公司未能卖出自己的产品，或者未能获得利润，接着它可能继续进行生产，但不能无限制地这样做下去。后决条件对于使生产进行是不必要的，但对于使生产无限制地继续下去是有必要的。

可以看出，那四项一般的生产先决条件是暗含在上述资本主义生产的13项条件之中的。我们可以顺便指出，简单的商品生产仅仅需要上述13项之中的(1)、(2)、(5)、(6)、(7)、(10)和(13)。

资本家和经理

资本家作为公司商行的所有者或者部分所有者的作用，对资本主义生产是必要的，可是对一般的生产并不必要。所有权不生产任何东西。如果，对照来说，资本家或者经理起一种生产性的作用，把劳动力和生产工具集合在一起，并协调工作本身，他们就是在执行一种特殊形式的劳动。这些不一定是从所有者的地位引申出来的；其他的人可以被雇来做这些工作。

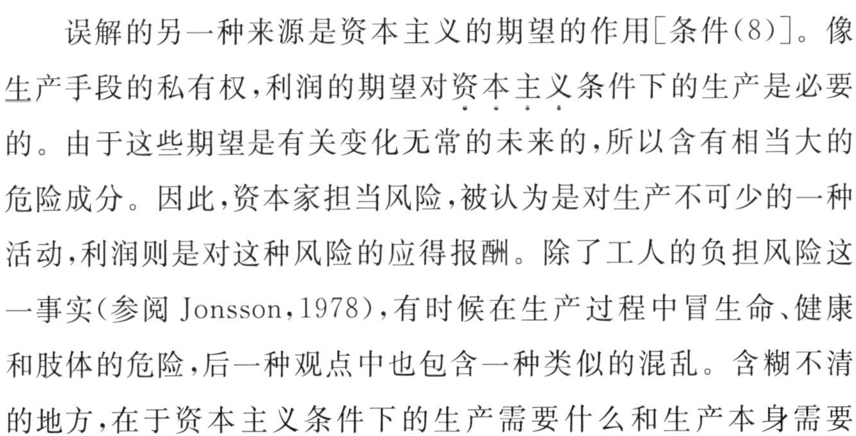

误解的另一种来源是资本主义的期望的作用[条件(8)]。像生产手段的私有权，利润的期望对资本主义条件下的生产是必要的。由于这些期望是有关变化无常的未来的，所以含有相当大的危险成分。因此，资本家担当风险，被认为是对生产不可少的一种活动，利润则是对这种风险的应得报酬。除了工人的负担风险这一事实(参阅 Jonsson，1978)，有时候在生产过程中冒生命、健康和肢体的危险，后一种观点中也包含一种类似的混乱。含糊不清的地方，在于资本主义条件下的生产需要什么和生产本身需要什么。

生产的媒介

生产活动的本身(即劳动过程)与资本主义生产条件的区别,马克思一再地予以说明。有一段这样的话引述于下:

> 劳动力的卖出和买进……预先假设生产资料和生活资料已经成为面临这个工人的自动目标,即它预先假设生产资料和生活资料的人格化,作为购买者和作为卖出者的工人,谈判一项合同。当我们离开流通领域中这种在市场上正在进行的过程,直接走向眼前的生产过程时,我们发现这主要是一种劳动过程。在劳动过程中那工人以工人的身份进入一种与生产资料的正常的主动的关系,这种关系决定于工作本身的性质和目的。工人占有生产资料,完全把它作为自己的手段和资料来处理。这些生产资料的自主性质,他们那种坚持独立自主和表现自己的聪明才智的态度,他们与劳动分开——这一切现在在实践中都取消了(Marx,1976,pp. 1006—1007)。

对资本主义社会的激进的批评者来说,以及,实际上,在“历史唯物主义”的科学本身来看,劳动,广义地解释,是生产的媒介,即单纯的生产过程中主动的、社会的和人类的因素。对比之下,尽管表面上不是这样,生产资料的所有权不是生产范围以内的一种媒介。

现在可以看出，价值的确定，把价值或者解释为具体化的劳动或者按价格计算，对这个问题不重要。资本物品能对产品的价值有所贡献，但不是生产过程中的主动力量，也不一定是它们的所有者。古典主义的经济学家从劳动和分工出发，部分地承认劳动是主动的力量，可是这一点得到劳动价值论的补充并有些被劳动价值论所掩盖。这些不相干的东西分散了从马克思本人开始的全部马克思主义传统，这些都是现在认为重要的问题；我们必须强调，这种问题都是陆续被吸入马克思的著作的。再说一遍，基本的问题是这样：作为真正的生产媒介的，是劳动，而不是“资本”。这一点暗示，为什么要使用“劳动过程”一词来说明生产。

我们顺便注意到，生产本身——即劳动过程——和资本主义生产的条件两者的区别，植根于使用价值（像第四章中解释的那样，不是根据效用的说法）和交换价值（或者像第十四章中解释的价值）。劳动过程，一般的生产，是使用价值的创造；可是资本主义条件下的生产，更加一层，又是交换价值的创造和价值的增大。似乎，古典主义经济学家和马克思学说中所有的、而在新古典主义传统中被抛弃的使用价值和交换价值的区别，是资本主义社会的激进的政治经济学的基本出发点。

商行的性质

现在我们继续谈另一点。我们已经看到，资本主义生产的条件之一是商行的存在。应该要问有了什么条件才引起在商品生产社会内部建立商行。马克思主义的传统没有对这个问题做出适当的回答。最好的答案在别处已经有了，即在 R. H. 科斯的著名的有创新意义的论文里(1937 年)。不平常的是，这篇论文不仅受到边际主义和新古典主义的影响，而且也带有通过多布传来的凯恩斯和马克思主义的传统。在某种程度上它处于经济理论中各种传统之间，可是它的主要影响是在正统观念方面。

科斯问为什么价格作用不在商行本身范围以内分配资源。除了仅仅很少的例外，在商行范围以内分配资源不是通过价格作用，而是由经理或者企业家掌握。

> 在商行外面，价格波动指导生产，这通过市场上一系列交换买卖而得到调整。在一家商行内部，这些市场结构被取消，代以企业家-协调人，由他指挥生产(第 388 页)。

当然，马克思在自己的陈述中承认了这一点；他说劳动分工在每家工厂内部存在，不过工人们不是由于交换自己个别产品做到的(1976 年，第 132 页)。这同一问题多布又重复了一遍，可能曾影响科斯，可是后者曾问过为什么发生这种情况，并对这个问题做出合理的答复。

科斯的答复如下：

> 为什么设立商行是有利可图的，主要原因似乎是有一种使用价格机构的费用。通过价格机构“组织”生产的最明显的代价是找出什么是恰当的价格。……确实，有商行的时候，合同不取消，可是大大地减少了。当然，一项生产要素(或者生

> 产要素的所有者)不必与他在商行内部必须同他们合作的那些要素订立一系列的合同,假如这种合作是价格机构作用的直接结果。因为这一系列的合同是代替进去的。在这个阶段,最要紧的是注意那合同的性质,该合同是商行内部雇用的代理人参加的,给予一定的报酬(可能是固定的或者变动的),为了报酬他同意在一定范围内服从企业家的指挥(第390—391页)。

显然,唯一的必须这样订约雇用的要素是劳动。其他的生产要素,原则上可以归商行所有。既然是这样,就不需要订立合同了。相反地,劳动力不能归商行所有。它只能被雇用一个时期。拥有劳动力是拥有奴隶。科斯没说清楚劳动力同其他“要素”的区别,可是他确实坚持企业家的权力必须有个范围。没有这种范围的合同就会是“自愿的奴役”;按照援引的一项权威的说法,就会是“无效的和无法执行的”。后来科斯在同一篇论文中又特别提到劳动。强调雇主或其代理人在一定范围内可以控制要做好哪一种工作。

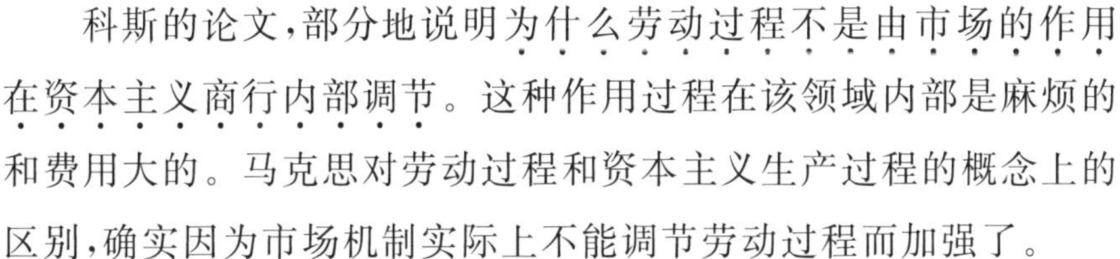

科斯的论文,部分地说明为什么劳动过程不是由市场的作用在资本主义商行内部调节。这种作用过程在该领域内部是麻烦的和费用大的。马克思对劳动过程和资本主义生产过程的概念上的区别,确实因为市场机制实际上不能调节劳动过程而加强了。

然而,科斯的文章中有一处,当批判地讨论另一种强调反复无常的作用时,他几乎是好歹不分。结果是他未能适当地重视不完善的知识和变化无常。或许这样便利了边际主义路线在论文中出现。但是，变化无常显然是商行兴起的必要条件。假如没有变化，就会没有“使用价格机构的成本”或者发现有关的价格是什么。我们已经证明，变化无常是一切可以实行的市场经济的特征。这一点，加上一个“自由的”劳动队伍，产生商行。

雇用合同

以上引述的资本主义生产的条件中，对劳动和劳动力已经作了区别。科斯的论文和H. A. 西蒙（1951年）的另一篇论文，就是涉及这一区别的。然而，在关系说清楚以前，我们必须注意近几年来时常有人说，劳动与劳动力的区别没有关联的意义。可惜，竟然有一个例子出现在斯蒂德曼写的否则是一篇很高明的论文里（1979年）。斯蒂德曼认为一个工人把自己的劳动力租出去，就是做出一种（在法律上可以执行的）关于未来劳动的承诺。因此这种区别在经济理论中是无用的。

这当然不能肯定这种论点，但可以说，在马克思看来，劳动与劳动力的区别对《资本论》的理论结构以及对古典政治经济学的批评是必要的：

> 李嘉图应该讨论的不是劳动，而是劳动力。可是假如他这样做了，资本就会也被说成资本的物质条件，作为一种已经取得独立存在的力量面临着工人，并且资本就会立刻被揭示为一种肯定的社会关系（Marx，1969. p. 400）。

可是，毋庸赘言，即使引用马克思的话，也不一定能证明问题。我认为现代把劳动和劳动力混为一谈的说法，引用马克思的话也不能做出恰当的答复(假如可能，倒是比较可取和方便)。这样的一种答复应该取材于半边际主义者科斯的著名的论文和西蒙的一篇不那么出名的文章。

14年后，西蒙没有向科斯声明致谢，就重复了科斯的那篇论文中的一些主题，把它们放在更严密的结构里。西蒙一开始就叙说清楚自己要攻击的问题：

> 在传统的经济理论中，雇员……以两种鲜明的不同身份参加那个系统。起初他们是一项生产要素(他们自己的劳动)的所有者，他们以一定的价格售出这项生产要素。这样做了以后，他们成为完全被动的生产要素，由企业家用来尽量增多自己的利润。这种看待雇用合同和劳动管理的观点含有很高级的抽象作用——实际上那么高级，以致完全不谈这个问题中最显著的经验事实，像我们在现实世界中看到的那样。特别是，它抽象掉雇用合同的最明显的特点，这些特点使得它与别种合同不一样；并且不顾行政程序的最重要的特征，即实际管理生产要素(包括劳动)的程序(Simon，1951，p. 293)。

接着，西蒙就开始解释权力的概念并审查雇用合同的性质。他看出雇用合同“根本与销售合同不一样——销售合同是假定在通常价格理论的阐述中表示的那样”。在销售合同中，一项“完全规定的商品”交换一笔规定数目的钱。相反地，在雇用合同中，西蒙指出工人同意以几种可能的方法工作，并可以让自己的雇主选择工人应该怎样工作。工人同意承认雇主的权力，让他决定该做什么工作（根据双方同意的一套可能的工作模式，以不同速度和精密度等等完成），换取规定的工资。

西蒙用一个正式的模式显示一些明确的条件，根据这些条件，资本家和工人将谈判一项雇用合同（而不是销售合同）。改用日常语言来说，西蒙一方面说明工人会同意一项雇用合同，如果他们对于雇主决定采用哪一种模式比较漠不关心；另一方面，资本家会谈判一种高于销售合同中有关的工资，如果他（或她）不确实知道工人们将要做哪一类工作。换句话说，在变化不定的情况下，资本家将付出较高的工资，以便可以推迟做出要做什么样工作的规定。因此，我们可以说变化不定是需要选择雇用合同的原因之一。

不断变化的商行外面的市场情况、不断变化的劳动队伍的大小、不断变化的产量水平、生产点上不断变化的劳动组织、不断变化的工业技术和工作方法以及不断变化的劳动队伍方面的技巧，这些情况，加上其他因素，需要工作模型有所改变。所有这些变动都极难预测。因此经理方面有理由可以采取雇用合同而不用销售合同〔然而，根据马格林（1974 年）的说法，实行雇用合同还有其他的历史原因，特别是需要资本对工人行使权力和纪律〕。

甚至计件工也是一种雇用合同，而不是销售合同。不像按钟点计酬的工人，计件工是按产量计酬的。但是，计件工受销售合同的管辖，不是仅仅为了生产一种特定的产量。这种工人仍然在雇主的权力之下，管理部门还常常可以在调节工作的进度和方法方面起一部分作用。例如，管理部门可以坚持要按某种方法来做工作，以便减少原料的浪费或者保证较高的产品质量。在计件制度下，管理部门的权力在某种程度上变成多余的，而工人宁可在这种制度下按他们自己的方法干活，使得计件工成为一种边际的和特殊的雇用合同的方式。

劳动和劳动力

因此，由工人把劳动力租借出去，不是一项要履行某种特定的具体活动的合同。该工人应做的实际类型的工作，在签订合同时并不知道。所知道的只是那一套可能属于某种类型的工作；而这种类型往往说得模糊不清。然而，即使把一套类型解说得很清楚，未来的在生产现场的工作活动，在许多方面还是捉摸不定的。再说，在签订雇用合同时，工人答应在一定范围内承认雇主的权力，允许管理部门决定将来在工作中该做些什么。

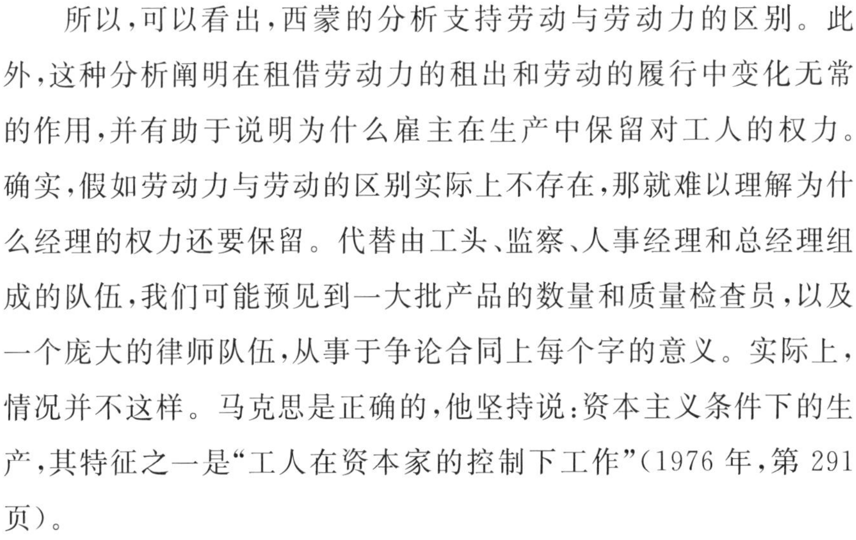

所以，可以看出，西蒙的分析支持劳动与劳动力的区别。此外，这种分析阐明在租借劳动力的租出和劳动的履行中变化无常的作用，并有助于说明为什么雇主在生产中保留对工人的权力。确实，假如劳动力与劳动的区别实际上不存在，那就难以理解为什么经理的权力还要保留。代替由工头、监察、人事经理和总经理组成的队伍，我们可能预见到一大批产品的数量和质量检查员，以及一个庞大的律师队伍，从事于争论合同上每个字的意义。实际上，情况并不这样。马克思是正确的，他坚持说：资本主义条件下的生产，其特征之一是“工人在资本家的控制下工作”（1976 年，第 291 页）。

再则，马克思对于自己称作可变资本和不变资本的那些东西做了重要的区别。虽然他的这些名词的定义不是总是清楚的，并且常常用“可变的资本”来叙述付给工人的工资，最常用的是指工人的劳动力。在这里我们将保留后一种定义。这样做是因为“可变的”一词包含劳动力的一项主要的特征，在雇用合同下是这样，它不适用于资本货物，那是属于一种销售合同。劳动力的使用既是靠不住的又是会变化的。这一点似乎人们并不是广泛地体会到。一个明智的例外是洛桑，他澄清这个问题，可是没提到西蒙的著作：

> 由于把劳动力叫做“可变的资本”，马克思在区别剩余价值的创造与资本主义生产过程的专横性质两者之间建立了一种概念的关系。工人们在这个过程中创造的剩余价值，不是单纯地决定于需要用来维持他们的生活资料，而是也决定于他们不得不完成的劳动的数量和强度。通过增加工人们不得不完成的劳动的数量和强度，个别的资本家就能……变更自己的工人所做的劳动的数量或者强度。所以，“可变的”一词使人们注意到，实际上造成的剩余价值按照生产过程内部的格斗者的相对力量而变化（Rowthorn，1974，p. 87；1980，p. 45）。

在上引的那篇文章里，尽管洛桑仍然坚持从劳动价值论的角度来看这整个问题，他对可变资本的讨论却有重要意义，特别是，如果剩余价值是根据这本书的说法来解释。这样我就更可以把可变资本的价值很简单地看作货币工资。

洛桑的研究曾引起人们注意在生产过程中资本家对工人的控制。然而，必须说清楚，资本家在一定范围内控制工作的格局。虽然资本家可以对工人运用各种威胁和制裁，而工人可能没有另一种就业机会或者收入来源，在原则上雇用合同是自愿的，强迫的权力是有限制的。假如情况不是这样，那就不能算是雇用合同，而工人就会成为农奴或者奴隶。当然，尽管资本主义生产领域是权力主义的和等级森严的，而不像资本主义市场的“真正乐园”，但硬说资本主义生产领域的工人的权利和自由被完全取消了，那是错误的。

本书限于范围，不能讨论资本家为了尽量增多利润而在雇用合同的限度以内极力控制和提高劳动强度。例如，资本家会减少一道道工序之间所隔的时间，从而增加劳动强度，或者在使用原料或固定资本时更加谨慎小心，以便避免浪费和不必要的损坏。

限于范围，本书对工人抗拒增加劳动强度（即使是在雇用合同所规定的范围之内）的各种方法，或者工人为了在长时间高强度的工作中轻松一下而在监督质量方面可能放松警惕的各种方法，也都不进行讨论。

本书中不谈这些问题，并不意味着认为它们不重要。这样做实际上更多地是因为充分地讨论劳动过程，需要对具体情况作广泛的讨论[关于对现代资本主义制度中劳动过程的高明的研究，参阅布雷弗曼（1974）；又关于一项良好的对汽车工业的实例研究，参阅弗里德曼（1977）]。

关于劳动的变化性的进一步评论

近几年来主流经济学内部有人想要吸收资本主义劳动过程所完成的劳动的基本变化性。这些试图中最著名的一项是莱本斯坦(1976 年)用自己的“X -低效率”的概念提出的。莱本斯坦承认劳动中的可变因素,但认为变化是由于那些说得模糊不清的动机性因素而来,对经理和工人的动机不加区别,并且不注意实际的劳动过程。莱本斯坦比较实际完成的劳动与一种多少有点武断的标准,这个标准指的是:假如所有的 X -低效率成分都不存在。所谓劳动过程是由资本家控制,而他试图把指定的工作速度和效率强加于工人身上这一事实完全不顾(关于莱本斯坦的其他批评,参阅 Loasby,1976)。

莱本斯坦的著作还不够理解和阐发劳动的变化性的含义。这具体问题应该受到所有的经济学家的关心。我们面临的事实是,像美国摩托车工人的生产率五倍于自己的英国同行,甚至在拥有类似的工厂和设备的可比较的产业中,生产率也相差 50%(Caves 和 Krause,1980,pp. 137、194)。对生产的“黑箱”观点无法解释这种现象。在寻求理论的解释中以及有了劳动与劳动力的差别,马克思主义的分析应该处于有利的地位。

然而,劳动与劳动力的区别并不包括劳资斗争的所有方面。严格地说,关于已经执行的劳动的可变格局是在合同以后的,即它在双方同意的合同范围以内。其他的,在合同以前的斗争也是极端重要的,即关于合同本身的条件的斗争。当然,合同以前的斗争会包括指定工资水平、工作日的长短、进餐时间和餐后休息时间的长短等等。又一次，这些问题未曾讨论，并不意味着它们不重要。更多地是因为它们与劳动力和可变因素劳动的区别无关，后者我们曾注意加以强调。合同前的斗争并不直接使完成的劳动有所不同；而是这些斗争影响雇用劳动力的条件。

但是，在实践中合同前和合同后斗争的区别将掩盖了，因为在生产期间往往重新谈判劳动合同。当新技术和新要求强加在工人身上时，他们就要求澄清并常常更改合同的条件。把雇用合同弄得空洞模糊，往往对资本家有利；工人的反应常常是或者采取上述态度，或者忍受工作条件的恶化。

利润的获得

在教科书上的生产模式中，生产要素的投入导致一种相似的实物（例如谷物）的生产，很快就转移到这种产品的分配问题，重要的一步被忽略了。这一点是在市场上变化无常的情况下产品的销售，结果所得的价格或者卖出的数量不能肯定。马克思认识到这一点（可是用劳动价值论的说法使人容易误解），当他写到致命的转变时：商品从生产领域向市场作“性命攸关”的一跃（1976 年，第 200 页）。在这一跃之中，资本家会立刻受到亏损，这是与他期望的利润比较来说。结果是基本上不能肯定的。相反地，工人却不是根据性命攸关的一跃而发生立刻的得失。工资在商品销售以前已经由合同规定。实际的利润在销售的场所取得，这是整个过程的最终结果。

资本货品，在很大程度上，是固定的和非变化的（即固定资本）；但利润不足。相反地，劳动是可以变化的，但合同后的工资是按照一项固定的公式计酬。对任何一个根据古典的、长期的、停滞状态或者新古典主义的一般平衡来设想的人，这些问题可能出现得有点惊人。稳定状态和一般平衡的模式可能对价格和利润强加一种严格的肯定的数量。第十四、十五章的分析应该消除这种观念。价格和利润决定于例如变化无常和流动偏好，这些都不能根据在长期的、稳定的状态或者瓦尔拉斯式的一般均衡来理解。理解利润的可变性（和固定工资及可变劳动对照来看），对于恰当地解释资本积累的过程，似乎是必要的。在第 19 章中还有关于这_点的进一步评议。

不生产的劳动

我们带着一些不愿意的心情来自找麻烦，讨论生产的和不生产的劳动两者之间难于研究的区别。但是我们已经做出的生产本身与资本主义条件下的生产两者的区别，使我们不得不包括一些简短的关于这一点的讨论。关于对马克思在生产的和不生产的劳动之间的立场的高明的概论，是高夫（1972 年）写的。高夫在著作中阐述得很清楚，在马克思看来，在资本主义制度下劳动是生产的，如果它生产一种可以买卖的使用价值，并且，因此，用本书的说法，生产剩余价值。然而，同样阐述得很清楚，马克思不把“流通领域里的工人”，例如商业工作者、售货员、广告代理人等等包括在生产性劳动的范畴之内。或许这些工作人员之所以不包括在内，是因为，在马克思看来，他们不是生产的一部分，即他们不生产使用价值。这样，马克思不把那些为了保存资本主义生产关系而工作的人的劳动或者只是作为资本主义存在的结果而劳动，但并不产生使用价值的那些人的劳动包括在内。

对这样系统地阐述可以提出许多批评。特别是其中两项在这里是有关的。第一，马克思并不充分承认那些给生产者和消费者加工和提供信息的人的地位。为了这个原因，某种形式的广告以及某些人在分配过程中的活动，应该被认为是生产性的。我们认为，信息是一种使用价值。

第二，在指出资本内部市场买卖的和非市场买卖的产品之间的区别时，马克思集中注意利润的作用和资本的再生产——劳动关系。然而，这同在生产本身和资本主义条件下的生产之间做出区别，不是一回事。由于把使用价值的生产引进这个问题作为一种中心的标准，似乎在造成混乱。问题是或者集中注意市场买卖的和非买卖的产品的区别，或者集中注意使用价值的生产和资本主义制度内部其他的工作方式。

以下是资本主义内部工作的例子，这种工作不产生使用价值：金融投机、保险代理商的活动、警察和军队的许多活动以及律师和税务顾问的工作。我们不是说这种工作不需要。它可能在其他经济制度和资本主义制度中是需要的。这里只是提一下这种工作仅仅保存某些特殊的社会关系或者财产关系，或者是这些关系存在的结果。

在生产领域的范围以内，我们效法马克思的区别，一方面，直接生产使用价值的工作，包括经理人员的调节生产、提供技术资料等等工作;另一方面,仅仅包含对工人行使职权的任务。后者不生产使用价值。

教师、心理学顾问、护士和医生能产生使用价值,其形式是学生、病家或者病人的劳动力。家务工作生产使用价值。运输工人的劳动也是如此,因为一件货物在某一个场合的使用价值与在任何其他场合不同。

"不生产的"工作一词含有贬义。从一种激进的眼光来看,它会显得比较可取(如果这个词一定要用的话),假如用来说明那些不产生使用价值的活动,而不是说明那些不生产剩余价值的活动。这个定义的缺陷是,有时候极难在使用价值与非使用价值之间画一条精确的界线。然而,在实质上,这种区别对马克思主义的和马克思主义以后的政治经济学是非常重要的,并且直接关系到使用价值同交换价值的区别,关系到生产本身和资本主义条件下的生产。

上述的区别不是没有实际的和理论的应用。如果经济组织的一个部门的活动,仅仅是一些社会关系的结果,该部门的发展就会是非自动的和主要地是使用价值生产部门中发展的一种反映。在一项来自先进的资本主义国家的有趣的资料分析中,德赖弗曾经说明这发现在商业部门,而工业部门领先发动经济组织中的发展(Driver,1980,p. 13)。德赖弗用了与上文略微不同的说法,断言商业部门的大部分活动是不生产的。

结　论

以上的分析不免简略，这是由于题材的广泛和复杂以及本书的意图是有限的。但是我们可以强调几项重要的论断，作一结束。

应该说清楚，新古典主义的和其他教科书中见到的关于生产的“黑箱”观点，是不能接受的。这有几种原因。第一，生产，包含有意图的劳动，在物质的——机械论的——意义上是目的论的，也是因果关系的。第二，即使有固定的劳动力投入，那是属于雇用合同的性质，所做的劳动的模型是可变的。第三，即使有固定的产出，这种产品的价值绝不会完全靠得住，并且会随着市场情况而变化，按价格或者售出的数量计算。

这种反对“黑箱”观点的态度有许多后果，包括那普通的看法，认为生产是被动的经济领域，而消费是主动的领域：人们在这里做出选择。反对这种看法，损害所谓消费者在市场经济中是“至高无上的”那种观念。

另一种后果是这样。如果一定的投入（即劳动力和资本货物）能产生一种可变的和不能预测的产出的数量和价值，那就没有根据可以认为提供一定数量的投入对产出有决定性的影响。这当然会损害整个的边际主义的分配论。第二，这就使边际主义的个人财产论没有根据。这种理论，像克拉克、弗里德曼和许多其他人那样，认为提供一项投入就产生对一份产品的一定要求的权利，即“一份馅饼”的观点。

我们关于资本主义制度下劳动过程的讨论，虽然抽象，却强调了变化无常在决定商行的界限和雇用合同的范围两方面的影响。再则，已经提到雇主权力的作用和工人可能对那种权力的抗拒，并已指出工人与管理部门之间合同前和合同后的斗争的一项重要区别。

最后，运用马克思对一般的使用价值生产过程以及在一个特殊的资本主义社会中环绕这一点的社会关系，我们断言劳动是生产本身内部的唯一人道的和社会的力量。资本货物也许是重要的，可是在工作过程本身中它们起被动的作用：它们不主动，而承受作用。相反地，在交换领域里，资本和货币似乎有主动的和活跃的作用。这一点显然对剥削的概念有关，在下一章中再进一步讨论。然而，我们不使它成为一种剥削论的唯一根据，并且我们将利用上文中许多其他的论点。

第十八章　剥削

雇主和工人，从法律的观点来看，可能是一项民事契约平等的两方；但实际上他们绝不是平等的。工人，受契约的束缚，必须为雇主服务；雇主有权利差遣工人。因此，他们之间的关系本质上是不平等的。

G. D. H. 科尔：《今天英国的工联主义》

在正统的马克思主义经济学中，资本主义制度下存在剥削是假定的。新古典主义经济学中，假定没有剥削。前一种学说宣称或者说明劳动是一切价值的来源，并因此发现利润是被剥削的劳动的果实。后者认为竞争性的市场平衡是所有可能的世界中最好的一种；因此是一种其中不存在剥削的世界。在本书中，我们不采取这两种态度，并试图赋予剥削概念一种不同的实质。

本章一开始就批评自由主义-资产阶级的观点，认为剥削在一个竞争性的市场经济里消失了。我们接着就说明剥削的概念有几个方面，不是简单的和一方面的。最后对剥削作解释，并讨论剥削的程度问题。

新古典主义的对称性

新古典主义经济学以许多古典的自由主义观念为根据，认为生产和分配在各项要素之间是对称的。如果，为了便于解说，我们不把土地包括在内，新古典主义者就看到两项“生产要素”——资本和劳动。这两项要素的每一项都是私有的。资本的所有者把自己持有的资本卖给商行。劳动的所有者把自己的劳动租赁出去。这两项生产要素被送进商行，就进行生产。一种产品被生产出来并卖掉。按照新古典主义的说法，净收入然后按照边际生产率的原则分配给这两个所有者；在一个完全竞争性的经济里，在平衡状态中，分给这两个资本和劳动所有者的报酬将等于它们各自的边际收入产品。因此，用米尔顿·弗里德曼的话来说，“每人各得其所生产的东西”。至少在这方面，生产要素之间有完全的对称性。

但是，在马克思看来，没有这种对称性：《资本论》中始终加以否定。特别是，不对称现象在劳动和劳动力的区别中说得很清楚。劳动与资本货物之间其他的和有关的区别在第 16 章中已经讨论过。在这里我们要集中注意马克思发现的重要区别。

指出资本货物在生产中提供劳务的能量和在生产中提供活动力或者劳务的区别，可能使对称性恢复吗？为了便于说明，我们可以分别称为“机器动力”和“机器劳务”。这种区别恰好可以比拟劳动力（即工作能量）和劳动（即工作活动）。这样，对称性就会似乎是恢复了。

但是，机器劳务从机器动力中流散的过程不会受机器内部本身的挫折，除非机器的运行中有某种机械性的障碍。只要机器运转正常，它就没有理由不作机器服务。因此，机器动力与机器劳务之间的关系仅仅是一种机械的-因果的关系。

另一方面，一个工人可以租借出自己的劳动力，作为体格健全的人在公司商行里报到，但是劳动的精确规格还不能决定。在雇用合同的条件和范围以内，工人受资本家的控制。工作的精确规定将决定于商行内部阻力和控制的动态、经理部采用的方法和工人能使这种控制缓和的程度等等。劳动从劳动力中渗出，不是机械的——因果关系的过程，而是社会的。经理这样不同机器发生矛盾：它是一种被动的工具。相反地，工人与资本家有一种主动的关系，包含不同的意图和目的的冲突。

如果我们拥有机器动力并且这机器是完好的，这机器就没有理由会不产出机器服务。相反地，劳动力的雇用，不预先决定劳动的模型。劳动同劳动力的区别仍然是重要的，不像机器劳务与机器动力之间的区别。新古典主义观点的对称性，通过对资本主义生产的实际过程的研究被否定了。

工资、利润和财产

从广义的和新古典主义的观点来说，分配性的报酬例如工资和利润的理由是依据财产的所有权。一个人提供自己的财产，可能包括劳动力在内，使这个人对产品的价值享有权利，当然还要决定于这项财产的生产特性。

劳动与劳动力的区别给这种规范的分配论提出一个问题。在一项销售合同下，一种生产要素，例如机器，可以被雇用或者使用。合同保证提供这项要素及其所需要的劳务。在这个基础上，对提供这项要素将给予一笔报酬。对雇用合同，情况就不同了。工人同意工作，可是只同意对一个规定得不完全的模型工作。仅仅提供财产的目的物即劳动力是不够的。工人必须也服从雇主在生产方面的权威和需要完成的工作的规格。

劳动力可以租赁，即可使用一段时期，而劳动不能。劳动是一种活动，它不能作为一种财产关系的目的。它是属于雇用合同的性质，所以工作的模型决定于工人和雇主之间在雇用合同议定以后进行的关系。因此，劳动绝不能被资本家精确地雇用或者拥有。

承认资本主义生产的这些事实，导致自由主义-新古典主义观点中一项矛盾。按照后者的说法，产品的分配是根据生产要素的所有权办理。然而在生产中工人提供一种不能被人拥有或者使用的东西；可是这对生产是必要的。工人不是仅仅提供一种可以使用的东西。工人承认资本家的权力，履行合同中没有完全讲清楚数量的劳动。相对地，资本所有者仅仅由于提供一种可以利用的东西就接受一笔报酬。新古典主义经济学中所有的观点，以及古典派的自由主义，在逻辑上是不合理的，至少应用在资本主义生产时是如此。在资本主义的生产资料私有制度下，不可能有“公平的”或者“平均的”社会产品的分配。可以做到这样的唯一方法是把雇用合同改为销售合同。实际上，这会意味着取消资本主义方式的生产。劳工阶级实际上会成为自我就业。严格地说，劳动力会不成其为一种商品，工人会变为提供特定的劳务。这将不成其为资本主义。资本主义制度，按照其标准，除了消灭它本身，是不会完全“公平的”。

再谈“黑箱”观点

自由主义和新古典主义的分配论，部分地是根据两个前提。第一，由所有者提供生产要素，使该所有者有权利取得因此而在生产领域里提供的产品的一部分。第二，在生产领域里提供一项要素对产品有一定的和可以预言的效果。

第二项前提是必要的，有助于发展形成一条一贯的规律，例如，“边际生产率”，以便第一项前提可以在实践中应用。上面已经说明，仅仅提供各项必需的要素，还不能实现生产：劳动必须在资本家的权力下“进行”。一种第二线的批评包括对生产的“黑箱”观点的攻击，这种攻击暗含在第二项前提中。这种攻击在前一章里发动，在这里我们不必重复。在那里曾提出，产品的数量或者价值都不是仅仅提供生产因素的必然结果，劳动特别是一项可变的成分。劳动的可变性在很大程度上决定于工作场所内部资本和劳动的力量的关系。

反对生产的“黑箱”观点，结果是自由主义-新古典主义分配论不能持久。**没有方法**能把产品价值的变动或者产品数量上的变动，归因于一项要素的投入量方面肯定的变动。虽然这种变动会有影响，但这种影响不是肯定的，并不是自动地由于所提供的要素的数量和类型的结果。“黑箱”观点忽略生产本身内部的种种关系和活动，而这些关系和活动在决定产量水平方面正是关键性的。

契约前的剥削

我们现在继续前进，改造剥削的概念，像应用于资本主义制度各方面的那样。在契约前的和契约后的剥削之间要做出重要的区别。前者当然能在雇用契约签订以前影响资本家和工人，并分别不利于这两方面。

契约前剥削的概念，在许多经济学家(包括亚当·斯密在内)的著作中可以隐约地看出。在《国富论》第8章中，斯密讨论了工资水平的决定因素，并指出影响雇员与雇主之间的契约的几项因素，通常有利于后者而有害于前者。例如，“主人们，人数较少，比较容易联合”，而在当时，工人的联合(即工会)是非法的。再则，斯密指出，如果工人收回自己的劳动，试图重新谈判劳动合同以取得有利条件，而雇主们却拥有较大的资源，可以度过工潮。相反地，“许多工人……没有工作，就难以维持一周的生活。”斯密最后说，一般地，雇主在雇用劳动方面处于有利的地位。

虽然，随着现代工会的兴起，斯密的关于工人阶级力量的一些特殊观点必须改变，但他的一般看法仍然可以适用。一般的看法是，如果谈判一项契约的两方在订立此项契约中具有不同的代价和利益，其中的一方就会处于不利的地位。斯密的想法可以适用于现代资本主义垄断权力，或者用官僚主义方式管理的国营经济。个人在谈判一项契约时对付这种团体没有什么力量。

特别是，工会对雇用合同有重要的抵消作用。一个个体工人，在没有工会会员的厂子里，与另一个已经参加工会的企业里的工人比较，处于不利的地位。此中原因，H. W. 里德（1959 年）表述得很清楚：

> 由于雇主通常雇用许多工资劳动者，其中每个人只为他工作，因此结束一项雇用关系而造成的对他收入上的损失的百分数比较小得多。结果，由于没有集体谈判，雇主对自己的雇员们的“力量”比其任何一个雇工大得多。

这种类型的契约前的剥削在传统的婚约中可以看到。到目前为止（并且只是在几个先进的工业化国家的少数职业中已经不是这样），妇女与男人相比，以财富、平均收入和经济上的歧视来说，她们一直处于不利的地位。因此，虽然双方同意结婚，男人可以享有较多的有利条件，因为女人依赖男人，她会承担较大的牺牲，假如她是未婚的。因此，这里我们的分析可适用于其他的契约以及就业的契约。

我们在关于这种类型的剥削的定义中必须比较精确一些。我们采用张伯伦（1951 年）的关于讨价还价能力的衡量标准。考虑 A 和 B 两方在谈判一项契约。A 的讨价还价能力，根据定义是，

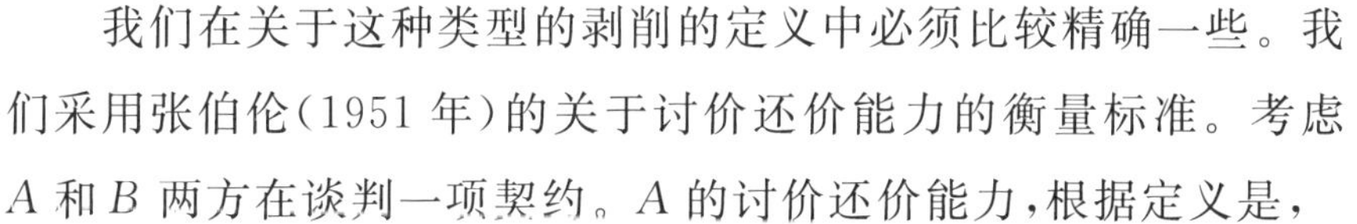

$$\frac{\text{不同意 } A \text{ 的条件对 } B \text{ 的代价}}{\text{同意 } A \text{ 的条件对 } B \text{ 的代价}}$$

以及 B 的讨价还价能力，在同样的基础上，是

$$\frac{\text{不同意 } B \text{ 的条件对 } A \text{ 的代价}}{\text{同意 } B \text{ 的条件对 } A \text{ 的代价}}$$

虽然这种衡量有时候在实践中难以适用，部分地由于计算“代价”有困难，它却能根据一项指定的契约的条件方便地显示相对的

讨价还价力量。如果它的条件使得讨价还价的力量不平等，这样的契约就被解释为剥削性的。这种类型的剥削，我们将称为讨价还价的剥削。

一种比较不那么过分简单化的方法就是不想放弃计算代价，并以一般的力量关系的名义研究 A 和 B 的相对力量。或许最有效果的方法是采取卢克斯的关于多方面力量的解释。这包括一方拥有的安排决策日程或者控制谈判程序的权力。当然，那是根本的观点，认为工人阶级在这些条件方面是处于从属地位，资本家在各种手段、政治程序等方面势力大得多，因此能控制谈判的进程。

契约后的剥削：第一方面

我们现在来研究那种特别有关雇用契约的剥削，并参考工人在生产领域中的地位。

对这种剥削的第一方面，产生于一种劳动具有的特质，这在第16章中曾讨论过。不像其他的生产因素，劳动不能从自己的占有体上被具体地分离。相反地，资本家可以随便到别处去，只要他的资本被用在生产领域。

这种不对称现象产生出许多后果。首先，工人，作为一个人身，被剥夺了自己的时间。包工者可以租出一台机器而不损失自己的时间，只须这台机器被使用着。另一方面，工人作为一个占有代理人，在劳动进行的时候却损失自己的时间。资本家享有时间较多的利益，能够调查市场消息、谈判新的合同等等，这样就在契约前的讨价还价过程中取得较大的优惠条件。因此，这种方式的剥削可以反馈,加强契约前的剥削。

第二,工人由于亲自进入生产现场,如果工作环境不是十分安全还得冒着伤残、疾病甚至生命的危险。相对地,资本家作为资本所有者,不一定必须进入生产现场,可以不冒这种危险。自从恩格斯写出《1844 年英国工人阶级的状况》一书以来,新出版的关于工伤危险的记载多得惊人,这种可怕的情况,只能由现代的立法和比较安全的工作实践部分地加以补救。

第三,劳动的这一特征,使得其流动性低于资本。工人的劳动,由于实际原因,只局限于靠近工人居住地区的那一带地方。相反地,资本家拥有的资本完全可以环绕全世界,而资本的所有者却稳坐不动。这样,资本家就可能较易为自己的资本找寻最高可能的利润率。但是,工人却往往必须拔掉家庭老根、牺牲亲友情谊,以便寻觅最佳可能的就业。

工人可能从劳动的这一项特点中取得的一种利益,是由于他本人在场并投入实际工作所获得的净满足而得来。工作的喜悦因此就一定超过其中所包含的无趣、不舒适和厌倦。在多数就业的方面,这是很不容易的;那些例外是艺术家、作家等报酬高的和创造性的工作。大多数职业不属于这一类,即使在先进的资本主义社会中也是如此,而且在不久的将来在这种制度下该情况也不会改变。更不会发生的是,一种正面的净满足会压倒劳动的特殊性质所产生的三种消极的特点。结果所产生的剥削不容易补偿或者消除。我们将称第一方面的契约后的剥削为**有形的剥削**。

契约后的剥削：第二方面

我们已经说明工人在契约前已经在讨价还价过程中处于不利地位，又因为自己与劳动分不开而多一层不利。对工人的剥削的第三方面是，在生产领域的范围内工人受雇主的权力的支配。工人在离开那比较平等和自由的市场领域以后，就受一种权力主义制度的控制。在做出“自由选择”后工人就被剥夺了一切主权，受别人意志的支配。

然而，还可以说，这种主权的剥夺是清清楚楚的就业契约的一部分，是工人在接受这种契约时所同意的。在回答这个问题时，却首先必须注意，虽然工人对契约的同意在技术上是自愿的，但工人没有选择而只有受雇于某人和某地，否则就是贫困甚至挨饿。上世纪在欧洲以及今天在许多国家，怕饥饿是一种力量，它推动工人承认资本家的权威。罗德布特斯非常清楚地指出这一点：“所以，虽然劳动者和雇主的合同已经代替了奴隶制，合同仅仅是形式的而不是真正的自由，饥饿成为皮鞭的适当的代替品”（Böhm－Bawerk，引用，1970 年，第 332 页）。虽然饥饿在现代福利国家中，不是这样有声有色地把它的意志强加于人，但是，贫困的影响、钱财和地位的损失都很大。

第二，通常的情况是雇用契约规定得不全面，以致雇员事先不能确切地知道要做什么规格的工作，或者甚至不知道雇主可能要工人做的整套工作是什么，换句话说，契约所规定的雇主权力的范围可能不加说明或者说得不清楚。如果发生这种情况，工人就会受制约于一种权力，如果对它不服从就会有被专横地开除的危险。

第三，工人们比较喜欢在工作方面不受这种权力的压迫的心情，在某种程度上，可以在现行制度内加以衡量，使分配同其他因素保持恒定，只须问工人们是否愿意对自己的工作生活有较大的控制，以及在自己的雇用契约中有比较清楚的规定。在许多国家中，显然对这种措施的抗拒来自雇主而不是雇工，现今的权力制度的自愿性质必须有所修改。虽然往往有实际困难，工人们会常常试图限制雇主的权力。在这方面工会是很重要的。除了工资的集体谈判，工会在抑制雇主的权力以及为工人争取一种明确的和比较有利的雇用契约方面有重要作用。

另一种限制雇主权力的主要方法是停止受雇而创立一种独立自主的营业，作为一个自我就业的工人或者作为一个新雇主。虽然由于经济的原因，大多数工人要走这种路是很困难的，但事实证明“想自己当老板”的愿望普遍存在，甚至即使情况很清楚其结果不会取得较高的收入。这种事实证明，所谓工人受制约于资本家是自愿的这种看法，仅仅在极有限的意义上是如此。

以上这种类型的剥削，我们将称为**权力的剥削**。

契约后的剥削：第三方面

建立这种特殊的剥削思想，所涉及的是采纳一两种生产观点，其中的一点，正如我们在上面已经说过，是站不住脚的。

第一种生产观点，新古典派所主张的是，产品是供应物资的必然结果，或者，说得更普遍一些，是在公司内部利用各种不同因素的结合。每一项因素和生产程序中的另一种因素同样地积极，虽然各项因素的边际生产率可以不同。这一观点在各书中已经从许多方面受到批评。

第二种生产观念，以或多或少的初步形式由配第、洛克、斯密和李嘉图予以支持，并在很大程度上由马克思加以澄清。这在凯恩斯的著作中也出现，他在《通论》中写道：

> 说资本在自己一生中的产出超过原来的成本，比说它具有生产性，要好听得多。……因此我同情古典派以前的理论，认为各种东西都是由劳动生产的。……认为劳动（当然包括企业家及其助手们的个人劳务）作为唯一的生产要素，在特定的生产技术、自然资源、资本设备和有效需求的环境中发生作用，是比较可取的（Keynes，1936，pp. 213—214）。

本书中所阐述的与上面相似，可是在起源和所支持的理论方面有所不同。这里所阐述的是，劳动是生产中的积极力量。这包含一种马克思主义的生产观点，作为一个劳动过程，从它在其中发生的特殊社会关系中概括出来的。并不是说只有劳动能生产价值，甚至也不是说只有劳动能生产财富；因为资本物品能增添产品的价值，而大自然能提供使用价值，即财富。这里所提示的是，生产，根据定义，是一种人类活动，就它的最抽象的形式来说，决定于自然环境以内的人类劳动。它不是一种自然主义的活动，其中人类的劳动同其他资源具有同等的地位。人类劳动是生产的主体，而不是生产的目的。

虽然实际的生产过程必须连同一种实际社会经济制度来考虑，具有特别的社会关系，但这些社会关系并不真正地生产。它们可能保证一种相当美满的资源分配，符合于恰当的标准。它们可以保证大量紧张的和有效的劳动成绩。但是，它们本身不从事生产。例如，在资本主义制度下，生产资料的私有可以导致产业和产量的大大膨胀，可是它本身不主动地生产任何东西。资本主义的财产关系的作用已经导致庞大的产量，可是实际生产这种结果的是人类的劳动，而不是社会关系。注意，这有别于认为生产资料私有制可以取消，或者说它不如另一种办法好（虽然社会主义者也会提出这些理由）。至于资本主义制度是否可以生存，或者资本主义制度本身是否具有优越性，在现阶段也不作判断。这里有关的是一种非自然主义的生产观点。

让我们举一个例子。在自然界，蜜蜂采集花粉，创造一种形式的蜜。我们可以说“生产一种形式的蜜”，可是这并不意味着在一种自然主义的和非人类意义上使用“生产”一词。如果一个养蜂者包括养育蜂房并采集蜂蜜，那养蜂人就是主动的人类的生产媒介。并且，如果那蜂房是一个第二者所有，他付给养蜂人工资，那么这种办法就可能促成养蜂人在一种正规的和有组织的基础上工作，但这种办法本身不生产任何东西。

马克思主义观点在以上这方面最言行一致和最有力量，因为它充分认识到私有财产是人为的，而不是自然的制度。由于把人放在社会科学的中心，作为与自然有区别，解决了许多问题。第一，由于我们在本书中几个地方讨论过的原因，这门科学获得主要的基础；第二，社会关系被认为是人为的和社会性的，而不是自然性的；以及，最后，生产被看作一种人类的过程，在该过程中，广义的劳动是主动的力量。

然而，我们必须区别工头或者经理，这仅仅有关向工作人员发出指示的劳动，以及那种在理论上进行生产所必需的劳动。后者所包括的不仅是体力劳动者的劳动，而且也有那些参加工人的培训教养的人，那些向工人提供生产本身所必需的资料的人，以及那些协调生产程序的人。

我们现在可以看到这种剥削方面的基础。剥削在下列意义上存在：如果一个阶级取得集体劳动的产品，完全是根据他们对生产资料的所有权或者控制。我们将把这个叫做阶级剥削，因为它涉及对劳动程序的产品被另一个阶级占有，在该程序中工人是积极的动因。这里不涉及任何价值的理论。工人阶级集体负责全部产品，不需要把价值归因于个别的产品。

其他的生产模式

我们将研究以上讨论的四种剥削是否涉及其他的生产模式，然后再回到资本主义制度下的剥削，讨论一些突出的问题。我们将简单扼要地讨论以下几种生产模式：奴隶制度、封建制度、简单的商品生产、苏维埃制度（即苏联、东欧等）以及社会主义制度。

在奴隶制度下，肉体的、权力的和阶级的剥削显然存在。奴隶在所有这些方面受到剥削。然而，奴隶没有合法权利订立契约，因此，那适用于资本主义制度的“契约前”和“契约后”剥削的区别不能维持了。再则，对奴隶来说，也没有讨价还价的剥削这种事；这只限于非劳动阶级。

讨价还价的剥削在封建制度下一般是有限制的，因为所有的个人都享有有限的契约权利。再则封建奴隶在生产领域里比奴隶或者资本主义制度下的工人享有较多的自主权。对奴隶实行直接的和不断的监督是不必要的，因为奴隶们有一部分时间为自己工作，而其他一部分时间则为一种形式的地租工作。只有在地租是用劳动服务的形式时，才惯例实行权力剥削。除此以外，权力地租被减少到最低限度。但是，在封建制度下存在着明显的物质的和阶级的剥削。

在简单的商品生产下，即在一个自我就业的工人的社会里，讨价还价的剥削可以因婚姻契约和其他契约的关系而存在。然而，不可能拥有生产资料，除了为了所有者自用。所以，在少数人手中是不可能积累大量的财富。因此讨价还价的剥削有实际的限制。在这种制度下，阶级剥削和权力剥削都不存在；可是物质的剥削是有的。

不可能在这里充分地分析苏维埃社会。以下所说的可能是一种有争论的说法。在苏维埃制度内部，除了劳动契约而外很少有什么契约。由于这种契约是个人与国家之间的事，而国家的管理方法不很民主，存在着讨价还价的剥削。物质的剥削也同权力剥削一起存在。然而，阶级剥削只有在制度是按阶级分开、并且官僚政治构成一个阶级时，才会存在。甚至苏联的一些批评者，例如，列昂·托洛茨基，并不持有这种观点；但是马克斯·沙赫特曼和其他一些人有一种理论，认为官僚政治就是这种阶级。

像所有的以上各种制度一样，有形的、物质的剥削将在社会主义制度下存在，至少会存在到大部分生产自动化的阶段为止。讨价还价的剥削会受到一种比较平等的财富和权力的分配的限制。权力的剥削将受到工人在生产的控制扩大的限制。阶级剥削将不存在，因为收入将不是来自对生产手段的所有权或者控制。

这些结果，与关于资本主义的资料一起，并列在图 18.1 里。从图中可以看出，有形的剥削在以上各种生产方式中都有。然而，必须指出，在现代工业社会中，有着精巧的机器，至少存在着这种剥削大大减少的可能性。在奴隶制度下，这种剥削是强烈的，甚至在简单的商品生产下，剥削还会大量存在，因为大规模的机械化还受到禁止。

我们还没有讨论过对生产资料的合作的所有制，因为这可能仅仅会在由一种不同的生产模式支配的社会组织中存在。资本主

	各种不同的剥削			
	讨价还价的	有形的	权力的	阶级的
奴隶制度	以非劳工阶级为限	现时的	现时的	现时的
封建制度	一般地有限制	现时的	有限的或者不在场的	不在场的
简单的商品生产	实际上受限制的	现时的	不在场的	
资本主义制度	现时的	现时的	现时的	现时的
苏维埃制度	现时的	现时的	现时的	现时的，如果官僚是一个阶级
社会主义制度	受限制的	现时的	现时的	不在场的

图 18.1　各种不同的生产模式中的剥削

义制度或者苏维埃制度下的合作社,通常在生产上具有一定程度的权力剥削。在社会主义制度下,这种剥削可能会受到较大的限制。除非对合作社的最大组织有一定的限制,就会使较小的公司或者个人也受到讨价还价的剥削。

再则,必须指出,我们还没有讨论过"国与国之间"的剥削。上述的理论不容易加以一般化,使其与帝国主义及殖民主义的各方面都发生关系,因为这种理论只适用于生产。更多的剥削范畴,就不能不包括以武力降服一个国家,或者夺取它的资产,如果没有一个超国界的权威的话。如果我们需要对付资本主义的帝国主义,就可以对这种现象应用超级剥削一词。然而,讨价还价的剥削范畴可以适当地应用于殖民主义以后的资本主义的帝国主义。我指的是一个富裕的和一个贫穷的资本主义国家之间讨价还价能力和利益的不相称。在现代资本主义世界中这种不相称的现象还没有消灭,而富国用它们的超级力量对穷国不利。

阶级剥削的衡量

在传统的马克思主义经济学里,剥削率被解释为在剩余产品中所含的劳动量与在工人阶级取得的实际工资中所含的劳动量两者的比率。取消所含的劳动量,没有什么严重的结果。事实上,如果保持这种劳动量,倒会存在严重的问题。第一,就作者所知,没有人曾成功地计算过实际经济中的这种剥削率。第二,这种比率,即使计算出来,其真正社会意义是什么,从我们以上对具体化劳动的讨论的含糊情况来看,也会说不清楚。

在资本主义以外的其他阶级社会中，阶级剥削可以从拥有或者控制生产资料的阶级所得到的剩余产品中看出。在资本主义制度下，没有理由说这种剩余产品不能用其价值来衡量，即用平衡价格来衡量。阶级剥削率就可以解释为，例如利润、利息和地租在总收入中的份额。我根本不了解为什么传统的马克思主义者这样地反对用货币计算阶级剥削。第一，文献中所有的这种剥削率的说法，都是直接或间接地用价格计算的。第二，货币，在资本主义制度下，毕竟是全世界通用的财富的物质代表，因此，用价格计算剥削率，是比较有意义的。相反地，社会必要劳动时间只是一种事后的计算，人们认为它专注于劳动过程的看法是没有根据的。

无论如何，像我们已经说明的那样，剥削是一种复杂的和多方面的现象；虽然有一种特别的剥削——阶级剥剥——在资本主义制度下具有类似的衡量标准，但这并不意味着这样的标准能够包括这种形式的剥削，或者在广泛的和最丰富的意义上的剥削。

最后的评论

第四种剥削即阶级剥削，会在有不同意见下被社会主义者的激进派认为是最重要的。该剥削关系到社会阶级，而不是个人。它依赖于有一个阶级分歧的社会存在和剩余产品；可是不涉及价值的学说，并且不管剩余产品怎样计量，对它关系不大。

这与莫里希马和卡特福尔斯（1978 年）的著作中对剥削的讨论形成对照。在这个以及其他类似的著作中，趋势是为每种商品产生一套积极的“价值”，使其适用于一种经济制度，具有积极的价格和利润,然后胜利地宣告积极的利润关系到积极的剩余“价值”。只要剩余产品、利润和设计出来的“价值”全是积极的,则假定就必然是这样。这不仅仅是反复。

这个所谓“基本的马克思主义理论”没有给我们讲出多少它所包含的真正社会关系。推想出来的价值与经济中实际运行的规模没有关系。像新古典主义的效用观念一样,这种价值是被强加于实际情况的。它们不是从对实际过程和关系的分析中抽象出来。相反地,本书曾试图发现这种关系和过程,从而使剥削的概念具有实际内容。

我们不说在这里提供了一种全面的对剥削的分析。特别是,对剥削关系的生产和再生产没有分析。这样的分析会部分地涉及分配的理论,这会超出本书的范围。这里所强调的是社会关系本身。特别是,必须指出,阶级剥削不能靠纯粹再分配的措施来改善,而是社会关系必须改造。

第十九章　关于资本积累的评述

> 积累，积累！这是摩西和先知们！所以你们要节约，节约，即把最大可能的一部分剩余价值或者剩余产品重新变为资本。为积累而积累，为生产而生产……
>
> 卡尔·马克思:《资本论》，第1卷

要在一章中充分说明有关资本积累的各种问题，是不可能的。然而，有几种含义可以从本书的以上各部分中总结出来，还有一些突出的问题需要澄清。我们用差不多是评语的形式来处理这些问题，因为要说清楚问题的全貌，就会超出本书的范围。

利润作为一种目标

从第十七章中应已看清楚，利润不能作为一种剩余成分。就是说，利润不是一种从收入中减去工资和其他成本的简单结果。这种看法，是由于假定产量和价格是在利润之前安排的；如果我们认真地考虑资本主义生产的过程，这就必须放弃。这样做的后果非常简单，就是：工资减少不一定会导致利润减少。要确定各种结果，就必须同时考虑生产力和市场情况方面的变化。

以上的话引起许多政策的考虑。第一,在资本主义经济中获利的可能性不能全靠限制或者降低工资来维持。诚如凯恩斯指出,降低工资,更可能引起需求减少,产量下降,结果利润下降。第二,关于现代资本主义危机的“利润紧缩”论,例如格林和萨克利夫(1972年),需要加以修改甚至否定。这种理论中的困难是它们低估由于生产力提高而产量和利润增加的可能。各个先进的资本主义国家中巨大的生产力级差证明了所谓工资在决定利润的水平、份额或者比率等方面比较不是那么重要。

比较合理的是效法卡莱茨基,把利润看作在成本上的标价提高。放弃“馅饼份额”和“黑箱”观点,并承认生产受资本所有者的控制和支配;这些人从生产领域到市场保持对产品的所有权,可使我们有根据从这方面来看利润。当然,公司在个别产品上提高价格从而增加利润的能力,是有限制的。其中最重要的一种限制是竞争的程度和公司对市场的控制。如果竞争激烈,提价的单位就受到限制,公司必须设法提高生产力和降低成本,发奋图存。

对公司来说,可以提高单位价格或者增加生产力,或者双管齐下,以增加利润率。前者决定于公司对市场的控制或者“垄断的程度”,像卡莱茨基说的那样。后一种可变因素决定于掌握新技术以及公司对生产过程的控制。公司可以通过降低货币工资来提高利润率。但是,这需要一种契约前的、生产前的斗争,并且可能降低生产力,从而弄巧成拙。比较合宜的办法是采取其他的策略:提高价格或生产力。虽然这种降低工资来对付工人的办法曾经出现过,像英国在20世纪20年代中那样,但这种策略往往不能使公司获得成功。这些因素有助于说明凯恩斯及其的追随者为什么“常常”在自己的文章中强调工资的“难于处理”。

利润作为提高价格的目标的概念，在一个斯拉法式的价格理论中不难适应。在第 6 章中发展形成的这种办法被称“生产成本加利润”的理论，正是为了这个原因；并且，最初，作为目标的利润率，并不假定它是一律的，即使利润率不是均衡的，也是用来说明使用一种目标的方法是可取的。

“垄断程度”

必须指出，利润的目标不是严格地由“垄断程度”决定的。对卡莱茨基的研究方法的这种错误的概念，曾引起误解，认为有关的问题仅仅是一种累赘的定义。细心阅读卡莱茨基的著作（例如 1968 年、1971 年），显示出这种目标决定于垄断的程度，并且是垄断程度的征兆，而不是它的反映。把利润目标放在成本上面时，公司就会考虑到本行业中其他卖户的价格。价格可以高于竞争者引用的标准，但不可太高，以致急剧地减少销售并失去市场。也不可把价格定得太低，以致损害可靠的利润界限。

显然这是一种讲得不完全的模式。传统的理论家会认为它属于“不完全的竞争”。然而，事实上完全的竞争从来不存在，也似乎不会存在。在放任主义盛行的时代，就是 19 世纪中维多利亚的资本主义，竞争由于许多市场是局部的而受到限制。可能有过数以千计的制鞋工人，与今天的十几家或者更少一些的大规模的制鞋公司形成对比，可是维多利亚时代的修鞋匠大部分卖给本地的市场及有限的竞争者。第二，金融制度不是那么集中，较小的公司能利用金融资本的机会较少。结果,曾有人指出,导致利润率平均化的势力受到一些限制。不完全的竞争不是例外,而是资本主义的规律。

这一点得到加强,如果我们考虑公司本身的话。正如我们已经看到,在公司的内部,市场势力受到阻碍,不能分配资源:资源是根据经理部的权力分配的。再说,雇主利用自己的地位关系,高居员工之上,可以决定工作的格局,并在很大程度上决定产品的数量和质量。公司内部发生什么情况,公司生产什么东西,不是各种竞争力量的课题。这些部分地是权力关系的结果。如果假定交换领域中也没权力关系,那就天真了。传统的理想典型的完全竞争不仅是不现实的,而且是不适宜的。少数制造商对市场的控制和垄断,从一开始就存在于资本主义之中。

因此,我们的一般观点是把价格和利润看作该体系中公司和个人之间权力关系的表现。这种方法不那么强调价格作为资源的分配者,因为,如果涉及经济权力,它们就不能单独完成这项任务。然而,价格保持自己的地位作为向公司分配货币收入的角色,并且这些也同样地受权力关系的影响。反过来说,公司的货币收入影响货币工资并分配利润。在资本是最重要的关系的场合,可以把劳动之间收入的分配作为社会结构内部权力分配的结果。

一般的利润率

马克思和斯拉法都假设,在资本主义制度内部有一种强烈的倾向要使产业与公司商行之间的利润率均等。马克思在《资本论》

第1卷中不谈对这种过程的讨论。他在第3卷中才详细阐述“一般利润率”的概念，并讨论那些会平均化资本支出方面的报酬率的力量。这不是偶然的。对该问题的讨论，应当属于理论水平范围，其时有若干批判的范畴和关系已经建立。由于这个原因，严格地说，这超出本书的范围。但是，对这个问题作一点简单的讨论，还是有益的。

通常有人辩解，如果利润不相等，投资者就会把自己的资金从没有利润的产业转移到可以获利的产业。有一种竞争性的平衡中，会形成一般的利润率，即在整个经济中会形成一种相等的利润率，并且没有一个投资者会有兴趣把资金从一个部门转移到另一个部门。

这个辩证决定于资金的能动性的假设，包括资本从一个部门到另一个部门的转移。在这里重要的是区别金融资本和资本货物，例如机器。金融资本通过由公司本身和银行创造信用，或者通过由一个外界团体购买股票证券或者股票。金融资本的这种流动性使人强烈地想要比较各种证券和股票上的利息收入，并比较这些收入的比率和利息。有一种由克利夫顿(1977年)和其他人提出的有力的意见，认为在现代国际资本主义中金融资本的作用非常重要，已经造成强烈的趋势，会使利润率平均化。克利夫顿说，尽管垄断和多国公司发展，资本主义制度自19世纪以来竞争性没有减低。

资本货品的多方面适用性和能动性，都比金融资本低得多。特定的厂房和机器有时候可以从生产一种商品转变为生产另一种商品，但产品的选择会是有限的。阻碍生产的情况也是可能的。

某一家公司会享有某些技术的专利权、资源等等，并能不让别的公司生产一种特殊的商品。不让参加生产的情况不能同样地应用于金融资本。甚至即使有关的商号是一家垄断企业，如果金融资本家能买进它的股份，金融资本就能进入那家垄断公司。

乍一看似乎是，像马克思提示的那样，金融资本能起作用，在资本主义内部造成一种一般的利润率。这就意味着利润率和利息率有牢固的关系，并且不一定以利息率作为具有决定性的可变因素，像斯拉法曾指出的那样(1960 年，第 33 页)。如果假设这两者之间有一种相互作用，则是以利息率比较依赖利润率，而不是相反。这会符合马克思主义的立场，认为生产(并因此而利润)是主宰的因素。然而，无论如何，有若干因素会使利润率和利息率分歧。利息和利润经过不同的时期支付，并各有不同程度的不可靠性。一般地，产生利息的资产比证券和股份的流动性较大。因此，单一的利息不能被认为一般利润率的基础。

在一篇简短的文章中，莱文(1980 年)辩称，如果考虑固定资本的真正性质，利润率就会根据历史的而不是更新的成本计算。这就使人想起，如果价格在随着时间变动，除了资本设备的年龄而外，各方面相同的工厂中的利润率就会不同。这一论辩曾导致与龙卡利亚(1980 年)交换意见，但没有达到明确的或者使人满意的结论。

要解决这个问题，似乎需要区别短期的和长期的竞争行为。在短期中，根据定义，各个厂里的固定资本没有变动，除了损耗和折旧。金融资本从一个公司到另一个公司以及一种产业到另一种产业流动，寻求最高的报酬。在转移自己的金融资本时，金融资本家主要地关心其货币资本可以期望得到的收益，而不是在有关公司中全部资本的利润率。在短期中最重要的是这种“边际上”赚头的调节。因此要在比率之间做出比较：

$$\frac{\text{期待的额外利润}}{\text{可以利用的货币资本的增额}}$$

而不是

$$\frac{\text{公司中的全部利润}}{\text{公司中预先付出的资本的价值}}$$

前一种比率（而不是后一种）将与利息率比较。这两项比率的任何差别会阻碍利润率的迅速相等，因为这是用后者（而不是用前者）的名义解释的。

然而，在长期内全部资本上期待的利润率之间的比较是恰当的。厂址和设备的完全更新使得这种长期的考虑起到作用。这通常与生产技术的改变一同发生，因为机器很少用新的却又是同样的技术更换的。这又使人对一种斯拉法系统的理论用途发生疑问，在那里技术是固定的。

总之，一般利润率的概念必须修改，至少在短期方面，可是人们有理由认为这个概念有意义，相当于实际的力量，这些力量会平衡实际的现代资本主义制度中的利润率。还有，多数人的意见认为一般利润率的概念应加以解释，而不是放弃。这就可以讨论价值论的多种模式，用均等的利润率进行讨论，可是也使人想到在资本主义经济的动力方面还应该再做很多的工作，确立与各个行业和公司中的一般利润率所以不同的理由。

利润和发展

根据对公司的行为的分析，伍德（1975 年）发展形成了一种对利润水平的解释。简单地说，对公司来说，利润率是赖以取得资金供经济发展之用的：

> 因此，现在这个理论的中心原则是，公司开始挣得的利润多少是决定于自己计划投资的数目。很自然，个别公司打算投资的愿望受到种种限制。特别是，来自其他公司的竞争限制它的销售的发展以及获利的能力（Wood，1975，p. 4）。

按照这个理论，公司获得的利润决定于其投资计划，而不是相反的。伍德指出该理论背后的方向可以在《资本论》第 1 卷第 25 章中看出（资本主义积累的一般法则）。在综合的形式中，作为一个整体属于经济组织。该理论由卡莱茨基加以发展，可是在新古典主义传统中没有。

伍德的理论来自对公司的金融行为以及短期和长期的利润限界的分析。它然后被用来说明国民收入中利润的份额。卡莱茨基理论从经济作为一个整体出发，可是达到了非常相似的结论。我们在这里将简略地讨论卡莱茨基理论的基础和发展。

虽然卡莱茨基在凯恩斯之前发表了《通论》的一些主要观念，这些是他在波兰独立发展形成的，他的方法在许多方面与凯恩斯不同（参阅 Feiwel，1975）。第一，卡莱茨基排斥边际主义，受马克思的影响比马歇尔大。第二，卡莱茨基把经济动因分为两个社会阶级：资本家和工人，认为他们的消费和节约行为不同。这使他得出一项重要的结果，把利润和投资联系起来。

如果工人不节约，其工资就会用在消费品和服务上面。资本家可以把自己的利润用在消费或者投资上面，或者两者都有。工人花的钱，虽然可能经过资本家的手，仍然以工资的形式回到工人手里。工人的所得实际上是一种不断的循环之流，没有潺漏。相反地，资本家可以节约，从流通中收回货币。他们不想节约的部分就用掉，用于消费或者投资，这一部分将回到资本家阶级手里。资产阶级作为一个整体，被它用于消费和投资的货币又回到了资产阶级手中。如果货币被资本家节约下来，在未被变为投资或者消费的支出之前，那么这笔钱就不会作为收入回来。所以，在一句著名的格言里，卡莱茨基的理论被总结为：工人花掉自己所得的，而资本家得到自己所花的。

结果，投资费用，就资本家阶级作为一个整体来说，会以利润的形式收回来。因此，利润在一段时间延迟之后被投资所决定，而不是走相反的路线。

显然，这样的描写过分简单化了，必须从一个简单的模式扩充到包括出口货物、进口货物、政府费用和赋税。但是，它是一种重要的模式，可以确定利润和资本积累的关系，并且被伍德的更加复杂的关于公司的分析所肯定。

可以提出一种一般的法则：发展得比较快的和投资多的经济，会是利润较大的资本主义的经济。用玛丽・考尔多的话来说，这可以叫做快者生存的法则（Kaldor，1978，pp. 52—55）。或者用马克思的话说，它可以使马克思把资本说成“自我扩张的价值的说法有了实质”。

如果利润是由投资决定的，那么，什么东西决定投资呢？我认为凯恩斯具有最了不起的眼光。投资决定于期待，特别是，对未来利润的期待。这些期待不是自动地来自观察到的条件，而是决定于关于一种基本上是变化无常的未来。

凯恩斯提出，总的有效需求应该由政府支出予以刺激，以便鼓励种种期待，从而导致高额投资。但是，虽然这样做可能生效，但没有理由必然会如此。例如，若是在经济中造成通货膨胀，就可能使资本家即使目前有高额的有效需求也不敢从事于长期的投资计划。通货膨胀可能打消这种需求所造成的任何乐观主义的期待。

我们在后面一个阶段将简略地回到通货膨胀问题。影响有效需求以及各种期待的另一种因素，是就业的水平。我们现在转过来研究就业、工资和经济增长之间的相互作用。

积累和就业

假设资本主义经济正在按某种速度增长，结果，对劳动力的需求日益增加。如果对劳动力的需求这种增长的速度超过现有的劳动队伍增加的速度，工人们就处于一种越来越好的讨价还价的地位，工资就会升高。在没有通货膨胀和生产力方面迅速变动的情况下，这将意味着工人会得到较大份额的实际产品，较小的份额将归于资本家的消费和投资。利润将降低，人们的期待将改变，积累将缓慢下来。结果，就业的增加将减少，最后整个就业可能下降。

可以得到的劳动力供给，会大大地超过需求，工资将增长得缓慢甚至降低。回过来，投资会受到刺激，整个过程将重复一遍。就业增长的趋势将与现有劳动力的增长相同。

显然，这种模式是以限制性的假设为基础的（特别是一种极其简单的预期或希望形成的模式），并忽视了生产力增加的某些影响。然而，它是最有用的模式之一，可以说明积累和就业。实质上，它出现在《资本论》第1卷第25章中，并曾由古德温（1972年）用一种贸易循环的数理模式很得体地加以说明。

这种模式被马克思用来解释工资、利润和积累之间的关系的种种方面。积累的速度影响对劳动的供给和需求的差别，即失业的水平。反过来，失业影响工资水平。这样："积累的速度是独立自主的，而不是决定于其他方面的可变因素"（Marx，1976，p. 770）。

这与李嘉图的观点相反，在李嘉图的观点中，利润被看作一种残余的东西，从产品中首先要减掉工资和费用，这两者是独立地决定的。本书中有一些说法，把工资说成是"固定的"或者"难以变动"，不可同李嘉图的这一观点混为一谈。所谓产物及其价值可以认为是固定的那种观念，在本书中被否定了。工资被称为难以变动的意义是相对于利润而言，并且是短期的。与工资对照来说，利润会逐月地波动很大，敏感地决定于产量和销售方面的变化。工资在生产之前订约，包括按时支付，依法必须由雇主做到。工资只是缓慢地适应不断变化的失业和通货膨胀的情况。

再说，正如劳动力的价格反应迟缓，对于所供给的劳动力数量的增加或缩小有巨大的阻碍。例如，假设对劳动力有超额的需求，这种需求可以通过延长工作时间来应付，或者使较多的人参加劳动市场。增加工作时间，显然有社会的和体格上的限制。劳动队伍可以通过使农民迁离其乡土、雇用女工和童工、移民入境或者提高出生率而扩大。这些决定于政治的、社会的、生物的以及其他的考虑。因此，劳动力的供给不会立即增加，即使市场上存在着对劳动力的超额需求。

当市场上劳动力的供给过多时，工资不会迅速地有反应，做出调节。即使有一些反应，工资的减少可能被看作需求和就业的减少，结果投资可能减少。数量的调节甚至更有问题：妇女和儿童也许能自动地退出劳动市场，因为他们的生活可以由家庭维持，可是整个家庭的农民不能退回土地，移民也不那么容易渡过海洋。如果供给超过需求的话，没有饥荒或者战争，劳动力的供给只能在限度以内减少。

其他的商品大不相同。它们的价格会比较快地随着过多的需求或者过多的供给而调整。面包的需求过多就会提高价格，给生产者信号，使他们知道应该供给较多的面包。为了追求更多的销售和利润，将制造更多的面包。如果面包的供给过多，就会减少生产。

对劳动力就不是这样。它不是在资本主义条件下生产出来的。其他的因素决定它的供给。似乎是，在一个资本主义里这是劳动力的最重要的特性之一：它的供给不是平稳地、完全地或者主要地通过市场机制得到调节。

以上的讨论同马克思把失业作为“劳动后备大军”的概念有很大关系。在自己的早期著作中，马克思似乎曾从马尔萨斯的人口论中吸取真理的核心：人口的供给不是比例地或者直接地与经济条件有关。他借此说明，市场机制在有关商品劳动力方面的缺点：

> 当政治经济学声称需求与供给总是彼此平衡时，它立刻忘却了根据它自己的说法（人口论），人的供给总是超过需求，并且，因此，在整个生产过程的主要结果中——人的存在——需求和供给的不相等最为显著（Marx，1964，p. 155）。

凯恩斯读马克思的著作不多，并且显然读马尔萨斯的作品较多。在后者中他为自己的有效需求论找到一个前例：在马尔萨斯的后期阶段，有效需求不足的概念取得明确的地位，作为对失业的合乎科学的解释（Keynes，1936，p. 362）。可惜凯恩斯没有采取马克思的生产模式的概念，没有像马克思那样对生产的社会关系重视。假如他这样做了，他就能更清楚地说明长期的，慢性病似的失业是资本主义制度的一种情况：该制度差不多把各种东西都变成商品，可是它不能在自己的条件下，忍受自我毁灭的痛苦，生产出劳动力。资本主义由人民生产，它是人民的制度，它主宰人民，它通过人民取得利润和价值。可是它本身不能产生人民，而是，它产生大量失业。

通货膨胀和积累

采取现代形式的货币，即象征性货币和信用货币等等，具有一种与劳动力相同的重要的东西。它也不是在资本主义条件下生产的。它是直接由国家生产的,或者它的生产是由国家控制的。这对积累和膨胀的理论有重要后果。

凯恩斯和马克思都曾说明,资本主义的经济可以保持高水平的失业,没有自动的回到充分就业的倾向。如果劳动力的供给过多,根据瓦尔拉斯定律,必然会有对其他商品的超额需求:或是货物和劳务、或是货币、或是这些东西都有一些。我们将简略地考虑两种情况:第一,在货物和劳务一般地供给过多、劳动力也过多的时候,对货币的需求过多;第二,当货物和劳务一般地需求过多时,不像劳动力,货币或者是需求过多或者是供给过多。这两种情况都得结合普遍的失业加以考虑。

第一种情况是典型的生产过剩的危机。劳动力、货物和劳务的总供给超过其总需求。凯恩斯的对这种形式的危机的补救方法,像在 20 世纪 30 年代中那样,是增加总的有效需求。这本来可以用大规模的公共工程、较高的失业救济、较大的政府支出等方法来做到。人们一般地认为这种措施会增加货币的供给。从逻辑上来说,无论如何,按照瓦尔拉斯定律,额外的非货币商品的供给必须由额外的对货币的需求与它配合,既然过多的供给被减少了,对货币的过多需求也必须减少。这样做所涉及的实际机构是较为复杂的。但是,应该清楚,既然在现代资本主义制度中货币不采取黄金的形式,它的生产增多并不是由于在经济组织的有关增多信用货币和象征货币的部门中增加就业而刺激需求。在这些凯恩斯式的政策下,有效需求通过资本家的期待而增加。政府的干预可以引起需求方面的小量增加,但明确的目标是刺激私营部门。希望政府所造成的需求会给整个系统“打足了气”,提高资本家的期望,并促使他们利用可以增多的货币来源。这种货币就称为增加了的对劳动力、货物和劳务的需求。资本家的希望提高了，他们就扩张生产，有效需求累积地增加，直到充分就业。凯恩斯式的对生产过剩的解决办法，关键在于资本家的期望提高。如果这种提高不出现，补救办法就不能生效。

假定劳动力的供给不是主要地通过市场机制来调节，凯恩斯式的政策也许就会首先造成对货物和劳务的过多需求，而不是对劳动力的过多需求。这是第二种情况。如果政府倾向于充分就业这个目标，它那种刺激需求的政策就会继续下去。结果会是通货膨胀，因为货物和劳务现在是需求过多，政府继续向经济中投入货币。

让我们总结这个论点：凯恩斯式的政策主要地通过提高资本家的预期而运行。凯恩斯的目的是充分就业。在一贯地应用这种政策方面，存在两个严重问题。第一，资本家的预期是靠不住的，超出一个私营企业系统内部的直接控制，可能需要增加刺激需求的药剂才会生效。第二，劳动力的供给不会立刻适应增多的需求。这可能造成某种劳动力的短缺，而同时其他的工人在失业。工资可能在尚未达到充分就业以前就提高。

充分就业达到时，种种问题更使人痛苦。劳动力不再是供给过多，可是对货物和劳务的超额需求必须由货币的超额供给来平衡。再则，工人们将处于比较强有力的地位，可以争取提高工资。无法抗拒的通货膨胀的力量将加速发展。

反过来，通货膨胀的作用会压低资本家的期望。例如，在通货膨胀的范围内，长期投资计划的风险会越来越大，因为越来越难预测未来的收入和费用。资本家业务活动的时间范围，将从远处移到不远的未来。技术进步和投资的速度将减低。

这样，运用凯恩斯式政策的政府会不得不依靠越来越大的政府支出来刺激经济。结果将带来更大的膨胀，若是人们的期望被压得够低，这种膨胀会与失业结合起来。由凯恩斯式政策造成的膨胀，同资本积累过程中相应的问题有密切联系。

第二次世界大战以后的二十多年中凯恩斯式政策的部分效果，人们必须承认；可是那些长期的问题也是如此。凯恩斯经济管理方法的中心弱点，是它用一种初期的或者持续不变的由国家诱发的需求驱散资本主义的期望。然而，即使真正的有效需求来自国家或者任何其他集团，也不一定能增加资本主义的期望，而是，它比较可能使公司商行获得较大范围的利润目标，特别是在总的供给落后于需求时也如此。并且，当失业减少到某种水平时，工人会有较大的信心和斗争力量争取提高工资。结果是通货膨胀，像经历过 20 世纪 60 年代和 70 年代的人都熟悉的那样。

近年来，老练的通货膨胀的理论开始出现，它们在造成通货膨胀中认识到现代的条件以及关键的机构。在洛桑的著作中(1980年)有一个最好的例子。然而，必须补充一点，通货膨胀，实际上部分地是由于货币已经不是在绝对优势的资本主义条件下产生的，对货币的过多需求不是接下去马上就出现增加从事于生产这种需要的商品的人数。在货币是黄金的时代，它造成淘金热；可是当它在资本主义世界内部仅仅是信用和纸币时，就会造成通货膨胀。

资本主义的极限

这些问题之所以发生，因为货币不是在资本主义条件下生产，却是为了一个资本主义市场经济而生产的；上文中曾提出，凯恩斯走的是刺激需求的路线，而不是干预那神圣的资本主义生产园地。要减少失业的另一种策略就会是在生产水平上进行干预，并产生增多的产量。但这样做会伤害资本主义生产本身，从而解决资本主义的问题本身。今天我们有这种不协调：一方面大多数货物和劳务是在资本主义条件下生产并通过资本主义市场分配的；另一方面，货币和劳动力不是在资本主义条件下生产的，然而两者对资本主义制度的运行却都是重要的。激进的解决方法是使所有的生产脱离资本主义关系的控制。

重要的是应注意国家在劳动力和货币两者的生产和管理方面都起着中心的作用。公众教育在 19 世纪末以前已经在几个先进的资本主义国家出现。几十年后又创造了福利国家（参阅，Gough，1979）。劳动力的健康和教育，在许多比较先进的国家中都是国家所关心的事。再则，第二次世界大战以后，在货币领域中有过不少国家干预。资本在未能驯服的货币与劳动这些领域以后，几乎都邀请了国家来接管。在这样做之中，资本明显地表现了自己的作用有限。

再说，当每次商业衰退或者危机使得较小的资本主义公司商行失败，而较大的继续存在时，资本的集中加速前进。越来越少的公司厂号控制这个世界。我们从大公司转移到近于垄断、从近于垄断转移到国家垄断，再从国家垄断转移到跨国公司。随着公司发展得越来越大，它增加了自己的生产范围。然而，像我们已经看到的那样，在这个生产范围以内资源不是按照资本主义市场的定价机构分配的。公司本身是一个计划范围（虽然不是社会主义的计划）。公司本身可以表明资本主义关系的限度。

家族内部的家庭生产继续存在，国家在教育、卫生、经济管理和货币方面的作用，庞大的公司的兴起，这些都证明资本主义生产的非普遍性。就劳动力来说，资本的侵占有合乎逻辑的限度（如果劳动力是在资本主义条件下生产的，整个制度就会不是资本主义的）。以货币和公司来说，有明显的事实上和制度上的限度。在逻辑上，资本主义不能以纯粹的形式存在；在历史上它从来不是这样，随着现代国家和现代多国公司的兴起，现在已经不大可能向这方面发展了。

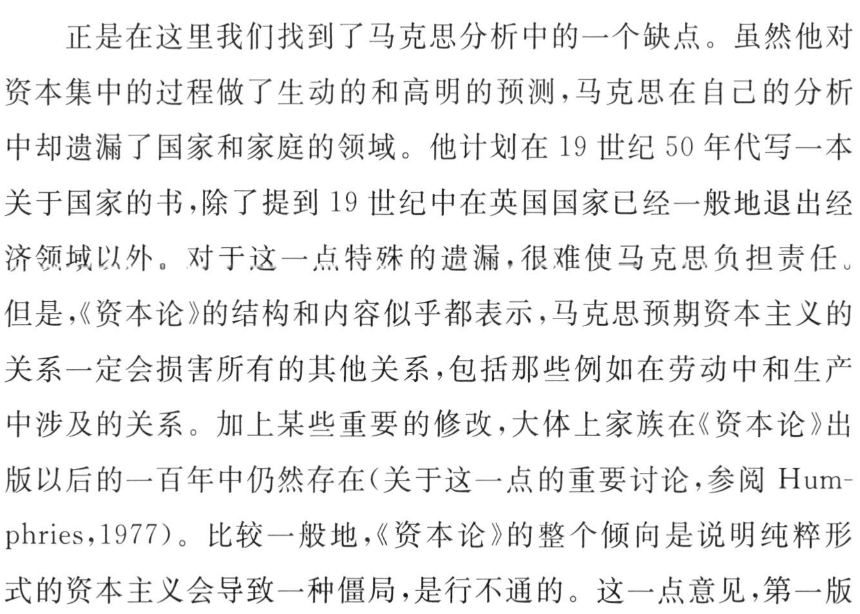

正是在这里我们找到了马克思分析中的一个缺点。虽然他对资本集中的过程做了生动的和高明的预测，马克思在自己的分析中却遗漏了国家和家庭的领域。他计划在19世纪50年代写一本关于国家的书，除了提到19世纪中在英国国家已经一般地退出经济领域以外。对于这一点特殊的遗漏，很难使马克思负担责任。但是，《资本论》的结构和内容似乎都表示，马克思预期资本主义的关系一定会损害所有的其他关系，包括那些例如在劳动中和生产中涉及的关系。加上某些重要的修改，大体上家族在《资本论》出版以后的一百年中仍然存在（关于这一点的重要讨论，参阅Humphries，1977）。比较一般地，《资本论》的整个倾向是说明纯粹形式的资本主义会导致一种僵局，是行不通的。这一点意见，第一版的"序言"中有一段话予以肯定：

> 自然科学家或者观察自然过程以最有意义的形式出现，并且受干扰势力的影响最小，或者，在凡是可能的地方，他在确保这种过程会在纯正的状态中出现的条件下进行实验。我在这本著作里必须检查资本主义的生产模式和与之相适应的交流往来……本质上，这不是一个从资本主义生产的自然法则中产生出来的社会对抗性较高或者较低的问题；而是这些法则本身的问题，是这些倾向必然会这样发展的问题（1976年，第90—91页）。

资本主义制度向着死胡同运行的印象，出现在《资本论》中个别的章节里（例如，1976年，第929页）以及在马克思的著名的"利润率趋向降低的法则"中，曾有人发现它理论上被误解以及经验上不能被证实。

虽然有必要从资本主义生产模式开始作一种对资本主义社会的分析，但也必须承认对制度的分析不能以单纯的形式从生产方式来完成。充分认识这一点，就会使得马克思放弃自己对资本主义发展的灾变论的看法。再则，那就会更多地注意经济政策的问题，特别是从资本主义过渡到社会主义的问题。可是马克思的头脑里灌注了太多的维多利亚时代的宿命论，以致不能向这方面移动，我们也只能说，使他不能移动的障碍之一是对价值的古典主义分析。后者像信天翁似地紧紧缠住他的货币和就业的理论，几乎使革命的信息无法传播。结果，大部分马克思的传统浪费掉很多时间抢救劳动价值论，散布和首创关于资本主义崩溃的种种理论，并一般地捍卫人们的信仰。在此期间，眼前的和具体的政策问题只好放在一边，并且，除了少数的例外，真正有历史意义的和理论性的分析仍然没有得到发展。

资本主义发展的极限在资本主义社会形成本身的范围以内。与一切经济制度一样（包括奴隶制度和封建制度在内），资本主义本身内部包含过去的残余和未来的种子两者在内。罗马法的成分对资本主义法律制度是重要的。封建主义的遗迹在大多数先进的资本主义国家内部存在。可能的另一种未来社会的种子也可以看到；或许一种国家极权主义的形式，或许一种资本主义以后的各阶级合作主义，有希望的则是，民主社会主义。人们需要一一列举，分析它们的发展。

最后，为了说清楚我们的立场，我们不主张一种平稳的和渐进的从资本主义到一种未来社会的过渡。任何过渡总会包括破坏、危机以及社会的和政治的骚动。天真的改良派的渐进主义和浪漫主义的暴动式的政治，在这里不要重复。我们只是建议资本主义不是一列快车，正在奔向无可避免的和宿命论的危机；并且，如果我们需要开往另一种未来的车辆，在这个制度内部就能找到，它们在矛盾中朝着不同的方向前进。

第二十章　激进政治经济学

这样，尽管以往50年中人们做了精明的努力，在现代经济学的篇章里我还找不到那种深度和广度，会把它提高到前面那些篇章的成就之上。……或许这是生活在一种过渡时期的结果，那时候市场制度中隐蔽着的问题正让位给一个新生的计划制度。还不知道会出现什么眼光来帮助我们理解这种过渡时期。经济学的一种新方向的开端到处都有，可是还没汇集成一种新“学说”。黄昏已在降临，密涅瓦*还没有展开双翼。

罗伯特·L.海尔布罗纳：《现代经济学作为现代经济思想史》(1980年)中的一章

如果要创立一种新的激进的政治经济学，其两个主要的组成部分会是凯恩斯和马克思的著作。从马克思那里可以引申出一种生产论的因素，以及基于由社会关系结构构成的生产的模式的重要概念的资本主义发展历史前景。从凯恩斯那里，可以引申出一种货币论，一种就业论的因素以及对实际的经济政策的强调。

---

* Minerva(智慧女神)——译者

可惜,这些基础还不够。首先,正如我们在本书中曾试图表示的那样,需要一种新的价值论。马克思和凯恩斯在这方面有鲜明的一致之处。他们各人的理论结构都是很尴尬地以一种过时的和不适当的价值论为基础。以马克思来说,他的著作建立在修改过的斯密和李嘉图的古典主义的价值论上,可是延伸得过远,倾向于一种生产和货币的理论,反而不如奠定在一种完全不同的理论基础上比较妥当。以凯恩斯来说,尽管他尽力"逃脱"新古典派经济学家的理论传统,他的大部分论证仍然带有边际主义的疑问。十分正确,凯恩斯反对李嘉图的价值论,但是他未能察觉到,在许多方面,他也倾向于和马克思相同的方向。

如果给人一种印象认为价值论是理解经济科学的关键,那就错了。凯恩斯和马克思取得的进步,尽管有一种不适当的价值论,应该有助于克服这种看法;但人们仍然会得出结论,认为这两位伟大的理论家的缺点起源于他们自己的有裂痕的价值论基础。就马克思来说,他的宿命主义倾向和未能发展形成一种经济政策的理论,部分地由于他那种自然主义的价值论。至于凯恩斯,他所以捍卫私有财产和关于资源分配的市场制度(1936 年,第 377—381 页),部分地是由于他继续信奉边际主义。

一种有系统的和新的激进主义的政治经济学,必须从一种新的价值论出发。这种新的政治经济学的正式成分,正如我们曾试图说明的那样,由斯拉法提供。然而,很清楚,斯拉法的理论与古典主义的和马克思主义的传统,比与新古典主义派接近得多。虽然它标志着一次新的与激进派的决裂,却在古典主义和马克思主义传统中强调生产成本,而不是强调供求的相互作用。

在一种价值论之外，新的激进的政治经济学将需要一种生产论、一种货币论和一种财产论。其中第一项将在很大程度上依赖《资本论》的重要章节以及最近的关于现代劳动过程的著作。第二项将依赖现代新凯恩斯学派的著作（然而，必须指出，在没有一种相应的与新古典主义的关于生产和财产的理论的决裂的情况下，很多新凯恩斯学派的作品，例如克洛沃的作品，仍然有守旧的成见）。第三项将不得不画出新的蓝图，因为除了晚近新古典主义的关于财产权的文献，关于这个问题的著作很少。在寻求这块新天地方面，激进的财产论会仍然继续一种"乌托邦式"的社会主义思想的传统，例如威廉·戈德温、托马斯·霍奇斯金和威廉·汤普森。此外，还可以取材于马克思主义的法律理论中的重要学说(Pashukanis，1978)。

除了马克思、凯恩斯和斯拉法，还有其他两位人物应该在创造新的激进主义政治经济学中有影响：卡莱茨基和罗宾逊。他们的著作涉及的范围甚广，而或许，就两方面来说，他们对宏观经济学的贡献是最显著的。图 20.1 示出亚当·斯密以来经济思想史的图解。海尔布罗纳说：经济学不是登上顶峰而是处于一种过渡时代。这种说法被这个图解所证实。马克思主义和新古典主义这两个孪生的正统观念已经逐渐受到侵蚀；现在，特别是有了卡莱茨基，罗宾逊和斯拉法的著作，一个新的"中间偏左"传统可以刻画清楚。

出现下面一个明显的问题。这新的经济学将是主要地或者全面地在马克思主义传统以内被看作它的延续吗？很难做出直截了当的答复。马克思分析的积极一面在本书中曾受到重视，消极的成分——一种过时的价值论和一种宿命论或者灾祸观念——也被提到。可惜，在马克思主义传统中，像强调劳动过程和生产的社会关系只是近年来才被突出的。结果，马克思主义的理论，负担着机械论和宿命论的思想，在实践中难于解脱。

再进一步说，经济分析都不能与其时代分开。《资本论》中的灾祸论的观点，可以比较适宜地应用于一种国家干预比今天较少的经济领域中。在19世纪60年代，曼彻斯特派的放任主义政策仍然是盛行的学说，比较适宜于马克思提出市场势力，在还没有国家干预或者指导的情况下，会导致不可避免的灾难。今天，我们不仅能预见国家的经济任务，而且它在经济生活中已经实现。

然而传统的马克思主义仍然或者明确地或者暗中宣传在革命前的时期内让市场力量自由地发生作用。理由是：市场力量会发展生产的力量，加速向新社会的过渡。这犹如给资本主义够多的绞索以便它自杀。结果常常有马克思主义者支持自由贸易而不支持管制输入，提出所有的政府，无论是左派或者右派，都无法改变经济发展的路线，并且一般地对国家管制或者经济改革表现得漠不关心。这些是19世纪政治经济学的宿命论的政策，在20世纪中以虚伪的激进主义的面貌表示他们的意见。

马克思主义如果要继续存在，就必须突破凯恩斯以后的时代。它继续存在的尖锐的考验是这样：它必须提出激进的和现实主义的政策，这些政策要能够适用于先进的资本主义国家现在的局势，并能在政治上和经济上都开始把资本主义制度改造为一种比较进步的和合乎人道的社会。如果它在这一点(并且只有这一点)上失败，它就没有前途，就应该公平合理地由别人来替代。

20 世纪 70 年代中人们已经广泛地承认凯恩斯式的“需求管理”已过时。凯恩斯主义的致命伤是通货膨胀。政府支出的高水平已经鼓起了有效需求，但未能提高资本家的期望，反而产生了膨胀。膨胀又阻碍了长期投资并恶化了工商业的衰退。在人们看到凯恩斯政策失败后，个别的资本主义政府最初的反应是放弃充分就业这一目标，并相信米尔顿·弗里德曼的祝愿，加紧对货币来源的控制，同时，恢复已失去的对市场机制的信心，经济政策显著地向右转。然而，它所以这样做是以保守的凯恩斯以前的政策为根据的。

但是，到 1980 年，有迹象表明这凯恩斯以前的第一次反应正在开始被替代，虽然是仍旧在保守主义的基础上。人们认识到，凯恩斯主义政策的关键性的失败是刺激了需求而没有同时刺激供给。然而，由于它是保守的，这第二种反应没有采取明显的路线。有人认为政策的目的应该是刺激供给（这是明显的部分），对需求则不妨听其自然。所以我们曾看到阿瑟·拉弗尔、罗伯特·门德尔和其他人的经济学的“供给方面”增长。然而，很奇怪，这种“新”牌子的经济学并不集中力量于经济学的供给方面。它反倒集中注意力于建议减低边际税率，并提高资本家对投资物品的**需求**。或许，他们的想法是，只要边际的捐税负担减低，工人就会工作得比较勤奋、时间比较长。但是，这种说法很难找到证明，工人们完全也可以利用增多的实际收入来增多自己的空闲时间，结果可以增多自己对消费品的**需求**。“供给”方面的经济学变成“个人刺激”的老生常谈，作为对国家的经济作用增长的反应。

然而，如果内容是虚伪的，口号听上去却是真实的。新的凯恩

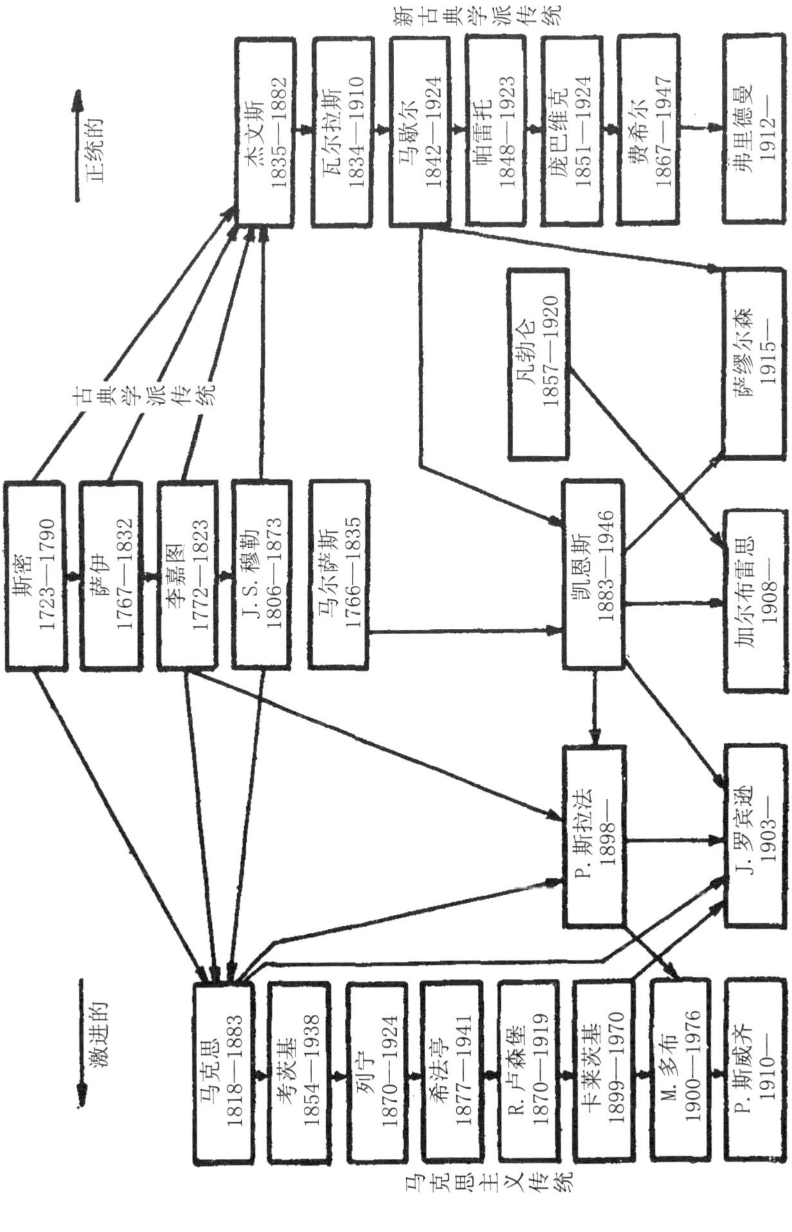

正统的

激进的

古典学派传统

新古典学派传统

马克思主义传统

斯密 1723—1790

萨伊 1767—1832

李嘉图 1772—1823

J. S. 穆勒 1806—1873

马尔萨斯 1766—1835

杰文斯 1835—1882

瓦尔拉斯 1834—1910

马歇尔 1842—1924

帕雷托 1848—1923

庞巴维克 1851—1924

费希尔 1867—1947

弗里德曼 1912—

凡勃仑 1857—1920

萨缪尔森 1915—

凯恩斯 1883—1946

加尔布雷思 1908—

P. 斯拉法 1898—

J. 罗宾逊 1903—

马克思 1818—1883

考茨基 1854—1938

列宁 1870—1924

希法亭 1877—1941

R. 卢森堡 1870—1919

卡莱茨基 1899—1970

M. 多布 1900—1976

P. 斯威齐 1910—

图20.1　经济学史上分歧的和合一的传统

斯以后的经济学将包含现代资本主义经济学供给方面的干涉和计划。实际的供给方面不是税收系统，而是生产园地。正是在这里那激进的政治经济学已经发展形成一些理论工具，它们能开始产生影响，推动现代世界摆脱失业和停滞的厄运。

	激进的政治经济学	传统的经济学
这个问题在社会科学作为一个整体内部的地位	政治经济学作为联合的社会科学的基础	经济学作为社会科学内部一门性质截然不同的学科
分析的主要目标	社会关系社会阶级	事物之间的抽象选择
独特的概念	生产的模式	抽象的个人
课题的目标	说明经济制度的发展规律	做出经济的预测
分析的原则的可能应用性	仅能适用于一种生产模式	可以适用于各种经济制度
分析的重点	变化，冲突，危机	社会协调，平衡
分析的基本领域	生产	交换
价值论的基础	生产成本	供给与需求的相互作用
主要的课题	劳动过程，货币的作用，经济危机，国家的作用	市场平衡，相对价格，完全的竞争、福利经济学
一般的政策态度	国家的干预，计划，以及/或者产业民主	放任主义：依靠市场，国家的有限制的作用

图 20.2　传统的经济学和激进的政治经济学对照

把基本的分析范围放在生产方面而不是放在交换方面，并有一种以生产成本为基础的价值论，激进的政治经济学就有了新的

基础可以完成马克思和凯恩斯的理论结构。对市场机制适应需要的能力没有信心，激进的政治经济学就会改为把重点放在社会关系的改造方面。所关心的就会是通过改造经济的和政治的权力结构使生产活跃起来。人们高兴地注意到经济学家们近年来发表了许多抱着这种目的的著作(例如参阅，Carnoy 和 Shearer，1980；ETUI，1979；Holland，1975，1979；LCC — CSE，1980；以及 Rowthorn，1980，eh. 3。又参阅 Hodgson，1979)。

图表 20.2 中对我们在本书中试图发展形成的激进的政治经济学与传统的或者新古典主义的经济学做了比较。应已清楚，这里提出的激进的政治经济学是从一些经济学的传统中引申出来的，这在第二次世界大战后的三十年中一直被人忽略了。某些概念，例如，生产模式、社会阶级和社会的生产关系，以及某些现象，例如经济危机和长期的失业，都不适合新古典主义对问题的看法。然而，人们对于市场的优点有一种不言而喻的信心，表现在一种不现实的市场平衡，完善的竞争以及社会协调的模式里。

在一种意义上，幸而凯恩斯的时代结束，新古典主义经济学有机会证明自己的补救方法是无效的。旧的方法无效，这正是激进主义的机会。

术 语 汇 编

下面的这些解释,或者对本书是独特的,或者在文献中不普遍使用,或者是一些最需要澄清的词汇。另一些词,性质比较标准的,均未列入。

抽象劳动

抽象劳动是劳动力和各种形式的具体劳动所共有的那种性质。也就是,劳动是一种有意识的活动;劳动力具有一定程度的多面性,一般地超过机器;劳动和劳动力不能与各自的占有者分开。再说,在资本主义制度下,劳动力不是在资本主义条件下产生的。资本主义生产模式本身产生一种提高了形式的抽象劳动,例如,造成一种多面性提高的劳动队伍。

占有的代理人

占有代理人是一个具有合法所有权的人,即个别的和绝对的财产权。在现代资本主义制度下,大多数人是占有权代理人。虽然占有权的代理人并不意味着实际拥有财产,但在这种制度下,大多数人至少占有自己的劳动力。

资本主义制度

资本主义制度是一般化的商品生产。它是一种生产模式,其中大多数货物和劳务采取商品的方式。特别是,劳动力是一种商品。要实现这一点,必须把工人和生产资料分开,对后者的所有权集中在一个少数人阶级的手里。

资本主义生产

资本主义生产包括由一个雇主雇用劳动力,这个雇主,或者亲自或者通过其代理人监督生产过程,并保留对制成品的所有权。资本主义生产是一种生产商品的形式，其中的产品是准备在市场上销售，谋取利润的。

商品

商品是一种货物或者劳务，最后要送到市场上进行交换。重要的是要注意，在资本主义制度下，按照商品的这种定义，劳动力和货币，甚至代用货币，都是商品，即使它们不是资本主义生产的目的。

剥削

剥削可以采取许多方式。阶级剥削是拥有或者控制生产资料的那个社会阶级对剩余产品的利用。权力剥削是使工人屈服于生产内部另一个人或者另一个集团。物质剥削是从劳动力（与资本不同）同其占有代理人不能分开而引起的，并且因为要使劳动可以执行，占有的代理人会受到许多危险和困难。讨价还价的剥削，是在一项合同的谈判中不平等的讨价还价的力量的结果；特别是，如果合同双方从财富和权力来说是不平等的，这种剥削就能够存在。

劳动力

劳动力是进行劳动的能力。与劳动本身不同，劳动力能在市场上买卖，并且是一种占有对象。与劳动不同，劳动力不是一种活动。劳动力的雇用不是要进行一种规定模型的劳动的协议。在工人这一方，是同意把一定的时间让雇主有权使用，雇主就可以选择一种特定模型的劳动，由工人根据规定的模型去做。可以区别**潜在**劳动力（这是工人可以做出的整套活动）和**雇佣**劳动力（这是合同中规定的或者暗指的那一套活动）。

生产本身

生产本身是人类有意识地用适当的生产工具创造一种好事或者劳务。它是人类和大自然之间有目的的相互作用。抽象地说，这是生产的主要特性，不管是什么特殊的生产模式。劳动是生产中的有目的的活动，即生产过程中积极的人的因素。由于这个原因，生产一般地可以称为**劳动**过程。

生产性劳动

生产性劳动在这里被解释为产生使用价值的劳动以及在任何可以想象的生产模式下都会需要的劳动，其中可以产生等量的使用价值。只是因为有特殊生产关系而必需的劳动，以及在另一种经济制度下可以不需要的劳动，是不生产的(这种解释与马克思的解释大不相同)。

(阶级)剥削率

(阶级)剥削率是资本主义制度下剩余产品的价值与实际工资的价值或者在生产中增加的总价值之间的比率。

实际工资

实际工资是工人用自己的工资购买的全部货物和劳务。人们往往假设以实际工资购买商品恰好用完工资本身，即没有多余或者不够。

可以再生产的商品

在资本主义制度下，可以再生产的商品是一种能够由经济组织在一定的发展阶段再生产出来的商品。一种商品是可以再生产的，如果它的表象可以在一定的时间内在那些条件下被生产出来。与人们一般的看法相反，酒一般地是一种可以再生产的商品。大多数类型的劳动力是可以再生产的，并且，在现代资本主义制度下，大多数商品也是这样。

萨伊法则

“萨伊法则”以许多意义在文献中使用。这里它是用在下面这种意义上。“萨伊法则”包含不言而喻的假设，认为对货币的供给和需求是相等的。假如是这种情况，根据瓦尔拉斯定律，就会是:经济组织中对非货币的商品的全部超额需求的数量恰好等于超额供给的数量。在这种情况下，就可以期望超额需求和超额供给两者通过市场机制减少到零。在长期中，超额供给(包括失业)就不会存在。萨伊法则因此意味着没有生产过剩和失业。过多的供给造成等量的过多的需求。“萨伊法则”的真实性决定于所谓对货币的供给与需求是相等的或者趋向于相等的假设。这是一种可能是不真实的命题，按照马克思和凯恩斯两人的说法，本书中的假设，以及萨伊法则本身，被认为一般是不真实的。

移动的平衡

资本家的期望影响投资行为。反过来，投资导致供给、需求和商品价格方面的变动，而这些不断变动的情况会一般地导致期望的调节。这样，如果不断变动的期望能影响企业家的行为，反过来这种行为又影响未来的期望，这个经济机构就会是追逐一种不断变化的平衡。它只是在短期内处于平衡状态，其时资本家的行为还没有穿透这种制度，促进预期方面的改造。这种不断变化的平衡，被凯恩斯描绘为移动的平衡。

简单的商品生产

简单的商品生产是一种商品生产的形式，与资本主义制度有区别，其中的劳动力不是一种商品，因为个别的工人拥有自己的生产资料。

剩余产品

考虑一种经济制度在指定的一段时期内的总产品。从这个总产品内减去需要用来补充用完了的原料和磨损的生产资料（现在剩余的是净产品），减去实际工资，所剩下的是剩余产品。它包含需要用于增加生产资料的投资，以及给非劳动阶级成员消费的奢侈品。

剩余价值

剩余价值这一范畴适用于资本主义的生产模式。它是剩余产品的价值，用货币单位衡量（注意，价值是用下面一种特殊意义解释的）。

训练的经验

训练的经验由一种增加潜在劳动力的活动构成。这可能包括家庭内部的活动，或者教育、或者在生产现场从工作中学习。

使用价值

货物或者劳务中所有的一套有用的特性由其使用价值构成。虽然使用价值是货物所固有的，却与一种特殊的社会教养甚至一些特殊的人物有关。然而，使用价值是一种客观的而不是主观的概念。它不能同效用相混淆。

效用

效用，新古典主义理论中使用的一种概念，是个人从货物的消费中得到的满足。与使用价值不同，效用在顺序的或者基本的意义上有相似的衡量标准。然而，这是一种主观的而不是客观的概念。

价值

商品的价值，是在某种形式的货币平衡中以货币单位表示其价格。可以适用的最一般的平衡形式，是一种货币经济的移动的平衡。

增加的价值

正如在正统的经济理论中那样，增加的价值是净产品的价值。它是资本主义制度内部一切收入的来源，包括工资、利润、利息和地租。

工资

工资是对雇佣劳动力的货币报酬。它可以用计时、计件或者其他标准。薪金是工资的一种。在平衡状态中，工资总额加上剩余价值等于全部增加的价值。

瓦尔拉斯定律

“瓦尔拉斯定律”的主题如下：如果经济机构中对货币的总供给和总需求相等，结果所供给的非货币商品的总价格将等于所需求的非货币商品的总价格。照这样说，瓦尔拉斯定律是逻辑上的结果，而不是关于现实世界的陈述。然而，要注意，文献中对这个词有种种不同的用法。

文献目录

Albert, M. and Hahnel, R. (1978) *Unorthodox Marxism*, South End Press, New York.

Althusser, L. and Balibar, E. (1970) *Reading Capital*, NLB, London.

Armstrong, P., Glyn, A. and Harrison, J. (1978) In defence of value: a reply to Ian Steedman, *Capital and Class*, no. 5, Summer.

Ameson, R. J. (1981) What's wrong with exploitation?, *Ethics*, 91(2), January.

Becker, G. S. (1965) A theory of the allocation of time, *Economic Journal*, 75.

Benassy, J.-P. (1975) Neo-Keynesian disequilibrium theory in a monetary economy, *Review of Economic Studies*, October.

Beneria, L. (1979) Reproduction, production and the sexual division of labour, *Cambridge Journal of Economics*, 3(3), September.

Blackbum, R. (1972) Introduction, in Blackburn, R. (ed.), *Ideology and Social Science*, Fontana, London.

Blatt, J. M. (1979) The utility of being hanged on the gallows, *Journal of Post Keynesian Economics*, 2(2), Winter.

Blau, P. M. (1974) *On the Nature of Organisations*, Wiley, New York.

Blaug, M. (1968) *Economic Theory in Retrospect*, 2nd edition, Heinemann, London.

Bleaney, M. (1976) *Underconsumption Theories*, Lawrence and Wishart, London.

Böhm-Bawerk, E. v. (1970) *Capital and Interest*, Augustus Kelley, New York.

Böhm-Bawerk, E. v. (1975) Karl Marx and the close of his system, in Sweezy (1975).

Bose, A. (1975) *Marxian and Post-Marxian Political Economy*, Penguin, London.

Bowles, S. and Gintis, H. (1977) The Marxian theory of value and hetero geneous labour: a critique and reformulation, *Cambridge Journal of Economics*, 1(2), June.

Braverman, H. (1974) *Labor and Monopoly Capital*, Monthly Review Press, New York.

Bródy, A. (1970) *Proportions. Prices and Planning*, North Holland, Amsterdam.

Bukharin, N. (1972) *Economic Theory of the Leisure Class*, Monthly Review Press, New York.

Burawoy, M. (1979) *Manufacturing Consent*, University of Chicago Press.

Burkitt, B. and Bowers, D. (1979) *Trade Unions and the Economy*, Macmillan, London.

Cairncross, A. K. (1958) Economic schizophrenia, *Scottish Journal of Political Economy*, February.

Carnoy, M. and Shearer, D. (1980) *Economic Democracy*, Sharpe, New York.

Caves, R. E. and Krause, L. B. (1980) eds. *Britain's Economic Performance*, Brookings Institution, Washington.

Chamberlain, N. W. (1951) *Collective Bargaining*, McGraw-Hill, New York.

Clark. J. B. (1899) *The Distribution of Wealth*, Macmillan, New York.

Clifton, J. (1977) Competition and the evolution of the capitalist mode of production, *Cambridge Journal of Economics*, 1(2), June.

Clower, R. M. (1965) The Keynesian counter-revolution: a theoretical appraisal, in Hahn and Brechling(1975). Reprinted in Clower(1969).

Clower, R. W. (1967) A reconsideration of the microfoundations of monetary theory, *Western Economic Journal*, 6. Reprinted in Clower(1969).

Clower, R. W. (1969) ed. *Monetary Theory*, Penguin, London.

Cease, R. H. (1937) The nature of the firm, *Economica*, November.

Cohen, G. A. (1979) The labour theory of value and the concept of exploitation, *Philosophy and Public Affairs*, 8(4), Summer.

Colletti, L. (1972) *From Rousseau to Lenin*, NLB, London.

Colletti, L. (1973) *Marxism and Hegel*, NLB, London.

Crocker, L. (1972) Marx's concept of exploitation, *Social Theory and Practise*, 1.

Cutler, A. (1978) The romance of 'labour', *Economy and Society*, 7(1), February.

Cutler, A., Hindess, B., Hirst, P. and Hussain, A. (1977) *Marx's 'Capital' and Capitalism Today*, vol. 1, Routledge and Kegan Paul, London.

Cutler, A., Hindess, B., Hirst, P. and Hussain, A. (1978) *Marx's 'Capital' and Capitalism Today*, vol. 2, Routledge and Kegan Paul, London.

Davidson, P. (1974) 'A Keynesian view of Friedman's theoretical framework for monetary analysis', in Gordon(1974).

Davidson, P. (1977) *Money and the Real World*, 2nd edition, Macmillan, New York.

Davidson, P. (1980) Post Keynesian economics, *The Public Interest*, Special Issue.

Dobb, M. (1940) *Political Economy and Capitalism*, Routledge and Kegan Paul, London.

Dobb, M. (1973) *Theories of Value and Distribution Since Adam Smith*, Cambridge University Press, London.

Driver, C. (1980) *Productive and Unproductive Labour: Uses and Limitations of the Concept*, Thames Papers in Political Economy, Thames Polytechnic, London.

Eatwell, J. (1975) Mr. Sraffa's standard commodity and the rate of exploitation, *Quarterly Journal of Economics*, November.

Edwards, M. (1979) *Contested Terrain*, Basic Books, New York.

Eichner, A. (1976) *The Megacorp and Oligopoly*, Cambridge University Press.

Ellerman, D. P. (1978) *On Property Theory and Value Theory*, unpublished mimeo.

Ellerman, D. P. (1980) Some property theoretic aspects of orthodox economic theory, in Nell(1980b).

Elson, D. (1979) ed. *Value: The Representation of Labour in Capital-*

ism. CSE Books, London.

Elster, J. (1978) The labour theory of value: a reinterpretation of Marxist economics, *Marxist Perspectives*, 1(3), Fall.

ETUI(1979) *Keynes Plus — A Participatory Economy*, European Trade Union Institute, Brussels.

Feiwel, G. R. (1975) *The Intellectual Capital of Michal Kalecki*, University of Tennessee Press.

Ferguson, C. E. (1972) *Microeconomic Theory*, 3rd edition, Irwin, Illinois.

Fine, B. and Harris, L. (1976) Controversial issues in Marxist economic theory, *Socialist Register 1976*, Merlin, London.

Fine, B. and Harris, L. (1977) Surveying the foundations, *Socialist Register 1977*, Merlin, London.

Fisher, I. (1906) *The Nature of Capital and Income*, Macmillan, London.

Friedman, A. L. (1977) *Industry and Labour*, Macmillan, London.

Friedman, M. (1962) *Price Theory: A Provisional Text*, Aldine, Chicago.

Galbraith, J. K. (1962) *The Affluent Society*, Pelican, London.

Garegnani, P. (1978) Notes on consumption, investment and effective demand, Part I, *Cambridge Journal of Economics*, 2(4), December.

Garegnani, P. (1979) Notes on consumption, investment and effective demand, Part II, *Cambridge Journal of Economics*, 3(1), March.

Georgescu-Roegan, N. (1978) Mechanistic dogma in economics, *British Review of Economic Issues*, no. 2, May.

Glyn, A. and Sutcliffe, R. (1972) *British Capitalism, Workers and the Profits Squeeze*, Penguin. London.

Goodwin, R. M. (1972) A growth cycle, in Hunt and Schwartz(1972).

Gordon, R. J. (1974) *Milton Friedman's Monetary Framework*, University of Chicago Press.

Gorz, A. (1976) ed. *The Division of Labour: The Labour Process and Class Struggle in Modern Capitalism*, Harvester, Sussex.

Gough, I. (1972) Marx's theory of productive and unproductive labour, *New Left Review*, no. 76, November—December.

Gough, I. (1974) *Wants and Needs*, unpublished.

Gough, I. (1979) *The Political Economy of the Welfare State*, Macmillan, London.

Hahn, F. (1980) General equilibrium theory, *The Public Interest*, Special Issue.

Hahn, F. and Brechling, F. (1965) *The Theory of Interest Rates*, Macmillan, London.

Harcourt, G. (1972) *Some Cambridge Controversies in the Theory of Capitat*, Cambridge University Press, London.

Heller, A. (1976) *The Theory of Need in Marx*, Allison and Busby, London.

Henderson, J. M. and Quandt, R. E. (1971) *Microeconomic Theory: A Mathematical Approach*, McGraw-Hill, New York.

Hilferding, R. (1975) *Böhm-Bawerk's Criticism of Marx*, in Sweezy(1975).

Himmelweit, S. and Mohun, S. (1977) Domestic labour and capital, *Cambridge Journal of Economics*, 1(1), March.

Himmelweit, S. and Mohun, S. (1978) The anomalies of capital, *Capital and Class*, no. 6.

Hindess, B. and Hirst, P. (1977) *Mode ofProduction and Social Formation*, Macmillan, London.

Hirshleifer, J. (1970) *Investment, Interest and Capital*, Prentice-Hall, New Yrok.

Hodgson, G. (1974a) The theory of the falling rate of profit, *New Left Review*, no. 84, March—April.

Hodgson, G. (1974b) Marxian epistemology and the transformation problem, *Economy and Society*, 3(4), November.

Hodgson, G. (1974c) The effects of joint production and fixed capital i linear economic analysis, unpublished MA thesis, University of Man-chester.

Hodgson, G. (1976) Exploitation and embodied labour time, *Bulletin of the Conference of Socialist Economists*, March.

Hodgson, G. (1977a) Papering over the cracks, *Socialist Register 1977*, Merlin, London

Hodgson, G. (1977b) Sraffa, value and distribution, *British Review of Economic Issues*, no. 1, November.

Hodgson, G. (1979) *Socialist Economic Strategy*, ILP Square One, Leeds.

Hodgson, G. (1980) A theory of exploitation without the labor theory of value, *Science and Society*, Fall.

Hodgson, G. (1981a) On exploitation and labor-value, *Science and Society*, Summer.

Hodgson, G. (1981b) Money and the Sraffa system, *Australian Economic Papers*, June.

Holland, S. (1975) *The Socialist Challenge*, Quartet, London.

Holland, S. (1979) ed. *Beyond Capitalist Planning*, Basil Blackwell, Oxford.

Hollis, M. and Nel, E. (1975) *Rational Economic Man*, Cambridge University Press.

Holmstrom, N. (1977) Exploitation, *Canadian Journal of Philosophy*, 7.

Homans, G. C. (1961) *Social Behaviour: Its Elementary Form*, Routledge and Kegan Paul, London.

Horowitz, D. (1968) ed. *Marx and Modern Economics*, Modern Reader, New York.

Howard, M. C. and King, J. E. (1975) *The Political Economy of Marx*, Longman, Harlow.

Humphries, J. (1977) Class struggle and the persistence of the working class family. *Cambriage Journal of Economics*, 1(3), September.

Hunt. E. K. and Schwartz, J. G. (1972) eds. *A Critique ofEconomic Theory*, Penguin, London.

Hunt. E. K. and Sherman, H. (1975) *Economics: An Introduction to Traditional and Radical Views*, Harper and Row, New York.

Jonsson, E. (1978) Labour as a risk-bearer, *Cambridge Journal of Economics*, 2(4), December.

Kaldor, M. (1978) *The Disintegrating West*, Pelican, London.

Kalecki, M. (1968) *Theory of Economic Dynamics*, Modern Reader, New York.

Kalecki. M. (1971) *Selected Essays in the Dynamics of the Capitalist Economy*, Cambridge University Press, London.

Kamenka, E. and Neale, R. S. (1975) eds. *Feudalism, Capitalism and Be-*

yond, Arnold, London.

Keyway, P. (1980) Marx, Keynes and the possibility of crisis, *Cambridge Journal of Economics*, 4(1), March.

Keymes, J. M. (1936) *The General Theory of Employment, Interest and Money*, Macmillan, London.

Keynes, J. M. (1937) The general theory of employment, *Quarterly Journal of Economics*, 51. Reprinted in Clower(1969).

Koestler, A. (1967) *The Ghost in the Machine*, Macmillan, New York.

Kregel, J. (1973) *The Reconstruction of Political Economy*, Macmillan, London.

Kregel, J. (1976) Economic methodology in the face of uncertainty, *Economic Journal*, 86, June.

Kurz, H. D. (1979) Sraffa after Marx, *Australian Economic Papers*, 18, June.

LCC-CSE (1980) *The Alternative Economic Strategy — A Labour Movement Response*, Labour Coordinating Committee and CSE Books, London.

Laidler. D. and Rowe, N. (1980) George Simmel's Philosophy of Money': a review article for economists, *Journal of Economic Literature*, 18, March.

Lebowitz, M. (1977) Capital and the production of needs, *Science and Society*, 41, Fall.

Leibenstein, H. (1976) *Beyond Economic Man: A New Foundation for Microeconomics*, Harvard University Press.

Leijonhufvud, A. (1968) *On Keynesian Economics and the Economics of Keynes*, Oxford University Press, New York.

Lenin, V. I. (1964) *The Development of Capitalism in Russia*, Lawrence and Wishart, London.

Levine, D. P. (1976) A critical note on the theory of production, *Australian Economic Papers*, 15, December.

Levine, D. P. (1977) *Economic Studies: Contributions to the Critique of Economic Theory*, Routledge and Kegan Paul, London.

Levine, D. P. (1978) *Economic Theory*; Volume 1, *The Elementary Relations of Economic Life*, Routledge and Kegan Paul, London.

Levine, D. P. (1980) Production prices and the theory of the firm, *Journal of*

Post Keynesian Economics, 3(1), Fall.

Lippi, M. (1979) *Value and Naturalism in Marx*, NLB, London.

Lipsey, R. G. (1975) *Positive Economics*, Weidenfeld and Nicholson, London.

Loasby, B. J. (1976) Review of Leibenstein (1976) in *Economic Journal*, December.

Lukacs, G. (1972) *Political Writings 1919—1929*, NLB, London.

Lukes, S. (1974) *Power: A Radical View*, Macmillan, London.

Lupton, T. and Bowey, A. (1974) *Wages and Salaries*, Penguin, London.

Maarek, G. (1979) *An Introduction to Karl Marx's 'Das Kapital'*, Martin Robertson. Oxford.

Machlup, F. (1967) Theories of the firm: marginalist, behavioural, managefial, *American Economic Review*, March.

Macpherson, C. B. (1962) *The Political Theory of Possessive Individualism*, Oxford University Press.

Macpherson, C. B. (1973) *Democratic Theory: Essays in Retrieval*, Clarendon Press, Oxford.

Mandel, E. (1967) *An Introduction to Marxist Economic Theory*, Pathfinder, New York.

Mandel, E. (1968) *Marxist Economic Theory*, 2 vols, Merlin Press, London.

Mandel, E. (1971) *The Formation ofthe Economic Thought of Karl Marx*, NLB, London.

Marcuse, H. (1968) *One dimensional Man*, Sphere Books, London.

Marglin, S. A. (1974) What do bosses do? The origins and functions of hierarchy in capitaliglt production, *Review, of Radical Political Economics*, 6 (2), Summer.

Marshall, A. (1920) *Principles of Economics*, 8th edition, Macmillan, London.

Marx, K. (1976) *Capital*, vol. 1, Pelican, London.

Marx, K. (1961) *Capital*, vol. 2, Lawrence and Wishart, London.

Marx, K. (1962) *Capital*, vol. 3, Lawrence and Wishart, London.

Marx, K. (1964) *The Economic and Philosophical. Manuscripts of 1844*, (ed. D. J. Struik), International Publishers, New York.

Marx,K. (1969) *Theories of Surplus Value*, part 2, Lawrence and Wishart, London.

Marx. K. (1972) *Theories of Surplus Value*, part 3, Lawrence and Wishart, London.

Marx,K. (1971) *A Contribution to the Critique of Political Economy*, Lawrence and Wishart, London.

Marx,K. (1973) *Grundrisse*, Pellcan, London.

Matson, F. W. (1964) *The Broken Image*, New York.

Meek, R. (1973) *Studies in the Labour Theory of Value*, 2nd edition, Lawrence and Wishart, London.

Menger, A. (1899) *The Right to the Whole Product of Labour*, Macmillan, London.

Merrett, S. (1977) Some conceptual relationships in'Capital', *History of Political Economy*, 9(4).

Mill, James (1821) *Elements of Political Economy*, London.

Mini, P. (1974) *Philosophy and Economics*, University of Florida, Gainesville.

Moggridge, D. E. (1976) *Keynes*, Fontana, London.

Morishima, M. (1973) *Marx's Economics*, Cambridge University Press.

Morishima, M. (1974) Marx in the light of modern economic theory *Econometrica*, July.

Morishima, M. and Catephores, G. (1978) *Value, Exploitation and Growth*, McGraw-Hill, London.

Nell, E. J. (1978) The simple theory of effective demand, *Intermountion Economic Review*, Fall.

Nell, E. J. (1979) Changes in productivity and real wages, *Economic Forum*, 10, Winter.

Nell, E. J. (1980a) Value and capital in Marxian economics, *The Public Interest*, Special Issue.

Nell, E. J. (1980b) ed. *Growth, Profits and Property*, Cambridge University Press, New York.

Neumann, J. v. (1945) A model of general economic equilibrium, *Review of Economic Studies*, 13.

Nuti, M. (1972) Vulgar economy in the theory of income distribution, in Hunt and Schwartz(1972).

Pashukanis, E. B. (1978) *Law and Marxism*, Ink Links, London.

Preiser, E. (1952) Property and power in the theory of distribution, *International Economic Papers*, no. 2. Reprinted in Rothschild(1971).

Putnam, T. (1978) Mode of rproduction—out?, *Capital and Class*, no. 4, Spring.

Reder, M. W. (1959) Job scarcity and the nature of union power, *Industrial Labour Relations Review*, 13. Reprinted in B. J. McCormick and E. Owen Smith, eds., *The Labour Market*, Penguin, London, 1968.

Ricardo, D. (1971) *Principles of Political Economy and Taxation*, Pelican, London.

Robinson, J. (1964) *Economic Philosophy*, Pelican, London.

Robinson, J. (1951) *Collected Economic Papers*, vol. 1, Blackwell, Oxford.

Robinson, J. (1960) *Collected Economic Papers*, vol. 2, Blackwell, Oxford.

Robinson, J. (1965) *Collected Economic Papers*, vol. 3, Blackwell, Oxford.

Robinson. J. (1973) *Collected Economic Papers*, vol. 4, Blackwell, Oxford.

Robinson. J. (1977) The labour theory of value, *Monthly Review*, December.

Roemer, J. E. (1978) Differentially exploited labour: a Marxian theory of discrimination. *Review of Radical Political Economics*, 10(2), Summer.

Roemer, J. E. (1979) *Origins of Exploitation and Class: Value Theory of Pre-Capitalist Economy*, Department of Economics, University of California at Davis, Working Paper no. 125.

Roll, E. (1973) *A History of Economic Thought*, 4th edition, Faber, London.

Roncaglia, A. (1974) The reduction of complex labour to simple labour, *Bulletin of the Conference of Socialist Economists*, Autumn.

Roncaglia, A. (1978) *Sraffa and the Theory of Prices*, Wiley, New York.

Roncaglia, A. (1980) Production prices and the theory of the firm: a comment, *Journal of Post Keynesian Economics*, 3(1), Fall.

Rosdolsky, R. (1977) *The Making of Marx's 'Capital'*, Pluto Press, London.

Rothschild, K. W. (1971) ed. *Power in Economics*, Penguin, London.

Rowthorn, R. (1974) Neo-Classicism, Neo-Ricardianism, and Marxism, *New Left Review*, no. 86, July—August. Reprinted in Rowthorn (1980).

Rowthorn, R. (1980) *Capitalism, Conflict and Inflation*, Lawrence and Wishart, London.

Rubin, I. I. (1972) *Essays on Marx's Theory of Value*, Black and Red, Detroit.

Rubin, I. I. (1979) *A History of Economic Thought*, Ink Links, London.

Sahlins, M. (1972) *Stone Age Economics*, Tavistock, London.

Samuelson, P. (1975) *Economics*, McGraw-Hill, New York.

Schwartz, J. (1977) ed. *The Subtle Anatomy of Capitalism*, Goodyear Publishing, Santa Monica.

Sen, A. (1978) On the labour theory of value: some methodological issues, *Cambridge Journal of Economics*, 2(2), June.

Shachtman, M. (1962) *The Bureaucratic Revolution*, Donald Press, New York.

Shackle, G. L. S. (1967) *The Years of High Theory*, Cambridge University Press, London.

Shackle, G. L. S. (1972) *Epistemics and Economics*, Cambridge University Press, London.

Simmel, G. (1978) *The Philosophy of Money*, Routledge and Kegan Paul, London.

Simon, H. A. (1951) A formal theory of the employment relationship, *Econometrica*, July.

Smith, A. (1970) *The Nature and Causes of the Wealth of Nations*, Pelican, London.

Sraffa. P. (1960) *The Production of Commodities by Means of Commodities*, Cambridge University Press, London.

Steedman, I. (1975) Positive profits with negative surplus value, *Economic Journal*, 85, March.

Steedman, I. (1977) *Marx After Sraffa*, NLB, London.

Steedman, I. (1979) *Marx on Ricardo*, University of Manchester Department of Economics Discussion Paper, no. 10.

Sweezy, P. M. (1968) *The Theory of Capitalist Development*, Modern Reader, New York.

Sweezy, P. M. (1975) ed. *Karl Marx and the Close of His System*, Merlin, London.

Tortajada, R. (1977) A note on the reduction of complex labour to simple labour, *Capital and Class*, no. 1, Spring.

Trotsky, L. (1965) *The Revolution Betrayed*, Merit, New York.

Van Parijs, P. (1980) The falling-rate-of-profit theory of crisis: a rational reconstruction by way of obituary, *The Review of Radical Political Economics*, Spring.

Weiser, F. (1930) *Natural Value*, Stechert, New York.

Wood, A. (1975) *A Theory of Profits*, Cambridge University Press.

Wright, E. O. (1978) *Class. Crisis and the State*, NLB, London.

Wright, E. O. (1979) The value controversy and social research, New *Left Review*, no. 116, July—August.

Yaffe, D. S. (1975) Value and Price in Marx's 'Capital', *Revolutionary Communist*, January.

Younes, Y. (1975) On the role of money in the process of exchange and the existence of a non-Walrasian equilibrium, *Review, of Economic Studies*, October.

姓名译名对照表

三　画

凡勃伦，索尔斯坦·B.　Veblen, Thorstein B.

门格尔，卡尔　Menger, Carl

门德尔，罗伯特　Mundell, Robert

马库塞　Marcuse

马特森，F. W.　Matson, F. W.

马克思，卡尔　Marx, Karl

马格林，斯蒂芬　Marglin, Stephen

马歇尔，艾尔弗雷德　Marshall, Alfred

马克卢普，弗里茨　Machlup, Fritz

马尔萨斯，托马斯·罗伯特　Malthus, Thomas Robert

四　画

文尼　Vinny

牛顿，艾萨克　Newton, Isaac

内尔，爱德华　Nell Edward

戈德温，威廉　Godwin, William

王尔德，奥斯卡　Wilde, Oscar

瓦尔拉斯，莱昂　Welras, Léon

巴蓬，尼古拉斯　Barbon, Nicholas

巴赫，约翰·塞巴斯蒂安　Bach, Johann Sebastian

巴特勒，塞缪尔　Butler, Samuel

巴利巴尔，埃蒂安　Balibar, Etienne

贝克尔，G. S.　Becker, G. S.

贝纳西，让-保罗　Benassy, Jean-Paul

贝多芬，路德维希·冯　Beethoven, Ludwig van

贝内尼亚，卢尔德斯　Beneria, Lourdes

五画

皮古，A. C.　Pigou, A. C

古德温，R. M.　Goodwin, R. M.

汉弗莱斯，简　Humphries, Jane

加尔布雷思，约翰·肯尼思　Galbraith John Kenneth

龙卡利亚，亚历山德罗　Roncaglia, Allessandro

弗格森，C. E.　Ferguson, C. E.

弗里德曼，米尔顿　Friedman, Mil-

ton
弗里德曼,安德鲁·L.　Friedman, Andrew L.
卢梭　Rousseau
卢克斯,斯蒂芬　Lukes,Stephen
卢森堡,罗莎　Luxemburg,Rosa
卢卡克斯,乔治　Lukács,Georg
尼尔,R. S.　Neale,R. S.
尼采,弗里德里希·威廉　Nietzsche,Friedrich Wilhelm
尼科尔斯,西奥　Nichols,Theo
卡门卡,尤金　Kamenka,Eugene
卡诺伊,马丁　Carnoy,Martin
卡夫斯,理查德·E.　Caves,Richard E.
卡莱茨基,米哈尔　Kalecki,Michal
卡特福尔斯,乔治　Catephores, George
布劳,P. M.　Blau,P. M.
布罗迪,A.　Bródy,A.
布拉特,J. M.　Blatt,J. M.
布劳格,马克　Blaug,Mark
布利尼,迈克尔·F.　Bleaney,Michael F.
布莱克本,罗宾　Blackburn,Robin
布雷弗曼,哈里　Braverman,Harry

六画

扬斯,Y　Younes,Y.
亚费,大卫　Yaffe,David
休谟,大卫　Hume,David
伍德,艾德里安　Wood,Adrian
列宁,弗拉基米尔·伊里奇　Lenin,Vladimir Ilyich
伏尔泰,F.　Voltaire,F.
汤普森,威廉　Thompson,William
达尔文,查尔斯　Darwin,Charles
匡特,理查德·E.　Quandt,Richard E.
毕加索,巴布洛　Picasso,Pablo
伦布兰特,H. Van Ryn　Rembrandt, H. van Ryn
伊特威尔,约翰　Eatwell,John
托洛茨基,列昂　Trotsky,Leon
多马,E　Domar,E.
多布,莫里斯　Dobb,Maurice
考尔多,玛丽　Kaldor,Mary
考茨基,卡尔　Kautsky,Karl
米尼,皮尔罗　Mini,Piero
米克,罗纳德　Meek,Ronald
西蒙,赫伯特·A.　Simon,Herbert A.
西迈尔,乔治　Simmel,Georg
西蒙兹,罗伯特　Simmons,Robert

七画

纽曼,约翰·冯　Neumann, John von
张伯伦,N. W.　Chamberlain, N. W.

李嘉图·大卫　Ricardo,David
麦克弗森,C. B.　MacPherson,C. B.
怀特黑德,艾尔弗雷德·N.　Whitehead,Alfred N.
沙赫特曼,马克斯　Shachtman,Max
阿姆斯特朗,菲利普　Armstrong,Philip
亨特,E. K.　Hunt,E. K.
亨德森,詹姆斯·M.　Henderson,James M.
利皮,马尔科　Lippi,Marco
利普西,理查德·G.　Lipsey,Richard G.
里德,梅尔文·W.　Reder,Melvin W.
里昂惕夫,沃西里·W.　Leontiev,Wassily W.
库恩,托马斯　Kun,Thomas
库尔茨,海因茨·D.　Kurz,Heinz D.
库格尔曼,路德维希　Kugelmann,Ludwig
希勒,德里克　Shearer,Derek
希尔费丁,鲁道夫　Hilferding. Rudolf
希梅尔韦特,苏珊　Himmelweit,Susan
克拉克,约翰·贝茨　Clark,John Bates
克莱因,劳伦斯·R.　Klein,Lawrence R.
克鲁索,鲁滨逊　Crusoe,Robinson
克洛沃,罗伯特·W.　Clower,Robert W.
克劳斯,劳伦斯·B.　Krause,Lawrence B.
克利夫顿,J.　Clifton,J.
克里杰尔,简·A.　Kregel,Jan A.

八　画

法因,本　Fine,Ben
迪伦,鲍勃　Dylan,Bob
奈特,弗兰克·H.　Knight,Frank,H.
拉弗尔,阿瑟,　Laffer,Arthur
杰文斯,威廉·斯坦利　Jevons,William Stanley
范·帕里杰斯,菲利普　Van Parijs,Philippe
庞巴维克,欧根·冯　Böhm-Bawerk,Eugen von
金,约翰·E.　King,John E.
金蒂斯,赫伯特　Gintis,Herbert
帕雷托,维尔弗雷多　Pareto,Wilfredo
帕苏坎里斯,叶夫盖尼·B.　Pashukanis,Evgeny B.
罗,尼古拉斯　Rowe,Nicholas

罗宾逊,琼　Robinson,Joan
罗德布斯特—杰格措夫,约翰·卡尔　Rodbertus-Jagetzow,Johann Karl
凯恩斯,约翰·梅纳德　Keynes,John Maynad
凯斯特勒,阿瑟　Koestler,Arthur
凯恩克罗斯,A. K.　Cairncross,A. K.

九　画

珀迪,大卫　Purdy,David
费希尔,欧文　Fisher,Irving
施瓦茨,杰西·G.　Schwartz,Jesse G.
威克斯蒂德,P. H.　Wicksteed,P. H.
洛克,约翰　Locke,John
洛桑,罗伯特　Rowthorn,Robert
洛斯贝,B. J.　Loasby,B. J.
科恩,G. A.　Cohen,G. A.
科尔,G. D. H.　Cole,G. D. H.
科斯,罗纳德·H.　Coase,Ronald H.
科莱蒂,吕西　Colletti,Lucio
哈恩,弗兰克·H.　Hahn,Frank H.
哈里森,约翰　Harrison,John
哈里斯,劳伦斯　Harris,Laurence
哈考特,杰弗里·C.　Harcourt,Geoffrey C.

十　画

高夫,伊恩　Gough,Ian
配第,威廉　Petty,William
埃勒曼,大卫·P.　Elleman,David P.
恩格斯,弗里德里希　Engels,Friedrich
莫恩,西蒙　Mohun,Simon
莫里希马,米基奥　Morishima,Michio
海因兹,巴里　Hindess,Barry
海尔布罗纳,罗伯特·L.　Heilbroner, Robert L.
格林,安德鲁　Glyn,Andrew
格罗思,克里斯琴　Growth,Christian
格拉姆希,安东尼奥　Gramsci,Antonio
莱文,大卫·P.　Levme,David P.
莱德勒,大卫　Laidler,David
莱本斯坦,哈维　Leibenstein,Harvey
莱荣霍夫德,阿克塞尔　Leijonhufvud,Axel

十一画

康德,伊曼纽尔　Kant,Immanuel
菲韦尔,G. R.　Feiwel,G. R.

笛卡儿，勒内　Descartes, Rene
勒普顿，汤姆　Lupton, Tom
曼德尔，艾尔纳斯特　Mandel, Ernest
萨伊，让·巴蒂斯特　Say, Jean Baptiste
萨林斯，马歇尔　Sahling, Marshall
萨缪尔森，保罗　Samuelsen, Paul
萨克利夫，罗伯特　Sutclifie, Robert

十二画

琼森，E.　Jonsson, E.
博威，安格拉　Bowey Angela
鲁宾，艾萨克·艾卢希　Rubin, Issac Ilyich
黑格尔，乔治·威廉·弗里德里希　Hegel, Georg Wilhelm Friedrich
谢克，安华尔　Shaikh, Anwar
谢尔曼，霍华德·J.　Sherman, Howard J.
普赖瑟，E.　Preiser, E.
普鲁东，皮埃尔-约瑟夫　Proudhon, Pierre-Joseph
奥古斯丁，圣　Augustine, Saint
奥苏塞，路易斯　Althusser, Louis
斯密，亚当　Smith, Adam
斯金纳，B. F.　Skinner, B. F.
斯威齐，保罗·M.　Sweeezy, Paul M.
斯拉法，皮耶罗　Sraffa, Piero
斯蒂德曼，伊恩　Steedman, Ian
斯库拉斯，塞诺斯　Skouras, Thanos
斯特拉温斯基，伊戈尔　Stravinsky, Igor

十三画以上

赖特，埃里克·奥林　Wright, Erik Olin
鲍匀斯，塞缪尔　Bowles, Samuel
魁奈，弗朗索瓦　Quesnay, François
赫希里弗尔，J.　Hirshleifer, J.
德赖弗，恰兰　Driver, Ciaran
撒切尔，玛格丽特　Thatcher, Margaret
摩格里奇，D. E.　Moggridge, D. E.
霍兰，斯图尔特　Holland, Stuart
霍曼斯，G. C.　Homans, G. C.
霍利斯，马丁　Hollis, Martin
霍奇森，杰弗　Hodgson, Geoff
霍布森，约翰·A.　Hobson, John A.
霍华德，迈克尔·C.　Howard, Michael C.
霍格斯金，托马斯　Hodgskin, Thomas
戴维森，保罗　Davidson, Paul
穆勒，詹姆斯　Mill, James
穆勒，约翰·斯图亚特　Mill, John Stuart

图书在版编目(CIP)数据

资本主义、价值和剥削:一种激进理论/(英)杰弗·霍奇森著;于树生,陈东威译.—北京:商务印书馆,2017
(汉译世界学术名著丛书:120年纪念版:珍藏本)
ISBN 978-7-100-14153-6

Ⅰ.①资… Ⅱ.①杰… ②于… ③陈… Ⅲ.①资本主义经济—研究 Ⅳ.①F03

中国版本图书馆CIP数据核字(2017)第137818号

权利保留,侵权必究。

汉译世界学术名著丛书
(120年纪念版·珍藏本)
资本主义、价值和剥削
——一种激进理论
〔英〕杰弗·霍奇森 著
于树生 陈东威 译

商务印书馆出版
(北京王府井大街36号 邮政编码100710)
商务印书馆发行
南京爱德印刷有限公司印刷
ISBN 978-7-100-14153-6

2017年12月第1版 开本710×1000 1/16
2017年12月第1次印刷 印张21¼
定价:100.00元